Raphael M. Bonelli
Männlicher Narzissmus

Raphael M. Bonelli

Männlicher Narzissmus

Das Drama der Liebe,
die um sich selbst kreist

Kösel

Verlagsgruppe Random House FSC© N001967

Copyright © 2016 Kösel-Verlag, München,
in der Verlagsgruppe Random House GmbH,
Neumarkter Str. 28, 81673 München
Umschlag: Weiss Werkstatt, München
Umschlagmotiv: gettyimages/Fotosearch
Satz: Vornehm Mediengestaltung GmbH, München
Druck und Bindung: GGP Media GmbH, Pößneck
Printed in Germany
ISBN 978-3-466-34639-4
www.koesel.de

 Dieses Buch ist auch als E-Book erhältlich.

Inhalt

Einführung: Das Problem des Jedermann   7

Teil I: Der gefesselte Mann 13
1. Narcissus auf der Couch 15
2. Das Kreisen um sich selbst 41
3. His Majesty the Baby 72

Teil II: Die drei Fesseln 95
4. Das überzogene Selbstwertgefühl 97
5. Kranke Beziehungen 117
6. Fehlende Selbsttranszendenz 150

Teil III: Die Fesseln abstreifen 175
7. Über die Liebe 177
8. Wie Narcissus zum Ritter wird. 200
9. Der geläuterte Narzisst 229

Anhang 261
Die DSM-5-Kriterien der narzisstischen
Persönlichkeitsstörung 263
Das Narcissistic Personality Inventory (NPI-15) 264
Bibliografie 266

Gewidmet meiner Frau Victoria in Dankbarkeit

Einführung

Das Problem des Jedermann

Narzissmus ist in aller Munde. Keine psychiatrische Diagnose wird so gern einem unliebsamen Zeitgenossen unterschoben wie diese, sei es dem Chef, einem Kollegen oder dem eigenen Ehemann. Allerdings – so muss man mit Schmunzeln konstatieren – sind das alles Fremdeinschätzungen. Die Selbstdiagnose ist in freier Wildbahn rar gesät.

Jeder Mann trägt narzisstische Anteile in sich. Der eine mehr, der andere weniger. Natürlich gilt das auch für Frauen, aber die sind nicht Thema dieses Buches. Gleich der Spitze des Eisberges sind die narzisstischen Anteile manchmal an einer libidinösen Selbstgefälligkeit wahrnehmbar, an einer unbändigen Freude an sich selbst. Im Gegensatz zur Leichtigkeit sanguinischer Fröhlichkeit wirkt diese Begeisterung aber nicht so ansteckend, sondern aus der Nähe eher kalt. Doch meistens bleiben die narzisstischen Charaktereigenschaften hinter einer Fassade der Freundlichkeit und des Mitgefühls verschämt versteckt. Sie blühen nur bei der manifesten Persönlichkeitsstörung – die früher Psychopathie genannt wurde – ungebremst und schamlos zu voller Blüte auf.

Dieselben Symptome, die die aufgeblühte Persönlichkeitsstörung auszeichnen, sind also auch mikroskopisch – und oft durchaus auch makroskopisch – in Herrn Jedermann vorhanden. Wie im Theaterstück Hugo von Hofmannsthals schleichen sich in Jedermanns Dasein fast unbemerkt alltägliche Rücksichtslosigkeiten und menschliche Unschärfen ein, die er für nebensächliche Bagatellen und unwesentliche Kollateralschäden des angenehmen Lebens hält. Die »guten Taten« hingegen werden von ihm – im Theaterstück wie in Realität – chronisch vernachlässigt und sind deswegen rollstuhlpflichtig gebrechlich. Die Geschichte geht bei Hofmannsthal gerade noch gut aus – aber nicht ohne die narzisstische Krise, eine schockierende Selbsterkenntnis und konsekutive Abwendung vom Egotrip.

Das diagnostische und therapeutische Ansprechen der narzisstischen Anteile muss man als Arzt des Herrn Jedermann meist sehr schonend vorbereiten und wohlwollend umschreiben, um nicht eine massive Kränkung hervorzurufen. Denn für viele schwingt mit dieser Krankheitsbezeichnung eine moralische Beurteilung mit, die dem Mediziner nicht zusteht und die er auch gar nicht intendiert. Dieses Buch verwendet die definierte narzisstische Persönlichkeitsstörung als Vorführmodell, um den alltäglichen Narzissmus des Herrn Jedermann besser zu verstehen. Dabei dienen seine spektakulären Symptome als Lupe für den mickrigen Narzissmus des kleinen Mannes. Dieses Buch versucht, das Thema verständlich, praxisbezogen und wissenschaftlich aufzubereiten.

Verständlich

Es ist geschrieben worden, um verstanden zu werden. Es möchte auf das Aneinanderreihen von Fachtermini und komplizierten Schachtelsätzen verzichten – und nimmt bewusst in Kauf, damit angreifbar zu sein. Denn über Narzissmus sind schon viele Bücher verfasst worden, die wegen ihres undurchdringlichen Jargons etwas kompliziert zu lesen sind. In einem 766 Seiten umfassenden Fachbuch über Narzissmus etwa stößt man pausenlos auf Sätze wie diesen: »Im Gegensatz zur Hypochondrie reflektiere die Schizophrenie (›Paraphrenie‹ entstammt Freuds Bemühen, einen Begriff zu prägen, der Schizophrenie und Paranoia umschließt) das Extrem eines solchen Zurückziehens der Objektlibido auf das Ich – parallel zum extremen Rückzug der Objektlibido auf Objekte der Fantasie – auf dem Weg der ›Introversion‹ bei den Psychoneurosen (die anderen Aktualneurosen reflektieren eine eingeschränktere Zurücknahme der Objektlibido).« Das ist natürlich hochinteressant, aber wahrlich kein Lesevergnügen!

Praxisbezogen

Die Narzissmusdiskussion ist bis heute stark theorielastig: Die konkreten Erscheinungsformen, Symptome und Probleme von Narzissten im Alltag sind für die Diskutanten oft nur insofern von Interesse, als sie ihre Theorie bestätigen. So wird das reale Phänomen allzu oft auf das Bett des Prokrustes gelegt, und ihm wird so lange Gewalt angetan, es wird verzerrt oder abgehackt, bis es in das in die Jahre gekommene erstarrte Erklärungsmuster passt. Aus diesem Grund bringt das Buch frisches Blut und beschreibt 36 lebendige Fallvignetten von realen Patienten aus dem 21. Jahrhundert – die natürlich anonymisiert und biografisch so verändert sind, dass ein Erkennen unmöglich ist. Damit soll ganz ungeschminkt und authentisch dargestellt werden, was in solchen Männern wirklich vorgeht, wie sie tatsächlich denken und fühlen. Deswegen ist auch die Grundstruktur dieses Buches stark an den psychiatrischen Phänomenen orientiert: Das *Diagnostic and Statistical Manual of Mental Disorders, Fifth Edition (DSM-5)* der US-amerikanischen Psychiatrischen Gesellschaft aus dem Jahr 2013 gibt da ein gutes Gerüst.

Wissenschaftlich

Die Narzissmusbegriff ist wie gesagt meistens theorieschwanger: Es ist vielen Autoren wichtiger, was ein psychiatrischer Promi vor hundert Jahren gesagt hat, als die verstaubte Theorie an die Forschungsergebnisse der letzten zwanzig Jahre anzupassen. Der Schritt von der *eminence-based medicine* (»Was hat eine Autorität zu dem Thema gesagt?«) hin zur *evidence-based medicine* (»Was zeigen die wissenschaftliche Fakten?«), der der Medizin in den letzten fünfzehn Jahren unheimlichen Aufschwung gegeben hat, ist gerade bei diesem Thema noch nicht hinreichend geglückt. In diesem Buch sind die Befunde von professionell konzipierten empirisch-wissenschaftlichen Studien mindestens ebenso gewichtig wie die Meinungen der Pioniere der psychiatrischen Frühzeit. Beide Seiten kommen zu Wort – und das führt häufig zu einer fruchtbaren Symphonie. Manchmal können sich die beiden Gesichtspunkte auch mal kräftig in die Haare geraten; und das macht gar nichts.

Die Wissenschaft hat aber neben dem naturwissenschaftlichen auch noch den geisteswissenschaftlichen Lungenflügel. Der wurde interessanterweise lange vernachlässigt. Gerade den grauen Eminenzen der Psychiatrie war die philosophische Tradition der letzten 2400 Jahre herzlich egal, weil sich Freud und seine Freunde als reine Naturwissenschaftler verstanden. In Freuds Werken findet sich kaum ein Verweis auf Platon oder Aristoteles, in dem seiner Schüler schon gar nicht. Dieses Buch füllt die Lücke, angereichert mit religionswissenschaftlichen Aspekten von Persönlichkeiten wie Laotse, Konfuzius & Co.

Ein häufiges Vorurteil

Dem männlichen Narzissten wird oft unbewusste Angst unterstellt, die sich in Minderwertigkeitskomplexen, einem fehlenden Selbstwertgefühl und mangelnder Eigenliebe ausdrücken soll. »Bist du so klein, dass du dich so groß machen musst?« ist ein häufig anzutreffendes Bonmot, das den angeblich Pseudoselbstsicheren von seinem Thron holen soll. Nur: Das wirkt beim Narzissten gar nicht. Denn diese Unterstellungen sind zwar weit verbreitet und ob seiner Paradoxie durchaus witzig – aber schlicht und einfach falsch.

Als Psychiater sieht man ständig, dass die Angst viele Menschen in der Hand hat und ihre Handlungen bestimmt – ganz besonders den Perfektionisten. Dieser kreist angstvoll um sich selbst, er ist sehr darauf bedacht, was die Leute über ihn sagen, hat ständig Angst, nicht beachtet, nicht wertgeschätzt oder nicht geliebt zu werden. Der Narzisst als solcher kennt im Gegensatz zum Perfektionisten diese Angst nicht. Überhaupt nicht. Das ist der große Unterschied. Der Narzisst kreist eben nicht angstvoll um sich selbst – sondern er kreist verliebt um sich selbst.

Der narzisstische Mann glaubt auch gar nicht – wie der Perfektionist –, dass er etwas Besonderes sein *muss*, damit ihn die anderen lieben, wertschätzen und annehmen. Nein, er ist völlig davon überzeugt, dass er etwas Besonderes *ist* und dass es deswegen auch ganz natürlich, legitim und stimmig ist, wenn ihn die anderen lieben, wertschätzen – und bewundern. Natürlich kann ein Narzisst auch mal Angst haben, so wie er auch Warzen haben kann oder Mitesser. Dann hat er zwei unabhängige Probleme: eben Läuse und Flöhe. Zwischen den beiden besteht aber jeweils kein kausaler Zusammenhang. Narzissmus als Phänomen hat nichts mit Angst, Warzen oder Mitessern zu tun.

Nein, der männliche Narzisst hat bei Gott kein Problem mit der Angst. Dafür hat er ein größeres Problem mit der Liebe.

Die falsche Liebe

Dies ist ein Buch über die Liebe. Genauer gesagt über die männliche Liebesfähigkeit. Der Narzisst Oscar Wilde meinte einmal in Bezug auf sein eigenes Leben: »Eigenliebe ist der Beginn einer lebenslangen Romanze.« Diese einsame Romanze hatte in seinem Fall leider auch kein Happy End. Der traurige Held dieses Buches ist der Mann, der von den Fesseln des Narzissmus an sich selbst gebunden ist. Er liebt, aber leider als Rohrkrepierer: Er kommt über sich selbst nicht hinaus.

Sigmund Freud schreibt in seiner wichtigsten Abhandlung über die narzisstische Liebe: »Man liebt nach dem narzisstischen Typus: (a) was man selbst ist (sich selbst); (b) was man selbst war; (c) was man selbst sein möchte; (d) die Person, die ein Teil des eigenen Selbst war.« Damit meint er: Alles rund um das Ich wird von der narzisstischen Brille libidinös verklärt. Schon im griechischen Mythos ist der begehrte Jüngling Narziss daran zugrunde gegangen, dass er als Mann die weibliche Liebe nicht erwidern konnte, sondern sich selbst – beziehungsweise sein Spiegelbild – zum Objekt seiner Liebe erwählt hatte.

Im Gegensatz dazu wie auch zum Leben des Oscar Wilde hat dieses Buch aber ein Happy End: Nachdem im ersten Teil der Narzissmus vorgestellt wird und der zweite Teil Dimensionen seiner Unfreiheit aufzeigt, weist der dritte Teil den Weg aus dem inneren Gefängnis, in dem wir uns alle bis zu einem gewissen Grad befinden.

Teil I

Der gefesselte Mann

Kapitel 1

Narcissus auf der Couch

In der griechischen Mythologie – vom römischen Dichter Ovid in den *Metamorphosen* anschaulich überliefert – wird der kleine Narkissos (lateinisch Narcissus) in eine recht problematische Broken-Home-Situation hineingezeugt: Der Flussgott Kephissos tat der schönen Wassernymphe Leiriope Gewalt an, indem er sie mit seinen Mäandern umfloss – und zog anschließend befriedigt weiter. Die Ängste der alleinerziehenden Mutter steigerten sich, als sie mit einem bedrohlichen Horoskop konfrontiert wurde: Ihr Spross lebe nur so lange, wie er sich selbst nicht erkenne. Sie will alles richtig machen und umhegt, verhätschelt und lobt ihren Sohn über den Klee. Der Kleine entwickelt eine ausgesprochene Schönheit, eine tolle Ausstrahlung und ganz viel Selbstwertgefühl. Er mag sich selbst, und die anderen mögen ihn erst recht. Die Mädchen schwärmen für ihn, die Burschen suchen seine Freundschaft, selbst die Götter finden an ihm Gefallen. »Er aber zeigte sich unberührbar und hartherzig, ließ niemanden zu sich heran und widerstand jeder Annäherung.« Dann nähert sich die süße Nymphe Echo. »Als sie Narcissus ihre Liebe gestand, wies er sie mit den Worten ›Eher will ich sterben als dir gehören‹ schroff zurück.« Die Arme verging vor Liebeskummer, wurde menschenscheu, vereinsamte und entwickelte noch dazu eine Essstörung. »Abgemagert zu Haut und Knochen, schied sie schließlich dahin. Nur ihre Stimme – das Echo – blieb erhalten.« Narcissus wird daraufhin verflucht, dass es ihm auch mal so ergehen solle: niemals bekommen, was er liebe. – Und dann kommt's faustdick für den Schönling:

Eines Tages wollte er, von der Jagd und der Hitze ermüdet, seinen Durst an einer köstlichen Quelle im Wald stillen. Als er sich aber über das Wasser beugt, erblickt er das Antlitz eines attraktiven Jünglings. Hypnotisiert von diesem Bild starrt er in die melancholischen Augen, bewundert die Haarpracht, die zarten Wangen und die edle Stirn. Er ist wie von Sinnen, entzückt und bezaubert, kann von diesem Anblick nicht genug bekommen und vermag es einfach nicht, sich vom Blick in das spiegelnde Wasser zu lösen. Er ist rettungslos verknallt. Auf dem Boden liegend versucht er, sich dem begehrten Gesicht zu nähern, den Hals zu umfassen und sich mit dem Ebenbild zu vereinen. Aber es gelingt ihm nicht. Qualvoll schreit er seinen Schmerz, seine brennende Sehnsucht, seine unerfüllte Liebe hinaus in die Wälder. Voll unerfüllter Sehnsucht und Liebesschmerz beugt er sich tiefer und tiefer über den Quell. Er kommt dem Bild nahe, erreicht es aber nie. Schließlich verliert er in seiner Gier vollends die Selbstkontrolle, stürzt ins Wasser und ertrinkt.

In anderen Versionen wiederum verzerrt ein herabfallendes Blatt das Spiegelbild, worauf Narcissus durch die vermeintliche Erkenntnis, hässlich zu sein, stirbt. Wieder anderen Quellen zufolge erkennt Narcissus die Unerfüllbarkeit seiner Liebe, ohne dass es ihm etwas nützte: Er verzehrt sich und verschmachtet vor seinem Ebenbild bis zum Tod. Wie auch immer: Die Sache geht fatal aus für den hübschen jungen Mann.

Im Kontext der Psychiatrie wurde der Name des Narkissos oder Narcissus erstmals im Jahr 1898 vom skandalumwitterten britischen Sexualforscher Havelock Ellis als Bezeichnung für eine autoerotische Störung verwendet. Er beschreibt »a tendency for the sexual emotions to be lost and almost entirely absorbed in self admiration« als »Narcissus-like«. Also übersetzt in etwa die sexuelle Regung, die sich in der Selbstbewunderung erschöpft. Da hat er Ovid ja schon recht freizügig interpretiert. Die Idee greift ein Jahr später der – ebenfalls durchaus umstrittene – deutsche Psychiater Paul Näcke auf und gebraucht in der Übersetzung erstmals den Begriff »Narzissmus«.

Näcke versteht Narzissmus als erotische »Selbstverliebtheit« und »schwerste Form des Autoerotismus«. Narzissmus liegt für ihn vor, wenn jemand ausschließlich durch den Anblick des eigenen Körpers in sexuelle Erregung gelangt. Sigmund Freud übernimmt den Begriff in seiner legendären Abhandlung über Narzissmus mit entsprechender Quellenangabe: »Der Terminus Narzissmus entstammt der klinischen Deskription und ist von P. Näcke 1899 zur Bezeichnung jenes Verhaltens gewählt worden, bei welchem ein Individuum den eigenen Leib in ähnlicher Weise behandelt wie sonst den eines Sexualobjekts, ihn also mit sexuellem Wohlgefallen beschaut, streichelt, liebkost, bis es durch diese Vornahmen zur vollen Befriedigung gelangt.« Diese Steilvorlage wird zu einem zentralen Element in Freuds Lehre werden. Da der Sexualtrieb für ihn ohnehin zentral ist, kann er vom Näcke'schen Konzept ganz schnell die Brücke zur generalisierten Eigenliebe schlagen.

Ein realer Jüngling aus dem 21. Jahrhundert, Alfred G., hat eine ähnliche Neigung wie die legendäre Figur aus der griechischen Mythologie, die Havelock Ellis, Paul Näcke und Sigmund Freud sicherlich brennend interessiert hätte.

Fall 1: Die Lovestory – Teil 1

Der 23-jährige Medizinstudent Alfred G. erzählt beim Psychiater über sein Verhältnis zum Spiegel. Er ist schon länger in Therapie und weiß, dass er eine narzisstische Persönlichkeitsstörung hat. In der Übung versucht er, tief in sich hineinzublicken und damit sich selbst besser zu verstehen. Das gibt ihm die Freiheit, sich selbst auch anders zu orientieren. »*Der Spiegel und ich? Eine Lovestory! Ich sehe mich selbst als den Hauptdarsteller eines Filmes. Ich stehe in der Früh auf, und da fällt bereits mein Blick auf mein Spiegelbild – vor meinem Bett habe ich einen großen Spiegel aufgestellt. Ich stelle mich nackt vor ihn und betrachte mich eingehend. Auf dem Weg ins Bad ist ein anderer Spiegel: Da werfe ich mir einen kurzen Blick zu, diesmal in Bewegung. Im Bad dann der nächste Spiegel. Meistens empfinde ich mein Gesicht als ganz makellos. Ich denke meistens, ich schaue echt gut aus. Dann wieder: O Gott, ich muss mehr trainieren, ich bin ja ein Spargeltarzan: nicht genug muskulös, Brille, Haare zu lang – wie ein Noob. Nach dem Anziehen, bevor ich auf die Uni gehe, werfe ich noch einen Blick in den Spiegel: Ich schaue cool aus! Das kann ich nämlich, mich richtig herrichten, dass die Farben passen.*« Der Patient lächelt zufrieden in sich hinein.

»*Mit dem Rad fahre ich etwa fünf Minuten zur Straßenbahn – da kontrolliere ich so zwei- bis dreimal, wie schneidig und sportlich ich in der Reflexion der geparkten Autos aussehe. Auf der Straße sehe ich mich in den Schaufenstern an, wie ich vorüberschreite. Ich möchte mich bewundern. In der Straßenbahn schaue ich in die Fensterscheiben und fühle mich erhaben. Ein narzisstisches Hochgefühl: Ich sitze im Wiesel, im noblen Vorortezug Wiens! Vor der Uni ist eine riesige verspiegelte Fläche: Da sehe ich mich auch immer eingehend an, wie ich auf das Gebäude zuschreite.«*

Der junge Mann unterbricht nachdenklich: *»Ich bin jetzt überrascht, das Ausmaß war mir nicht bewusst. Na ja, weiter geht's: Ehrlich gesagt, mach ich mit dem Handy viele Selfies, die ich dann auf Facebook poste. Und kontrolliere alle paar Minuten, wie viele ›Likes‹ ich bekomme. Ich bekomme viele, weil ich dort viele ›Friends‹ habe – die meisten kenne ich gar nicht. Wenn ich Fotos von mir sehe, haben die immer eine große Anziehungskraft auf mich, sie beeindrucken mich sehr stark. Der Spiegel in meinem Zimmer hat übrigens auch eine erotische Dimension: Da läuft auch mein Liebesleben ab – ich mit mir. Mehr brauchen wir nicht.«* Herr G. erschrickt aufrichtig über seinen inneren Zustand und ist tief betroffen vom Ausmaß seiner Gier nach dem Spiegel. Er nimmt sich vor, diese Neigung in Zukunft nicht mehr so exzessiv zu befriedigen.

Alfred G. ist in einer Therapiesituation, in der er seinem Psychiater unter Verschwiegenheitspflicht verschämt seine innersten Fantasien kundtut. Er öffnet sich in einer vertrauten Umgebung aus therapeutischen Gründen und würde wahrscheinlich niemals irgendjemand anderem von seiner Beziehung zum Spiegel erzählen. Doch Narzissmus bleibt nicht immer innendrin. Facebook ist als Bühne für narzisstische Selbstdarstellung die Versuchung des kleinen Mannes. Personen der Öffentlichkeit hingegen – besonders wenn sie durch eine kritiklose Umgebung aufgeputscht sind – können ihre natürlichen Hemmungen völlig verlieren. Dabei ist die Suche bei den Helden des modernen Gladiatorenspiels, den Fußballgöttern, besonders ergiebig.

Der Weltfußballer der Jahre 2008, 2013 und 2014 Cristiano Ronaldo hat zurzeit immensen sportlichen Erfolg und genießt reges mediales Interesse. Der Rummel um seine Person verführt ihn dazu, seine Psyche völlig ungebremst öffentlich zu zelebrieren. Seine Interviews, in denen er kein Blatt vor den Mund nimmt, sind Legende und strotzen nur so vor Selbstwertgefühl. Ronaldo spielt nach dem wahrscheinlich teuersten Transfer der Fußballgeschichte seit 2009 bei dem spanischen Traditionsclub Real Madrid. Angesprochen auf diese astronomische Summe äußerte er sich folgendermaßen: »Natürlich kann der Verein 94 Millionen Euro für mich bezahlen. Ich denke, ich bin noch mehr wert.«

Die perfekte Inszenierung seines Lebens in Spielfilmlänge finanzierte er selbst mit Millionenbeträgen. Dass ein Jahr zuvor ein Film über seinen direkten Konkurrenten Lionel Messi – Schlüsselspieler des Erzfeindes FC Barcelona und Weltfußballer 2015 – ein großer Erfolg wurde, ist sicher kein Zufall. Den Film über sich selbst nannte Ronaldo bezeichnenderweise »The World at his feet« – also tatsächlich: die Welt zu seinen Füßen.

Ronaldo ist bekannt dafür, dass er den Rasen so frisch gestriegelt betritt, als würde er sich auf einem Laufsteg einer Modeshow präsentieren. Keiner weiß, wie lange er vor dem Spiegel steht – aber er schaut so aus, als ob diese Tätigkeit beträchtliche Zeit in Anspruch nimmt. Kaum sind die Kameras auf ihn gerichtet, schlägt er sein Pfauenrad; vor dem Anpfiff wird noch ein letztes Mal der Sitz der Hose überprüft und die Strümpfe werden in die rechte Position gezupft. Seine Selbsteinschätzung ist legendär – und belustigt, empört oder begeistert die Fußballfans: »Wenn mich jemand als den Besten der Welt bezeichnen würde, würde mich das nicht überraschen.«

Vor der Ausführung eines Freistoßes pflegt er sich überzogen breitbeinig vor den Ball zu stellen, um seine selbstbewusste Männlichkeit zu demonstrieren. Mit dieser auffällig-kindlichen Geste der phallischen Dominanz scheint er ungeteilte Aufmerksamkeit des gesamten Publikums im Stadion erwirken zu wollen. Diese Inszenierung geht vielen mörderisch auf den Keks, vor allem den Gegenspielern. Das wiederum lässt Ronaldo kalt: »Ich liebe es, den Hass in den Augen der Leute zu sehen. Das macht mir nichts aus. Es gibt viele, die mich hassen … aber mehr, die mich lieben. Ich fühle mich nur dann schlecht, wenn ich schlecht spiele. Glücklicherweise passiert das selten. Vielleicht hassen sie mich, weil ich zu gut bin!«

Ronaldos Antwort auf die Frage, warum auch die Fans ihn auspfeifen: »Die Leute beneiden mich, weil ich gut aussehe, reich bin und ein großartiger Spieler. Es gibt keine andere Erklärung.« Schon mit 22 Jahren publizierte Ronaldo das Buch *Moments* über die Höhepunkte seiner bisherigen Karriere. Mit 28 Jahren eröffnete Ronaldo in seiner Heimatstadt Funchal sein eigenes Museum. In dem selbst finanzierten Spielfilm über sich selbst wird auch sein Berater Jorge Mendes bildlich vorgestellt; Ronalds Stimme wird dazu aus dem Off eingeblendet, wie er seinen Berater generös lobt: »Er ist der Beste; er ist der ›Cristiano Ronaldo‹ der Berater.«

Mit 25 Jahren wurde Ronaldo Vater eines Sohnes, höchstwahrscheinlich aus einer künstlichen Befruchtung – und hat natürlich das alleinige Sorgerecht. Über die Identität der Leihmutter und Eispenderin ist nichts bekannt. Seine leibliche Mutter darf der Sohn jedenfalls nie kennenlernen. Das stellte der Fußballer in seinem eigenen Dokumentarfilm klar: »Irgendwann werde ich ihm das erklären. Ich bin sicher, er versteht es.« Zur Zeit der Zeugung bis nach der Geburt war Ronaldo übrigens mit dem russischen Model Irina Shayk liiert. Klatschspalten zufolge sei sie völlig geschockt gewesen, als sie vom heimlichen Sohn ihres Freundes aus den Medien erfuhr, und habe stundenlang geweint. Diese Beziehung ist in der Zwischenzeit zerbrochen. Der Name des Sohnes? Cristiano Ronaldo jr. natürlich. »Ich wollte schon immer einen Sohn haben, damit er mein Nachfolger werden kann.«

Cristiano jr. verbringt viel Zeit mit seinem Vater im Fitnessstudio: Papa Ronaldo veröffentlicht Selfies, auf denen beide oben ohne zu sehen sind und der Fünfjährige schon ganz die Macho-Posen seines Vaters einnimmt. Von der inneren Logik des Narzissmus her müsste es Ronaldo eigentlich am liebsten gewesen sein, wenn sein Sohn sein eigener Klon wäre – also nicht die Hälfte des Erbgutes aus »minderwertigem« Material stammte.

Aus diesem dynastisch-narzisstischen Grund hätte nämlich der römische Diktator Caligula gerne seine Schwester Drusilla geschwängert – die aber zu dessen Bestürzung mit 22 Jahren vorzeitig starb. Nach ihrem Tod erhob er sie zur Göttin. Sich selbst übrigens bei der Gelegenheit auch gleich.

Die männliche Psyche – Nature or Nurture?

Der Pfau – das Männchen, wohlgemerkt! – trägt ein Prachtkleid aus 150 langen Federn. Wenn er einem Weibchen von Interesse begegnet, schlägt er sein imposantes Rad und dreht sich selbstbewusst um die eigene Achse, um die Damenwelt zu beeindrucken. Der Pfau ist ein recht polygames Vogelvieh. Er wedelt wild mit seinem Federfächer, schaut das Objekt der Begierde hypnotisierend an und lässt seine raschelnden Federn erotisch erzittern – bis dem schwachen Geschlecht ganz schwindlig ist. Wenn das Weibchen dann völlig verzückt ist und sich ihm ergeben annähert, kehrt er ihr stolz den Rücken zu. Das macht er so lange, bis die Henne ganz aufgibt und vor dem Hahn auf die Knie sinkt. Recht gnädig begattet er sie dann. Der Pfau scheint selbstverliebt – narzisstisch ist er aber nicht. Das ist allein der Gattung Homo sapiens vorbehalten.

Der eitle Pfau ist männlich, der selbstverliebte Gockel auch. Und tatsächlich tritt Narzissmus auch im menschlichen Gewande wesentlich häufiger bei den Herren der Schöpfung auf. Das ist heute gesichertes Wissen, kein stereotypes Vorurteil: Emily Grijalva und Mitarbeiter von der University of Buffalo haben 2015 in einer Metaanalyse die 355 bestehenden Narziss-mus-Studien mit insgesamt 470.846 Probanden ausgewertet und finden einen eindeutigen, signifikanten Geschlechterunter-schied über die Jahrzehnte – und in allen Altersklassen.

Der Narzissmus ist übrigens keine Ausnahme: Viele psychiatrische Störbilder sind zwischen den Geschlechtern asymmetrisch verteilt. Frauen leiden neunmal häufiger an Bulimie und Anorexie, dreimal häufiger an Angsterkrankungen und der Borderline-Störung und deutlich häufiger an Depressionen und Tranquilizersucht. Bei Männern hingegen wird neunmal häufiger das Asperger-Syndrom und Autismus diagnostiziert, dreimal häufiger eine Störung der Geschlechtsidentität, eine antisoziale Persönlichkeit oder Opiatesucht, doppelt so häufig Narzissmus ebenso wie Sexualstörungen und Alkoholismus. In jeder Altersklasse weisen zudem deutlich mehr Männer als Frauen aggressive Verhaltensstörungen auf.

Der deutsche Evolutionsbiologe Axel Meyer von der Universität Konstanz fasste 2015 die Studienlage der psychischen Geschlechterunterschiede folgendermaßen zusammen: Frauen verfügen statistisch gesehen über umfangreicheres Vokabular, besseres sprachliches Ausdrucksvermögen, mehr Empathie, schnellere Auffassungsgabe, besseres Vorstellungsvermögen, bessere Gefühlserkennung, höhere soziale Sensibilität und eine bessere Feinmotorik. Männer haben eine ausgeprägtere Aggressivität, bessere visuell-räumliche Fähigkeiten, mehr Durchsetzungskraft, können besser systematisieren, besser

3-D-Rotationen/mentale Rotationen nachvollziehen. Besser Landkarten lesen, besser eine Form in einem größeren Design finden. Schützenhilfe bekommt er 2016 von Ulrich Kutschera, weltweit anerkannter Physiologe und Visiting Scientist an der Stanford University in den USA.

Dabei – und das ist wichtig, um dümmlichen Stereotypen vorzubeugen – schneiden sich hier zwei Gauß'sche Verteilungskurven: So haben etwa (nur) zwei Drittel aller Männer eine bessere räumliche Orientierung als die durchschnittliche Frau. Also gibt es durchaus Frauen, die sich räumlich besser orientieren können, körperlich größer sind und mehr Gewicht heben können als der durchschnittliche Mann. Aber eben nicht besonders viele.

Wenn wir also sehen, dass nach neuesten wissenschaftlichen Erkenntnissen Männer weniger empathisch sind, mehr zur Aggression neigen, mehr Durchsetzungskraft haben, eine schlechtere Gefühlserkennung und eine niedrigere soziale Sensibilität aufweisen, zudem aktiver, kompetitiver, selbstbewusster sind und weitaus mehr Verbrechen verüben als Frauen, so haben wir schon einen starken Nährboden für den Narzissmus abgebildet. Deswegen wundert es nicht, wenn doppelt so viele Männer wie Frauen sich darin verfangen.

Aber männlicher und weiblicher Narzissmus unterscheiden sich nicht nur quantitativ, sondern auch qualitativ: Christiano Ronaldo und Caligula sind in all ihrem narzisstischen Tun typisch Mann – man kann sich schwer vorstellen, dass eine Frau auf diese Weise agiert. In der Tat hat narzisstisches Denken und Agieren bei den Geschlechtern unterschiedliche klinische Erscheinungsbilder. Die Psychologin Bärbel Wardetzki hat in ihrem bekannten Buch den weiblichen Narzissmus streng vom männlichen abgegrenzt. Für sie führt die überzogene Selbstliebe bei Frauen zu einem »Hunger nach Anerkennung«, der diese häufig in eine Essstörung – ganz besonders die Bulimie – treibt.

Ganz anders ist da die männliche Psyche, bei der die überzogene Selbstliebe auf eine völlig andere psychische Grundstruktur stößt.

Die Genetik der Psyche

In der »Psychologie« der Antike – also den Persönlichkeitstypologien – ist der Narzissmus als solcher nicht zu finden. Empedokles etwa ordnete bereits im fünften vorchristlichen Jahrhundert das Wesen der Menschen den Naturelementen Erde, Wasser, Luft und Feuer zu; Hippokrates unterschied die vier bekannten Säfte; Aristoteles beobachtete beim Menschen leichtes, kaltes, heißes und schweres Blut; Galen von Pergamon entwickelte die vier Temperamente Sanguiniker, Choleriker, Melancholiker und Phlegmatiker, die Paracelsus später ablehnt, Immanuel Kant aber wieder aus der Versenkung holt – all das wird dem Narzissmus überraschend wenig gerecht.

Alle vier Temperamente können nämlich narzisstische Züge tragen – oder auch nicht. Es gibt narzisstische und nichtnarzisstische Choleriker, wie es auch narzisstische und nichtnarzisstische Sanguiniker, narzisstische und nichtnarzisstische Melancholiker und sogar narzisstische und nichtnarzisstische Phlegmatiker gibt. Narzisstische Phänomene, wie wir sie heute kennen, wurden in der Antike eher in der Philosophie behandelt – aber unter ganz anderem Namen.

Fall 2: Der Choleriker

Die 58-jährige Eva L. glaubt sich mit einem Narzissten verheiratet. Sie beklagt sich: »*Mein Mann ist ein fürchterlicher
Narzisst. Ich halte ihn nicht mehr aus. Ich habe bereits eine
richtige Aversion gegen ihn entwickelt. Schon seine Gegenwart bereitet mir Unwohlsein. Ich bin vor vielen Jahren ausgezogen, aber wir treffen uns noch, wenn wir die Kinder und
Enkel sehen. Seine cholerischen Anfälle kann man gar nicht
aushalten. Ein Wunder, wie lange ich das ertragen habe.*«

Der Psychiater fragt Frau L., ob ihr Mann sich der Wirkung seiner Anfälle bewusst ist. Ob er Verständnis für sie
aufbringe, Empathie besitze.

»*Doch, doch. Er weiß, dass er Choleriker ist, und entschuldigt sich dann auch immer sehr zerknirscht und glaubwürdig. Aber schon bei nächster Gelegenheit fällt er wieder ins
alte Muster.*«

Der Arzt gibt zu bedenken, dass es kein narzisstisches
Muster ist, sich zerknirscht zu entschuldigen.

Frau L. versteht: »*Ja, es ist irgendwie paradox: Er trägt
mich auf Händen und entschuldigt sich immer. Er will immer
mit mir beisammen sein. Er liebt mich abgöttisch, schaut
keine andere Frau an, war mir sicherlich ein Leben lang treu,
beschenkt mich überreich, ich kann mir bei ihm alles erlauben. Die Leute staunen immer, was er sich alles von mir gefallen lässt. Weil er sonst so eine starke Persönlichkeit ist. Aber
ich kann wegen meiner Antipathie nicht anders. Die hat sich
wegen all dieser Verletzungen entwickelt ...*«

Die Ehe wäre bis vor fünfzehn Jahren hervorragend gewesen, abgesehen von den cholerischen Anfällen, aber die
hätte sie aufgrund seiner nachträglichen ehrlichen Entschul-

digungen gut wegstecken können. *»Und dann begann die Antipathie, genau im Jahr 2000.«*

Der Psychiater fragt sie, was im Jahr 2000 alles vorgefallen sei. Ob sie sich da außer den cholerischen Anfällen noch an andere Ereignisse erinnern könne.

Frau L. zögert merklich. Dann beginnt sie: *»Nun, jetzt muss ich wohl ehrlich sein. Da hatte ich eine kleine Affäre mit einem Kollegen. Meine erste und einzige in meinem Leben. Wir haben uns hauptsächlich über meinen Mann unterhalten, und da ist mir erst aufgegangen, wie arg mein Mann mich behandelt. Der Kollege hat immer betont, wie narzisstisch mein Mann sei. Danach begann die Antipathie. Ich habe da noch nie einen Zusammenhang gesehen … Glauben Sie, dass das was damit zu tun hat?«* Sehr nachdenklich verlässt Frau S. nach der Stunde die Praxis.

Eine Woche später berichtet Frau L., dass sich ihre Antipathie gegen ihren Ehemann erstaunlicherweise deutlich verringert habe. Sie habe sich bis jetzt immer nur als Opfer gesehen, und plötzlich sei ihr ihr eigener Anteil bewusst geworden. Jetzt sei sie aktiv auf ihn zugegangen, und die Antipathie sei geschmolzen wie Schnee in der Sonne.

In ihrer Antipathie – die sich auf ihr schlechtes Gewissen gründete – hatte Frau L. unbewusst zur gängigen Abwertungsdiagnose gegriffen, vom Nebenbuhler befeuert. Das hielt sich wesentlich länger als die Affäre. Herr L. besitzt zweifellos ein cholerisches Temperament, aber entgegen der Einschätzung seiner Gattin ohne narzisstische Tönung. Sonst würde er nicht nach jedem Anfall um Entschuldigung bitten und seiner Frau alles durchgehen lassen.

»Temperament« nennt man bis heute die Neigung zu bestimmten charakteristischen Reaktionsweisen, die durch neuronale Synapsenbildung und Netzwerke programmiert, also in gewisser Weise determiniert sind. Das Temperament sucht man sich nicht aus, man bekommt es in die Wiege gelegt. Narzissmus ist ein Phänomen, dem nicht diese basalgenetische Ebene zugrunde liegt.

Sigmund Freud hat ab 1909 das Thema Narzissmus in die Mitte der Psychiatrie, Psychologie und Psychotherapie gestellt. Zu dieser Zeit konnte die Systematische Psychologie das Phänomen des Narzissmus allerdings noch nicht richtig verorten. Und das sollte noch lange dauern: Das zweiachsige Koordinatensystem des Freud-Gegners Hans Jürgen Eysenck mit den Achsen »extravertiert–introvertiert« versus »stabil–instabil« erfasst narzisstisches Denken und Handeln nur sehr unzureichend. Ein Narzisst kann sowohl extravertiert als auch introvertiert sein, sowohl stabil wie auch instabil.

Auch die in der zweiten Hälfte des 20. Jahrhunderts entwickelten und bis heute gängigen »Big Five« der Persönlichkeitspsychologie (Neurotizismus, Extraversion, Offenheit für Erfahrungen, Gewissenhaftigkeit und Verträglichkeit) stellen diesbezüglich noch keinen Durchbruch dar. Ein Narzisst kann offen sein für neue Erfahrungen oder überhaupt nicht, gewissenhaft oder schlampig, neurotisch-ängstlich oder völlig gelassen, äußerlich verträglich oder eher unverdaulich. Auch wenn der klassische Narzisst eher extravertiert und dafür weniger verträglich und kaum neurotisch-ängstlich ist, können doch die »Big Five« den Narzissmus einer Person nicht dingfest machen.

Ein Amerikaner knackt den Jackpot

Erst die Systematik des Genetikers und Psychiaters Robert Cloninger erlaubt eine stimmige Zuordnung der Persönlichkeitsstörungen in der Psychologie – und damit auch des Narzissmus'. Der prominente US-Wissenschaftler von der Washington University in St. Louis ist Mitglied der amerikanischen Akademie der Wissenschaften und war 2009 Preisträger des Judd Marmor Award der American Psychiatric Association für die Verbesserung des biopsychosozialen Modells.

Cloninger hat in den Achtziger- und Neunzigerjahren aus seinem immensen Datenpool zuerst die »vier Dimensionen des Temperaments« herausgerechnet, wobei er Persönlichkeitsmerkmale und genetische Kennziffern seiner Probanden verwendete: Schadensvermeidung (*Harm Avoidance*), Neugierde (*Novelty Seeking*), Abhängigkeit von Belohnung (*Reward Dependence*) und Beständigkeit (*Persistence*). Damit deckt er das klassische Kleeblatt Choleriker, Sanguiniker, Melancholiker und Phlegmatiker ab. Der Fortschritt dieser Arbeit bestand in der genetischen und neurobiologischen Absicherung der Typologien.

Psychopathisches Verhalten wie Narzissmus war damit allerdings noch immer nicht erklärt. Schadensvermeidung, Neugierde, Abhängigkeit von Belohnung und Beständigkeit sind lauter Eigenschaften, die den landläufigen »selbstverliebten Gockel« nicht eindeutig beschreiben. Offensichtlich läuft bei ihm etwas anderes schief: Ob er neugierig oder offen für neue Erfahrungen ist, ändert an seiner Selbstverliebtheit gar nichts. Cloninger stellte im Rahmen seiner späteren Forschungen an Psychopathien dann auch genau das fest: dass Patienten mit Persönlichkeitsstörungen sich in den vier Dimensionen des Temperaments rein rechnerisch nicht von Normalpersonen unterscheiden. Das bedeutet, dass die alten Persönlichkeitstests noch nicht krank von gesund unterscheiden können, unfrei von frei, reife Persönlichkeiten von unreifen.

Im Rahmen seiner Zuordnung der Eigenschaften zu neuroanatomischen Strukturen fand der Wissenschaftler heraus, dass die »vier Dimensionen des Temperaments« in erster Linie die phylogenetisch ältesten Hirnareale abbilden, nämlich das kortikostriatale und das limbische System. Deshalb erarbeitete er mit seinem Forschungsteam zusätzlich Eigenschaften der phylogenetisch jüngeren Hirnareale, nämlich des frontalen, temporalen und parietalen Neokortex. Die Ausprägung dieser Hirngebiete erst unterscheidet den Menschen vom Affen. Die dort lokalisierten Eigenschaften nannte Cloninger, im Gegensatz zum Temperament, die »drei Dimensionen des Charakters«: Selbstkontrolle (*Self-Directedness*), Kooperationsfähigkeit (*Cooperativeness*) und Selbsttranszendenz (*Self-Transcendence*). Sie machen den Menschen zu dem, was er ist.

Die Dimension der Selbstkontrolle unterscheidet »verlässlich« und »sachlich« von »beschuldigend« und »planlos«, die Kooperationsfähigkeit kennzeichnet Eigenschaften wie »tolerant«, »hilfsbereit«, »teamfähig« im Gegensatz zu »voreingenommen« und »rachsüchtig«, während Selbsttranszendenz bei Cloninger »selbstvergessen« und »spirituell« im Kontrast zu »selbstbezüglich«, »ichhaft« und »materialistisch« meint. Das Schlüsselwort zu diesem Konzept ist »Ordnung«: Die Selbstkontrolle entspringt einer inneren Ordnung, die Kooperationsfähigkeit ist die Ordnung in den Beziehungen, und die Selbsttranszendenz entspricht der Einordnung in ein kosmisches Ganzes. Und damit konnte Cloninger nun die Spreu von Weizen trennen: Ganz klar konnte er mithilfe dieser Kriterien erstmals Patienten mit einer Persönlichkeitsstörung aus einer Normalpopulation herausfiltern.

Cloninger spricht immer von den Persönlichkeitsstörungen im Allgemeinen, nie vom Narzissmus im Konkreten. Aber scannen wir nun den »selbstverliebten Gockel« und den »eitlen Pfau« probehalber auf die »drei Dimensionen des Charakters«: Es klappt! In der Tat kippen Narzissten viel eher in die Fremdbeschuldigung, statt selbstlos-sachlich und verlässlich zu sein. In Beziehungen neigen sie außerdem dazu, rachsüchtig zu agieren und weniger teamfähig und weniger hilfsbereit zu sein. Und drittens ist Narzissmus sicherlich eher selbstbezüglich als selbstvergessen.

An Cloningers Konzept bemerkenswert ist auch die Tatsache, dass narzisstische Verhaltensweisen mit dem erworbenen »Charakter« zusammenhängen und weniger mit dem angeborenen »Temperament«. Man wird also nicht als Narzisst geboren, sondern dazu gemacht, könnte man in Abwandlung des wohl berühmtesten Zitates von Simone de Beauvoir pointiert zusammenfassen.

Fall 3: Weil ich ich bin

Horst D. erzählt über seine geheimen Fantasien, die er im Rahmen seiner Behandlung entdeckt hat. Es handelt sich wieder um eine psychotherapeutische Übung, bei der der Patient aus seinem Inneren Bedürfnisse ins Bewusstsein holt und erstmals ausformuliert. Im Moment der Übung ist sich der Patient völlig bewusst, dass seine Fantasien den Realitätsbezug verloren haben. Aber erst das mutige Aussprechen gibt ihm die Gelegenheit, sich auch dagegen zu entscheiden.

»Ich sehe mich als den bedeutendsten Menschen auf Erden. Ohne jede Leistung: weil ich ich bin. Das ist objektiv erkennbar, und jeder soll das anerkennen. Die, die mich nicht kennen, haben das Gefühl, dass es den einen besonderen

Menschen gibt – aber sie kennen ihn nicht. Die haben keine
Ahnung, was ihnen entgeht. Ganz ehrlich? Ich denke mir,
dass die Papst-Franziskus-Bilder in der Kirche mit meinen
ausgetauscht werden sollen. Dass ich viel interessanter bin.
Ich verstehe den Hype um diesen Typen nicht. Die Heiligen-
bilder gehören übermalt. In jeder Kirche soll ein Bild von
mir hängen – ein großes. Eine Fernsehbotschaft wäre an-
gebracht: Horsti eröffnet den Tag. So etwa 20 Minuten lang:
was ich mir gerade so denke. Meine Erkenntnisse. Das ist
für alle interessant, weil es von mir ist. Es gibt nichts, was ich
mehr liebe als mich. Johannes Paul II. und Mutter Teresa: Die
kommen alle nicht an mich heran. Daniel Libeskind, Marcel
Hirscher, Jürgen Habermas – keine Chance gegen meine
Exzellenz. Kardinal Schönborn und Kanzler Faymann: never!
Meine Professoren sind nicht gut genug für mein Talent.
Meine Mitstudenten sind alle nichts wert. In meiner Fami-
lie: Die können sich glücklich schätzen, dass sie mich haben.
Da bin ich der Heilige unter lauter Sündern. Vom Wert her
bin ich auf jeden Fall viel höher als die anderen Familien-
mitglieder. Einer, der mich als Durchschnitt einschätzt, ist
ein Narzisst.«

Nach der Übung ist der Patient aufgewühlt, beschämt,
aber vor allem sehr erleichtert.

Die drei narzisstischen Fesseln

Narzissmus hat in allen drei Dimensionen des Charakters
erhebliche Defizite: die Selbstidealisierung, die Abwertung der
anderen und die völlige Unfähigkeit zur Selbsttranszendenz.

Diese drei Stricke fesseln den Narzissten an sich selbst und werden in den drei Kapiteln von Teil II näher besprochen.

Die erste Fessel, die Selbstidealisierung, ist eine pfauenartige Selbsterhöhung, die sich aus einer gesteigerten Selbstliebe entwickelt und klinisch in einem überzogenen Selbstwertgefühl wahrnehmbar wird. Deswegen ist in diesem Zusammenhang in der psychiatrischen Fachliteratur häufig vom »grandiosen Selbstbild« oder »Grandiosität« die Rede: Der Narzisst blendet alles Nichtgrandiose an sich selbst aus, weil nicht sein kann, was nicht sein darf. Dazu gehören vor allem persönliches Scheitern, seine Fehler und Schuld. Weil er aber das Negative ausblendet, neigt er zur Beratungsresistenz.

Die zweite Fessel, die Abwertung der anderen, folgt aus der ersten Fessel. Abgewertet wird jeder, aber besonders jemand, der an der Grandiosität kratzen könnte. Der andere ist oft nur eine Sprosse des Narzissten auf dem Weg zum Erfolg. Der Narzisst sieht sich letztlich nicht auf gleicher Augenhöhe mit seinem Nächsten. Er nimmt die bedingungslose Liebe, die Menschen ihm schenken, als selbstverständlich – ohne dass er den Impuls verspürt, die Liebe zu erwidern.

Die dritte Fessel knüpft sich aus den ersten beiden: Die Asymmetrie zwischen sich selbst und dem Du ist das Markenzeichen des Narzissten, das Selbsttranszendenz unmöglich macht. Man könnte das Selbstimmanenz nennen: Der Mensch bleibt in sich selbst stecken (das lateinische Wort immanere bedeutet »darin bleiben« – im Gegensatz zu transcendere für »übersteigen«). Er bleibt in sich, dreht sich nur um sich selbst, ist unfähig oder unwillig, über den eigenen Tellerrand hinauszublicken und etwa die klassischen Transzendentalen wie das Schöne, Wahre und Gute wahrzunehmen.

Die narzisstische Trias – Selbstidealisierung, Fremdabwertung und Selbstimmanenz – bremst den Mann aus und verhindert seine menschliche Entfaltung.

Fall 4: Der Überflieger – Teil 1

Der 23-jährige Mathematikstudent Oskar von D. kommt in die psychiatrische Praxis. Er ist betont gepflegt gekleidet, ein klein wenig steif, wirkt aber sehr selbstsicher und souverän in den Umgangsformen. Er hat ein diskretes affektiert-nasales Österreichisch im Zungenschlag und stechend blaue Augen.

»Sie wollen wissen, wie ich auf Sie komme? Ich stelle mir seit Längerem die ontologische Sinnfrage und will das im Zusammenhang meiner Studienwahl mit einem Psychiater diskutieren. Ihr Vorgänger, Herr D., hat nicht einmal gewusst, was ›Ontologie‹ bedeutet, er konnte mir philosophisch nicht folgen und hat überhaupt mein Problem nicht verstanden – daraufhin bin ich gezwungen gewesen, den Psychiater zu wechseln. Ich habe Ihren Lebenslauf auf Ihrer Homepage gelesen und erwarte mir einen philosophisch ebenbürtigen Gesprächspartner.«

Nachdenklich wirft der Psychiater die Frage ein, ob ein Arzt unbedingt philosophisch gebildet sein muss, um seinem philosophischen Patienten helfen zu können.

Aber Herr von D. ist sich da recht sicher: *»Na, er muss zumindest intellektuell ebenbürtig sein. Wissen Sie, wenn ich seine Antworten alle bereits vorhersehen kann, langweilt mich das irgendwann. Herr D. konnte mich einfach nie überraschen. Dann habe ich mir gedacht: Da ist es mir schade um meine Lebenszeit. Ich bin ja in der glücklichen Lage, mir meine Gesprächspartner aussuchen zu können.«* Dann kommt er auf sich zu sprechen: *»Ich bin zwar erst 23 Jahre alt, aber habe schon sehr tiefe philosophische Erkenntnisse – die andere ein Leben lang nicht haben. Aber auch die großen Philosophen hatten sie nicht so früh wie ich.«* Im Grunde, fährt er fort, hätte er das große Problem im Sinne von Albert Camus gelöst: Es gibt keinen Sinn im Leben. *»Nach dieser Erkenntnis kann ich durchstarten: jetzt kann's wirklich losgehen.«* Zwei sehr banale und praktische Probleme hätte er aber noch zu lösen, bevor es wirklich losgehe, und das wolle er mit professioneller Hilfe angehen: Erstens habe er Angst vor Ejaculatio praecox. Und er wisse nicht, was er nun studieren solle, da er bereits die ontologische Frage gelöst habe.

Für Österreicher ist es sehr unüblich, sich jemandem mit »von« im Namen vorzustellen, auch für Aristokraten. Denn die Adelstitel sind nach dem Ersten Weltkrieg abgeschafft worden. Der Psychiater spricht den Patienten fragend darauf an.

»Ja, das ist, weil mein Vater Deutscher ist. Dort wird der Titel nach wie vor geführt. Und wir legen Wert auf unsere Familientradition.«

Wenn man auf Menschen wie Oskar von D. trifft, können Emotionen hochkommen. Das ist durchaus typisch und normal für die Begegnung mit Narzissten und wird in der Psychoanalyse »Gegenübertragung« genannt. Meistens ist es ein Gefühl der Ablehnung, der Abwehr und Antipathie, mit der Narzissten konfrontiert sind. So etwas passiert natürlich auch Therapeuten, und das kann die Therapie erschweren. Besonders wenn der Narzisst nicht gerade auf Menschenfang aus ist, kann er sein grandioses Selbstbild durchaus so weit heraushängen lassen, dass er einem kräftig unsympathisch ist. Freud, der dieses Phänomen erstmals beschrieb, sah die Gegenübertragung als störenden Einfluss, den der Therapeut sich bewusst machen und beseitigen müsse. Klar: Wenn der Patient merkt, was der

Arzt an Ablehnung empfindet, wird er sich nicht gerade willkommen fühlen.

Die moderne Psychoanalyse sieht im Gegensatz zu Freud die Gefühle des Therapeuten gegenüber dem Patienten auch als »Resonanzboden«, durch den er Informationen über den Patienten gewinnt. In der Tat kann man die schnellsten Narzissmusdiagnosen mit dem trainierten Bauchgefühl stellen. Noch bevor der Kopf die ganzen Symptome gescannt und mit den klassischen Kriterien verglichen hat, spürt der Bauch die libidinöse Selbstverliebtheit des Betroffenen und oft auch die damit verbundene Fremdabwertung.

Da der Therapeut allerdings durch das Setting (die eigenen Praxisräume, die Tatsache, dass er als Experte aufgesucht wurde …) relativ sicher ist, ist die Gegenübertragung im Vergleich zur freien Wildbahn sehr abgeschwächt. Sie ist in der Therapiesituation von der Neugier überlagert, was der Patient so mitbringt und in welche Richtung sich die Therapie entwickelt. Denn immerhin kommt der Narzisst zum Therapeuten mit einem konkreten Wunsch: Das lässt ihn die Beziehung viel besser aushalten.

Abgesehen vom diagnostischen Bauchgefühl, das sich vielleicht schon gemeldet hat, sieht man bei Herrn von D. sofort die Abwertung des ersten Psychiaters, bei der man die Warnung durchhören kann, dass Psychiater bei ihm durchfallen können. Nur Anfänger freuen sich über die despektierliche Beschreibung eines vorangegangenen Kollegen durch den Patienten und betonen eifrig, dass sie das selbst viel besser machen werden. Damit ist man nämlich auf die Manipulation des Patienten schon hereingefallen. Der Patient wünscht sich zwar Bestätigung und Bewunderung, doch es würde ihm nicht helfen, wenn man sie ihm als Therapeut unkritisch gäbe.

Fall 4: Der Überflieger – Teil 2

Oskar von D. schildert, dass er – abgesehen vom bisherigen Psychiater – seit einem Jahr in klassischer orthodoxer Psychoanalyse sei, bei der er drei- bis viermal pro Woche auf der Couch liege und die 63-jährige Analytikerin für ihn unsichtbar hinter ihm sei. Die Analytikerin erachte er aber nicht für kompetent und zuständig, um die beiden oben angeführten Aufträge zu bearbeiten.

Herr von D. sinniert über sein Mathematikstudium, bei dem er schon ein paar Prüfungen gemacht hätte, aber streng nach dem Lehrplan doch hintan sei: »*Ich konnte nach meiner Antwort auf die Sinnfrage keine blöden Formeln mehr lernen. Die Frage, die sich mir stellt, ist, was ich mit meinem großen Talent anfangen soll: Medizin studieren und Psychiater werden oder Psychologie studieren?*« Er beschreibt sich selbst: »*Ich habe eine hohe Selbstreflexion und bereits sechs oder sieben Bücher über Psychologie gelesen.*« Auch Philosophie passe gut in seine Lebensgeschichte. »*Ich will eine Nische finden, die zu mir passt – in der ich mich selbst verwirklichen kann. Ach ja, ich war auch im österreichischen Jugendskiteam und könnte ein erfolgreicher Skilehrer werden.*« Durch seine Erkenntnis »das Leben hat keine Sinn« habe er eine viel größere Freiheit als andere und größere Unabhängigkeit.

Eine seiner Erkenntnisse aus der Analyse ist sein Wunsch, von der Analytikerin und auch von seinem Psychiater bewundert und beneidet zu werden. Der Psychiater fragt ihn, wie diese Bewunderung ausschauen könnte.

Er: »*Der Herr von D. weiß mit 23 schon so viel über das Leben, er weiß ziemlich viel, schaut gut aus und will alles haben.«* Bei der Psychoanalytikerin hätten sich in der letzten Zeit immer mehr Spannungen aufgebaut: *»Es ist mir ehrlich gesagt auf den Arsch gegangen, wenn sie mich nicht bewundert hat.«*

In der Folge geht der Psychiater mit dem Patienten systematisch die neun gängigen Narzissmuskriterien (siehe unten) durch, und Herr von D. hält in der Selbsteinschätzung sieben davon für absolut zutreffend. Oskar nimmt das gelassen, ja sogar erfreut auf: *»Narzissmus – ja, das passt wirklich gut! Im Fußball bin ich auch ein Fan von Cristiano Ronaldo – der Messi hat bei Weitem nicht so eine Aura und ist für mich echt uninteressant.«*

Was sind das für Kriterien, die der Psychiater in der Therapiestunde mit Oskar durchgesprochen hatte? In der Einleitung wurden sie schon erwähnt. Die amerikanische psychiatrische Klassifikation (*Diagnostic and Statistical Manual of Mental Disorders. Fifth Edition [DSM-5]*) aus dem Jahr 2013 weist die narzisstische Persönlichkeitsstörung mit neun verschiedenen Symptomen aus (siehe Anhang). Die sind international gebräuchlich, praxisnah und phänomenologisch angelegt – also nicht theorielastig – und geben einen sehr guten Überblick.

Da ist einmal (1) ein grandioses Verständnis der eigenen Wichtigkeit, das der Narzisst a priori hat. Er strotzt nur so von Selbstwertgefühl, das keiner Begründung bedarf. Er übertreibt einerseits den Wert seiner Leistungen und Talente und erwartet aber andererseits, auch ohne entsprechende Leistungen als überlegen anerkannt zu werden. Hier haben wir wie gesagt einen deutlichen Unterschied zu Perfektionisten, also den Menschen, die immer auf ihre Leistung Bezug nehmen und sich als

Leistungsträger definieren. Herr von D. erfüllt diesen Punkt ohne Zweifel. Allerdings weist er schon auf seine persönliche Leistung hin: Der Kernsatz »Ich bin zwar erst 23 Jahre alt, aber habe schon sehr tiefe philosophische Erkenntnisse – die andere ein Leben lang nicht haben« sagt sehr viel über sein Selbstbild, über das ungeschminkte Phänomen der Selbstidealisierung. Oskar von D. ist ehrlich begeistert von seiner Erkenntnis.

Narzissten sind außerdem (2) stark eingenommen von Fantasien ihres grenzenlosen Erfolgs oder Fantasien ihrer grenzenlosen Macht, Fantasien ihrer grenzenlosen Brillanz, Fantasien ihrer grenzenlosen Schönheit oder Fantasien idealer Liebe. Das offenbaren sie nicht jedem, aber doch kommt das in Gesprächen und im Zusammenleben immer wieder durch. Bei Oskar von D. kann man sich das gut vorstellen, und in der Tat hat er diesen Punkt bestätigt.

Der Narzisst glaubt (3) von sich, »besonders« und einzigartig zu sein, nur von anderen besonderen oder hochgestellten Menschen oder ganz außergewöhnlichen Institutionen verstanden zu werden und ausschließlich mit diesen verkehren zu können. Auch diesen Punkt kann man zwanglos dem Mathematikstudenten zuordnen.

Der Narzisst (4) benötigt exzessive Bewunderung wie die Luft zum Atmen, was auf Herrn von D. explizit zutrifft: Er wünscht sich das von seiner Analytikerin und von seinem Psychiater und reagiert wütend, wenn ihm die Bewunderung nicht zuteilwird.

Der Narzisst legt (5) ein erstaunliches Anspruchsdenken an den Tag. So erwartet er, dass er automatisch eine besonders günstige Behandlung erfährt und andere auf seine Erwartungen selbstverständlich und ohne Diskussion eingehen werden. Das war bei Oskar in dieser Episode nicht wahrnehmbar, würde aber gut zu ihm passen.

Er (6) nutzt andere aus, um seine eigenen Ziele zu erreichen, ist berechnend und in zwischenmenschlichen Beziehungen ausbeuterisch. Zwar wird er oft hoch gefeiert, da er mit seinem Charisma aus der Ferne glänzt. Er ist aber letztlich menschenverachtend, sieht seine Partnerin oder sonstige Beziehungsperson nur als eine Sprosse und ist nicht zur Selbstlosigkeit fähig, weshalb sich später viele von ihm abwenden. Diesen Punkt hat Oskar verneint.

Dem Narzissten sind die Mitmenschen egal: Er zeigt (7) einen Mangel an Empathie und ist nicht bereit, die Gefühle anderer wahrzunehmen oder ihre Bedürfnisse anzuerkennen oder sich gar mit ihnen zu identifizieren.

Der Narzisst ist (8) häufig neidisch, weil er den Erfolg eines anderen für unberechtigt hält. Er interpretiert umgekehrt auch sehr leicht, andere seien neidisch auf ihn. Passt auch!

Er zeigt schließlich (9) arrogante, hochmütige Verhaltensweisen und Ansichten, die aufgrund seiner inneren Herzenshaltung stimmig sind. Ebenfalls Volltreffer! Für eine Diagnosestellung einer »narzisstischen Persönlichkeitsstörung« benötigt man nur fünf zutreffende Punkte, Oskar von D. erfüllt nach eigener Einschätzung sogar sieben davon.

Wenn wir jetzt kurz die neun DSM-Kriterien mit Cloningers Charakterdimensionen vergleichen, so treffen die ersten drei (also Grandiosität, grenzenlose Größenfantasien und vermeidliche Einzigartigkeit) auf die Selbstkontrolle zu und die restlichen sechs DSM-Kriterien (Gier nach Bewunderung, Anspruchsdenken, Ausbeutung, Empathiemangel, Neid und Arroganz) auf die Dimension der Beziehungs(un)fähigkeit. Hingegen – und das ist wirklich interessant – bilden die DSM-Kriterien die Selbstimmanenz des Narzissten nicht ab – ein echtes Manko, wie wir später noch sehen werden.

Kapitel 2

Das Kreisen um sich selbst

Der Briefroman *Die Leiden des jungen Werthers* war für Johann Wolfgang von Goethe der volle Durchbruch. Grund dafür war seine Feinsinnigkeit, den Zeitgeist griffig zu Papier zu bringen – sicherlich, weil er da ganz tief in sich selbst hineingeschaut hat. »Introspektion« nennt man das in der Psychologie. Das Buch hatte einen so starken Einfluss auf seine Zeitgenossen, dass man zu Recht vom Werther-Effekt spricht. Bei vielen Werken der Weltliteratur hat ja eine intensive, authentische Innenansicht eine unheimliche psychologische Wirkung, der sich der aufgeschlossene Leser kaum entziehen kann. Das merkt man etwa auch beim literarischen Genie Fjodor Michailowitsch Dostojewski, dessen Romane *Der Spieler* oder *Der Idiot* viel inneres Erleben enthalten und genau deswegen so direkt berühren.

Goethe hatte – wie dann auch auf seine Romanfigur Werther projiziert – ein ziemliches Frauenproblem. Präziser formuliert ein egozentrisches Frauenproblem, ausgelöst durch die Fixierung auf das eigene Bauchgefühl. Mindestens zehn Frauen sind namentlich bekannt, die dem Dichterfürsten Muse und Gespielin waren. Wir wissen viel über die Gefühlszustände des Künstlers – und ganz wenig, wie es den Damen dabei und vor allem danach erging. Thomas Mann zeichnet in *Lotte in Weimar* ein entlarvendes Bild vom alternden Goethe. Als sich die verwitwete Charlotte Kestner, geb. Buff, aus Wetzlar bei ihm ankündigt, fährt er zornig auf: »Konnt' sie sich's nicht verkneifen, die Alte, und mir's nicht ersparen?«

Egozentrik bezeichnet in der Psychologie, wie die griechisch-lateinische Wortwurzel schon andeutet, eine Ichzentriertheit: ein emotionales und kognitives Kreisen um sich selbst. Der Begriff beschreibt die Eigenschaft, sich selbst stets im Mittelpunkt zu sehen, eine übertriebene Selbstbezogenheit und Nabelschau der eigenen Befindlichkeit sowie damit verbunden die Neigung, andere Menschen und Dinge beständig an sich selbst und der eigenen Perspektive zu messen. Im Gegensatz zum Begriff »Egoismus« ist damit aber keine moralische Bewertung inkludiert, sondern das psychologische Phänomen vorurteilsfrei beschrieben. Ein direkter Gegenspieler der Egozentrik – die manchmal ironischerweise auch »Selbstempathie« genannt wird – ist die Selbstlosigkeit und das Einfühlungsvermögen. Je mehr Empathie man also für sich selbst aufbringt, umso weniger bleibt für den Nächsten übrig.

Der junge Werther kreist also um sich selbst und seine Gefühle: »Auch halte ich mein Herzchen wie ein krankes Kind, all sein Wille wird ihm gestattet.« Er sieht in Lotte, die bereits an einen anderen Mann vergeben ist, die Verkörperung seiner Ideale. Er versteigt sich in eine schwärmerische Liebe, bei der das Selbstmitleid und die Selbstbespiegelung vorherrschen. Sosehr er sich auch für Lotte begeistert und sie in den Himmel hebt, hat er die Bedürfnisse der verheirateten Frau nicht so scharf im Blick wie seine eigenen. Er will sie, und das genügt. Dass er sie nicht kriegen kann, ist Grund genug für seinen Weltschmerz. Seine Egozentrik drückt sich in Zitaten aus wie: »Ich kehre in mich selbst zurück, und finde eine Welt!« Er begehrt Lotte, um von ihr geliebt zu werden. Er stirbt am Schluss nicht für die Liebe zu Lotte, wie er vorgibt, sondern aus Liebe zu sich selbst, wie die bereits erwähnte Narzissmusexpertin Bärbel Wardetzki gnadenlos analysiert.

Werther wurde blitzschnell der Hero der Sturm-und-Drang-Zeit, einer Bewegung um 1770, die hauptsächlich von jungen egozentrischen Dichtern getragen wurde. Sie rebellierten gegen die überproportional vernunftbetonten und nützlichkeitsorientierten Werte der Aufklärung. Die gefühlsbetonten Künstler dieser Epoche wählten Themen wie Mut und Verwegenheit, leidenschaftliche Liebe, starke Gefühle sowie Auflehnung gegen starre Autoritäten. In ihrer Egozentrik definierten sie das »Genie« – also sich selbst – als einen Künstler, der nur seinem Gewissen und seinen eigenen ästhetischen Ansprüchen verpflichtet ist. Kein Regelwerk könne sein schöpferisches Tun begrenzen, er finde alles in seiner eigenen Seele und seinen eigenen Empfindungen.

Ganz ähnlich präsentierte sich 200 Jahre später die 68er-Bewegung, die ebenfalls stark egozentrische Züge trug. Ihr intellektueller Leithammel Herbert Marcuse rehabilitierte den Narzissmus in seinem Standardwerk *Triebstruktur und Gesellschaft*. So schreibt er hoffnungsfroh: »Der Narzissmus könnte den Keim eines andersartigen Realitätsprinzips enthalten.« Sein Traum war die repressionsbefreite, erosfundierte Gesellschaft unter Verherrlichung des »Lustprinzips« – also der rücksichtslosen Bauchgefühle.

Fall 5: Die neuen Leiden des jungen W. – Teil 1

Der Psychiater bekommt eine E-Mail von Frau W., einer besorgten Mutter aus Südtirol: Ihr 26-jähriger Sohn Hieronymus wäre jetzt in Wien, hätte ADHS und wolle Ritalin verschrieben bekommen. Ob der Arzt das machen würde, das solle sie im Vorfeld in seinem Namen abklären.

Die Antwort auf die anonyme Anfrage um ein bedingungsloses Suchtmittelrezept ist ein freundliches Nein. Der Therapeut könne gerne eine Psychotherapie anbieten oder auch eine ärztliche Begleitung des jungen Mannes, aber ohne ihn zu kennen, möchte er sich nicht verpflichten, ein Amphetamin verschreiben zu müssen.

Die Mutter versteht und meldet sich nicht mehr.

Monate später kommt ein schlanker, groß gewachsener junger Mann in die Praxis: ein sympathischer, charmanter, zugewandter Kerl mit lebendigen, freundlichen und intelligenten Augen. Er würde seinen Standpunkt gut verstehen und wolle den Psychiater fragen, ob er eine Psychotherapie bei ihm machen könne, und jemand anders verschreibe ihm das Mittel. Der Psychiater akzeptiert.

Hieronymus leidet darunter, dass »*ich schon immer Probleme im Umgang mit Menschen hatte. Ich war früher ziemlich aggressiv – wurde in der Klasse in die Ecke gestellt und war in der Schule immer der Buhmann.*« Die Eltern seien beide beruflich sehr erfolgreich und würden viel arbeiten. »*Ich bin mit Babysittern aufgewachsen. Die Eltern haben beide immer Probleme gehabt, mir Liebe zu zeigen und zu geben. Sie waren zu jung und nicht bereit dazu – ich bin ihnen passiert. Ich war immer aktiver als andere Kinder, habe mehr rebelliert, akzeptiere bis heute keine Autorität – also keine unnatürliche, wie zum Beispiel die Religion. Und ich ertrage die Hierarchie im Beruf gar nicht.*«

Er sei in Italien – außerhalb seiner Heimat Südtirol – in das Internat eines Elitegymnasiums gesteckt worden und sei dort bis fünfzehn ein »*Superschüler*« gewesen. Aber leider wäre er dann in die falschen Kreise geraten und hätte angefangen mit »*Rauchen, Alkohol, Frauen, Cannabis und so … Da sind*

die Noten dann rapide abgefallen, und nach eineinhalb Jahren
bin ich schließlich geflogen. Das tut mir bis heute leid.«

Die Eltern warfen ihm vor, dass er überall anecke, und deponierten ihn schnurstracks in einer deutschen Privatklinik für Psychiatrie, wo er vier Monate kaserniert war und »repariert« werden sollte. Danach boten sie ihm ein strenges Internat in England an. *»Das habe ich abgelehnt, weil ich dort nicht rauchen durfte.«* Verärgert steckten sie ihn daraufhin einfach in eine *»primitive öffentliche Schule«* in Bozen, in der er sich überhaupt nicht wohlfühlte. Dort musste er noch dazu ein Jahr wiederholen, was ihn sehr kränkte – *»weil ich damals schon narzisstisch war«*. Nach einem Jahr brach er diese Schule ab und begann in einem bekannten Fünf-Sterne-Hotel in Bozen als Lehrling – mit väterlicher Protektion. Nach einem halben Jahr Lehre gab ihm ein etwa vierzigjähriger Gast 500 Euro als Trinkgeld für das Hinauftragen seines Koffers – daraufhin kündigte er sofort.

»Es war mir blitzartig klar, dass ich da auf der falschen Seite bin: Ich wollte auch einer sein, der so viel Trinkgeld geben kann. Meine Eltern waren wieder mal sauer, weil ich gekündigt hatte. Ich bin in der folgenden Zeit viel in Bozen unterwegs gewesen und hatte Freunde, die aber eigentlich Proleten waren. Mit ihnen habe ich irre viel Cannabis geraucht, mich nachts rumgetrieben und bin spät nach Hause gekommen … Zu Hause gab es nur mehr Zoff. Dann bin ich in Bozen in eine Wohngemeinschaft gezogen, weil ich achtzehn war und die Eltern nur mehr genervt haben – die mussten das natürlich zahlen. Das war die beste Zeit in meinem Leben. Ich habe gejobbt, war total selbstständig. Nach vier Monaten hatte ich allerdings einen heftigen Streit mit dem Vermieter und musste raus.«

Wir sehen beim jungen W. schon ein Muster von beruflicher Inkonstanz, Schwierigkeiten mit Autoritäten, Abwertung anderer, schnelles Anecken bei den Mitmenschen und Fremdbeschuldigung. Andererseits kann Hieronymus sich heute bemerkenswert reflektieren, indem er im Nachhinein narzisstische Muster in seinen Reaktionsweisen (auf die Klassenwiederholung) erkennt. Dass es Menschen gibt, die ihn mit hohen Geldbeträgen beschenken und damit weit über ihm stehen, hält er aufgrund seines Selbstbilds schlecht aus. Er kann sich sozial nicht einordnen und tut sich schwer mit der Selbsttranszendenz. Andererseits akzeptiert er die Spielregeln des Psychiaters, ohne mit der Wimper zu zucken.

Vater und Mutter sind sehr vermögend und werden ihrem Sprössling schon mitgegeben haben, dass er ganz was Besonderes sei. Sie scheinen alles für ihr Einzelkind zu tun, deswegen spielt die Mutter auch die Sekretärin für ihren Buben. Aber andererseits erlebt er eine emotionale Vernachlässigung von beiden karrierebewussten Eltern. Die anderen Personen bleiben in seiner Schilderung vage, unbestimmt und gesichtslos.

Fall 5: Die neuen Leiden des jungen W. – Teil 2

Nach dem Rausschmiss kam es zu einer kurzen Annäherung an die Mutter, die daraufhin eine größere Wohnung für ihn allein finanzierte. Da hatte er immer wieder andere Freundinnen, angeblich jedes Mal bildhübsche Mädels. In die Wohnung zog allerdings – ohne zu zahlen – ein fünf Jahre älterer Kumpel ein, der in der Eliteschule ein Superstar war *»und mich echt respektiert hat. Mit ihm habe ich wahnsinnig viel Gras geraucht, so etwa dreißig Joints pro Tag – eigentlich* waren wir drei Jahre lang nur eingeraucht.« Dann sind die beiden auf Kokain umgestiegen, das der Kumpel ebenfalls besorgt hat. »Daneben habe ich versucht, das Abitur an der Abendschule zu machen – leider hat das nicht geklappt, die haben mich wegen dem Kiffen und den vielen Fehlstunden rausgeschmissen. Damals habe ich € 700 pro Woche verprasst – meine Mutter hat da ihr schlechtes Gewissen abgezahlt, das war mir sehr bewusst. Ich war vor lauter Drogen nicht mehr ich, ich war nicht in der Lage zu funktionieren. Diese Jahre waren verlorene Jahre. Ich habe den Anschluss verloren. Mit dem Abitur des Elitegymnasiums hätte ich alle Möglichkeiten gehabt ... die Wunde ist noch immer nicht ganz geheilt. Ich trauere: Ich hätte in das beste Internat von England gehen können!«

Danach begann er mit 21 Jahren die Ausbildung zum Veranstaltungskaufmann, bei der die Eltern das Studiengeld in Höhe von 35 000 Euro im Vorhinein zahlen mussten. »Ich habe aber nach einem halben Jahr erkannt, dass mir diese Ausbildung nicht reicht, und habe aufgehört. Die Eltern waren echt angepisst, kann man sich ja vorstellen. Aber das wäre ein Riesenumweg zu meinem Ziel gewesen, nämlich eine akademische Karriere. Beim Hotel war es genauso: Ich ertrage das Mittelmaß nicht. Ich war immer ›alles oder nichts‹. Ich finde den Abbruch heute immer noch absolut richtig. Sicherlich finanziell bitter für meine Eltern, aber darauf kann ich doch keine Rücksicht nehmen ... In dem Beruf kann man nicht sonderlich viel machen.«

Einen älteren Kumpel – einen ehemaligen »Superstar« – aufzunehmen, um an Respekt zu gewinnen, ist nicht untypisch. Der Narzisst ist beim Thema Bewunderung verwundbar. Wer ihm die zollt, hat einige Steine im Brett. Das Geld der Eltern auszugeben, ohne sich verpflichtet zu fühlen, ist ein weiteres Kennzeichen des Narzissmus: die Rücksichtslosigkeit. Interessant ist das Nachdenken über sein Scheitern, das niemand sehen darf, das aber gleich wieder in einem Hinweis auf seine Argumentationsfähigkeit mündet. Unkontrollierter Drogenkonsum als schnelle Befriedigung kommt in der Biografie von Narzissten ebenfalls überproportional häufig vor. Das Leben nach dem Lustprinzip muss sich im Moment gut anfühlen – da fragt man nicht nach dem morgen oder den Folgen.

Fall 5: Die neuen Leiden des jungen W. – Teil 3

»Nach einiger Zeit verließ mich auch mein Kumpel, und ich hatte gerade keine Freundin. Da saß ich in meiner Wohnung und erkannte: So habe ich mir mein Leben nicht vorgestellt. Das bin nicht ich! Dann habe ich mich meinen Eltern anvertraut. Sie wussten eigentlich schon Bescheid, haben aber vorher nichts unternommen, weil ich sie nicht an mich rangelassen habe. Sie haben mich in eine teure Privatklinik in der Schweiz gebracht, in der ich vier Monate war – zum Entzug. Dann bin ich nach Los Angeles, denn ich wollte Schauspieler werden. Die Eltern haben mich dort bei der besten Schauspielschule angemeldet, und vorbereitend hatte ich Privatunterricht bei einem bekannten Darsteller, um die Aufnahmeprüfung zu meistern. Nach ein bis zwei Monaten war aber meine Motivation weg. Sie müssen sich vorstellen:

Ich bin von Jüngeren überholt worden. Das habe ich nicht gepackt. Ich bin dort nie angetreten. Dann habe ich wieder zu Drogen gegriffen: Gras, Koks, MDNA, Ecstasy, Diazepam ... Die Eltern haben das irgendwann gemerkt und waren enttäuscht. Na ja.

Nach neun Monaten USA bin ich wieder in die Schweizer Suchtklinik gekommen und blieb zwei Monate dort. Insgesamt war ich in dem einen Jahr fünfmal dort, weil ich immer wieder rückfällig geworden bin. Nach dem letzten Aufenthalt bin ich nach Innsbruck, um das Abitur nachzuholen. Das war aber nichts, daraufhin bin ich nach München.

Mein damaliger Therapeut hatte Mitleid mit mir, weil mein Vater so ein Narzisst ist, und hat meine München-Reise unterstützt. Das Ziel war diesmal, das Abitur nachzuholen mit einer Fernschule. Innsbruck war mir zu klein, das habe ich gleich gesehen; in Bozen waren meine Eltern: Das ging gar nicht, da hatte ich zu viele negative Erfahrungen.

In München hab ich mir eine etwas größere Wohnung genommen, die natürlich auch die Eltern finanzierten. Dort habe ich eigentlich nichts Vernünftiges gemacht und schnell wieder Drogen genommen. Dann war ich zum letzten Mal in der Schweizer Privatklinik; seither nehme ich kein Hasch mehr.«

Er fühlt sich in L. A. unwohl, weil keiner sein Genie erkennt und von ihm sogar Leistung fordert. Dass er von Jüngeren überholt wird, ist bei dem Selbstbild eine massive Kränkung. Seine Biografie bleibt voll von Ausbildungsabbrüchen und Drogenrückfällen. Interessant ist die Behauptung, der Vater wäre Narzisst. Narzissten sind besonders großzügig mit der Narzissmusdiagnose bei anderen. Bemerkenswert, dass sich am Ende dieses Abschnittes schon etwas ändert: Den Drogen sagt er Adieu – auf immer. Das ist eine Ressource, das ist psychotherapeutisch brauchbar.

Fall 5: Die neuen Leiden des jungen W. – Teil 4

»Anschließend ging ich zurück nach Bozen – in das Haus der Eltern – und habe mal ein halbes Jahr nichts gemacht. Dann hatte mir mein Vater ein einjähriges Praktikum beim Fernsehsender RAI 1 organisiert. Ich war anfangs hoch motiviert, war immer pünktlich zu den Drehs. Bin sogar einmal nach Warschau mitgenommen worden für eine Reportage: Das war vielleicht cool! Aber mit der Zeit wurde mir auch das zu langweilig. Ich hatte mir das anders vorgestellt. Ich war schnell in der Gruppe isoliert, habe mich gemobbt gefühlt. Die Leute hat es gestört, wenn ich zwei Stunden später oder gar nicht gekommen bin – ich bekam auch wenig bezahlt. Ich habe aber dort wirklich gut gearbeitet – wenn ich dort war. Ein anderer Praktikant war auch noch da: Der war eifriger als ich, aber nicht besser. Der hat sich engagiert, machte mehr Überstunden, war immer pünktlich … aber meine Ideen waren besser. Jedenfalls habe ich das nach einem halben Jahr wieder hingeschmissen …

Dann habe ich mich in ein fesches Mädel aus Holland verliebt und beschlossen: Ich ziehe nach Amsterdam. Also kündigte ich bei RAI endgültig und begann, Holländisch zu lernen. Ist gar nicht so schwer, ich lerne ja wirklich leicht. Nachdem ich drei Wochen dort war, gab's einen Riesenzoff – und die Beziehung war vorbei. Sie hat noch ein paarmal angerufen

und wollte sich aussprechen – aber da wusste ich schon: Das
hat keinen Sinn.

   Anschließend habe ich ein Studium gesucht, das ich auch
ohne Abitur machen konnte und bei dem ich später viel ver-
diene. So haben wir eine Privatuniversität in Salzburg ent-
deckt. Vorher war ich noch an der Uniklinik Innsbruck, und
man hat mir ADHS diagnostiziert – das war der Wunsch der
Eltern. Die Psychologin dort war übrigens gegen Medizin und
für BWL. Dann bin ich vor einem Jahr nach Salzburg und
mache dort im Moment die Studienberechtigungsprüfung
nach. Das ist intellektuell für mich kein Problem, nur moti-
vationstechnisch. Demnächst kommt der Aufnahmetest, vor
dem ich eigentlich auch keine Angst habe.«

Die Gesprächspartner sind in der Gegenwart angekommen. Der
wechselvolle berufliche Werdegang des Patienten ist ausführlich
und wortreich abgebildet.

Beim Fernsehsender passiert das, was immer passiert: Hieronymus bricht ab, sobald es anstrengend wird. Paul Watzlawick nannte das »mehr desselben«: Er beginnt hoch motiviert,
aber bald wird es ihm fad. Das eingefleischte Muster spult sich
ohne Änderung ab. Schnell hat er sich in der Gruppe ins Abseits
manövriert; statt einer intelligenten Anpassung bleibt er starr
beim gleichen Schema und fällt wieder mal aus dem Kurs. Er
wird von einem anderen Praktikanten überholt, der einfach nur
verlässlich ist – diesen entwertet er mit der Bemerkung, dass
dessen Ideen lang nicht so gut wären wie die seinen. Kurzerhand zieht er in die Niederlande, weil ihm gerade danach ist –
um kurz darauf mit einer weiteren gescheiterten Beziehung im
Gepäck wieder zurückzukommen.

Bis dahin sind etwa fünf Therapieeinheiten à fünfzig Minuten, also fünf Wochen vergangen. Es zeigt sich ein Bild von Impulsivität und Inkonstanz: Der junge W. beendet zu seinem eigenen Schaden Schulen, Jobs und Beziehungen und steht mit 22 Jahren im Vergleich zu seinen Erwartungen und seinem Umfeld recht armselig da: ohne Abitur, ohne Job, ohne Geld – bis auf die elterliche Brieftasche.

Fall 5: Die neuen Leiden des jungen W. – Teil 5

In der Folge thematisiert der Psychiater die Notwendigkeit der Selbstüberwindung, die Sigmund Freud den »Triebaufschub« nannte, ohne den es dessen Meinung nach keine kulturellen Leistungen gäbe. Nichts vom Menschen Geschaffene sei ohne Überwindung des inneren Schweinehundes vollendet worden. Das Muster des Abbruchs, wenn die Lust wegbleibt, häufte sich in seinem Leben – und das sehr zu seinem Nachteil.

Der junge W. ist anderer Meinung: »*Ich will dorthin, wo ich fühle, dass ich mir selbst es wert bin. Ich habe das Gefühl, dass es dann von selbst geht. Die Lust kommt sicher von allein. Wenn ich zum Beispiel Lust habe, nach Paris zu fahren, komm ich von selbst aus dem Bett. Sonst nicht. Es könnte ja sein, dass man jeden Tag genug Lust hat, arbeiten zu gehen. Alles, was nicht Lust macht, frustriert mich, da seh ich mich nicht in der Lage. Wenn man gute Ideen hat, dann kann man reich werden ohne Selbstüberwindung. Ich muss mein eigener Chef sein, sonst ist keine Motivation da. Das Durchhalten ist extrem schwierig für mich, weil ich von meinen Eltern keine Liebe empfangen habe und immer abgeschoben worden bin.*«

Letztlich glaubt der junge W. nach all diesen Misserfolgen noch immer an den inneren Schalter, der sich plötzlich umlegt, und dann ginge alles von selber. Ohne Anstrengung, ohne Selbstüberwindung. Dieses Wunschdenken macht es für W. unmöglich, sein Muster aktiv zu wechseln und etwa die Tugend der Frustrationstoleranz einzuüben. Unter Frustrationstoleranz versteht man in der Psychologie das Aushalten-(Tolerieren-)Können von Frustrationen, die durch Lustlosigkeit, Misserfolg, Alltagstrott, mangelnde Anerkennung und so weiter entstehen.

Interessant ist auch seine Erklärung, warum er nie durchhält: Die Eltern sind schuld! Das ist psychoanalytisch gesehen der Abwehrmechanismus der Fremdbeschuldigung, die vielleicht einen klitzekleinen wahren Kern hat: Sicherlich haben die Eltern, die ihm die Grandiosität eingeimpft haben, einen gewissen Anteil an der Situation. Doch spätestens als Erwachsener ist er für sein Agieren und Unterlassen selbst verantwortlich. Es ist beeindruckend, dass diese beiden falschen Denkmuster eine so direkte Wirkung auf sein Leben entfalten.

Fall 5: Die neuen Leiden des jungen W. – Teil 6

Da wir ja jetzt seinen beruflichen Werdegang hinreichend thematisiert haben, will der junge W. in der nächsten Woche ein ganz neues Kapitel aufschlagen: sein Verhältnis zu Frauen. »Da bin ich extrem.« Das habe schon mit drei Jahren im Kindergarten angefangen, wo er immer den Mädchen hinterherlief. Zwischen 15 und 18 Jahren hatte er dann seine erste wirkliche Freundin Nadja.

»Die war extrem fesch, und ich habe viel mit ihr angegeben. Aber sie hat mich gequält. Das war eine Hassliebe.

Danach war ich beziehungsunfähig und bin es immer noch. Ich habe viele Frauen, viele One-Night-Stands, oft zwei Frauen parallel ...

Das Typische ist: Ich finde eine Frau attraktiv und interessant. Will mich in sie verlieben. Ich nehme sie mir. Dann sind wir zusammen. Aber nach ein, zwei Wochen verliere ich das Interesse. Weil sie mir das Gefühl nicht geben kann, das ich brauche. An dem Punkt empfinde ich dann einfach nichts, es geht nicht mehr; dagegen kann ich mich nicht wehren. Ich muss dann Schluss machen, so schnell wie möglich. Ich bin jetzt gerade mit einer 19-Jährigen zusammen. Mit ihr bin ich nicht immer glücklich. Wenn ich ihre Nähe spüre, dann greift mein Unterbewusstsein, und meine Mauer kommt. Das spüre ich richtig. Die Beziehung neigt sich dem Ende zu, obwohl sie so in mich verliebt ist.

Ich bin jetzt seit zehn Monaten in diesem Studentenhaus in Salzburg. Leider hab ich dort schon 15 bis 20 Frauen durch ... Eine davon war Jungfrau, die hatte ich dann zwei Monate. Das war echt geheimnisvoll – bis sie nicht mehr Jungfrau war. Jetzt hab ich nicht grad den besten Ruf. Es wird viel über mich geredet und geschrieben unter den Mädels. Auch meine jetzige Freundin ist schon angequatscht worden: ob sie die Nächste sein will, mit der ich Schluss mache. Aber sie hält zu mir. Das Problem: Sie passt mir nicht mehr. Aber ich kann jetzt nicht Schluss machen, denn dann ist abzusehen, was kommt: Die Stimmen im Haus werden lauter, und denen will ich keine Genugtuung geben. Das ist ein Dilemma. Mein Ruf ist, dass ich ein Arschloch bin und es extra mache und es mir egal ist was die Frau denkt und fühlt. Das stimmt nicht. Ich gehe immer mit guter Absicht hinein.

Früher hab ich eine Frau erobert und war dann stolz drauf.

Jetzt ist in mir der Wunsch, dass es klappt, dass ich wieder das Gefühl habe, das ich bei meiner ersten Freundin Nadja hatte. Unterbewusst vergleiche ich alle mit ihr. Am Anfang bin ich nicht richtig verliebt, aber ich will verliebt sein. Ich will ein Sicherheitsgefühl, Gefühl der Geborgenheit … dasselbe Gefühl wie bei Nadja. Dasselbe Gefühl, wie wenn man Hasch raucht. Das Gefühl hatte ich von meiner Mutter erhofft. Ich suche in einer Frau ein Gefühl, das sie auslöst.«

Eine neue Dimension tut sich hier auf. Der junge W. missbraucht eine Frau nach der anderen, offensichtlich ist er hier ein exzellenter Jäger. Aber eine langfristige Beziehung schafft er nicht. Interessant ist es, dass bei ihm gerade die Frauen besonders anonym sind. Seine derzeitige 19-jährige Freundin nennt er nicht mal beim Namen, so wenig scheint sie ihm zu bedeuten. Auffallend ist seine Sehnsucht nach einem bestimmten Gefühl. Es geht ihm nicht um den Menschen, um das Du, sondern um das von der Frau induzierte Gefühl. Einerseits versteht und durchschaut er die Dynamik der zwanzig verlassenen Mädchen, andererseits ist er nicht willens, sich mit dem durch ihn provozierten Leid auseinanderzusetzen. Erst hier können wir das volle Ausmaß seiner Egozentrik ausloten: Sowohl die unpersönlichen, verschwommenen Frauengesichter in seiner Darstellung als auch seine Sehnsucht nach einem Gefühl, das das weibliche Wesen in ihm zu induzieren hätte, zeigen, wie sehr der junge W. um sich selbst kreist.

Fall 5: Die neuen Leiden des jungen W. – Teil 7

Eine Wochen später: »*Ich habe mit dem Mädel Schluss gemacht, von dem ich Ihnen letzte Woche erzählt habe. Es ging nicht mehr. Wir sind zu verschieden, wir hatten keine Themen zu bereden. Sie hat nicht so toll reagiert. Sie hat eine Stunde lang an meine Türe geklopft und mit Selbstmord gedroht und hat gefragt, ob ich eine andere Frau im Zimmer habe. Sie schreibt weiter SMS und will es nicht wahrhaben.*«

Der Psychiater fragt ihn, ob er tatsächlich ein anderes Mädchen im Zimmer hatte. Er stockt einen Moment, dann beginnt er zögerlich: »*Ja. Aber es ist nicht, wie Sie denken. Mit Edith kann man über alles reden. Die passt schon besser zu mir. Wir haben denselben Humor, sind in vielen Sachen einer Meinung. Sie ist intelligent. Dummheit ertrage ich nicht, ich erwarte Intelligenz von dem, der mit mir zusammen sein möchte. Sie versucht, mich zu lesen: Das geht überhaupt nicht! Wenn sie anfängt, persönliche Fragen zu stellen, dann blocke ich ab. Ich wende seit Jahren große Energie auf, dass mich keiner lesen kann. Schlussfolgerungen tun mir weh: weil sie dumm sind und auf mich nicht zutreffen. Sie hat nach meiner Kindheit gefragt – und dann ratend herumgeblödelt. Wir hatten schon Sex, aber gefühlsmäßig ist das für mich noch keine Beziehung. Sie will schon, dass wir Richtung Beziehung gehen. Meine Motivation ist da – aber nicht riesig groß, weil ich gerade aus einer Beziehung komme.*

Sie sieht wirklich gut aus, aber es gibt schönere. Ich kann mich beim Sex nicht komplett hingeben, da kann sie machen, was sie will, wenn gewisse Körperteile nicht dem entsprechen, was ich erwarte.«

Der Psychiater schaut Herrn W. fragend an, deswegen

verdeutlicht der Patient: »*Nun, es gibt schönere Vaginas! Bevor ich das wusste, war meine Motivation größer. Ach und noch was: Ich ertrage keine Monotonie, ich brauche Überraschungen in einer Beziehung. Bei Langeweile bin ich schnell raus. Das ist bei mir überall so: bei Frauen und auch im Job. Das ist bereits seit der Kindheit da. Ich ertrage es auch nicht, in einem ruhigen Raum zu sitzen: Bei mir läuft immer der Fernseher. Auch wenn ich lese. Ich brauche immer das Gefühl, dass rund um mich was passiert. Wenn ich abschalte, glaub ich, ich vergess was. Das hab ich nur mit Hasch in den Griff bekommen – dann war ich gechillt.*«

Der Arzt fragt, ob er gegenüber Edith eine Verantwortung fühlt.

»*Nein. Jeder ist für sich verantwortlich. Sie zeigt mir, dass sie Zuneigung wünscht – aber ich bin noch nicht so weit. Sie ist zwar hübsch und so; aber die Holländerin sah wirklich super aus, für die habe ich mich verbogen. Das geht nur, wenn eine wirklich perfekt ausschaut.*

Vielleicht habe ich das von meinem Vater vererbt bekommen: Er hatte auch so viele Frauen. Er ist ein Narzisst und Egoist. So, wie ich zu Frauen bin, so war er zu meiner Mutter und zu mir. Alle müssen sich nach seiner Laune richten. Das hat mit seiner inneren Unzufriedenheit zu tun. Er hat so viel runtergeschluckt, wenn er das alles aufrollte, würde ihn das kaputtmachen. Er weiß, dass er so viele Fehler gemacht hat: Er spürt und ignoriert es. Ich bin auch ein Narzisst und Egoist. Ich würde es gerne ändern, ich weiß, wie scheiße ich das von meinem Vater fand, wie eiskalt er reagiert hat. Vielleicht bin ich so geworden, um seine Anerkennung zu bekommen. Der Vater ist als Schüler aus dem Internat geflogen, weil er immer im Mädchentrakt war.«

Diese Stunde ist besonders aufschlussreich. Der junge W. pathologisiert Ediths Vorgängerin, die offensichtlich den richtigen Instinkt hatte, nämlich dass er bereits mit der nächste Frau in seinem Studentenzimmer beschäftigt war. In seiner Erzählung über Edith und seinen Gedanken dazu kann er wirklich ganz ehrlich sein – erschreckend ehrlich. Er macht aus seinem Herzen keine Mördergrube, sondern offenbart dem Psychiater – und damit sich selbst, was viel wichtiger ist – seinen inneren Zustand. Nur wer sich selbst erkennt, kann sich ändern. Was gesagt ist, kann Gegenstand von Gedanken und Gesprächen werden. Ungesagtes schlummert unberührt in der Tiefe. Insofern war diese erschreckend offene Stunde eine gute Stunde.

Der Satz »Dummheit ertrage ich nicht, ich erwarte Intelligenz von dem, der mit mir zusammen sein möchte« ist ein Klassiker des letzten DSM-Punkts: Arroganz. Dass er sich da als Schulabbrecher ohne jede Ausbildung auf dünnes Eis begibt, ist ihm gar nicht bewusst. Aber intelligent genug ist Edith ihm ja. Nur die Vagina passt ihm nicht. Er hat Sex mit ihr, aber für ihn ist das trotzdem keine »Beziehung«.

Man könnte sich jetzt empören, aber das ist nicht die Aufgabe des Therapeuten. Der junge W. zeigt eine dermaßen ichzentrierte Denkart, dass kein anderer Mensch daneben Platz hat. Der/die andere ist Statist, Sprosse, Gegenstand seiner Befriedigung. Er empfindet keine Verantwortung: Das verliebte Mädchen ist für sich selbst verantwortlich. Wie rücksichtslos dieser durchaus gängige Satz ist, sieht man ihm auf den ersten Blick gar nicht an.

Dann kommt die Geschichte seines Vaters, die neben der Fremdbeschuldigung auch eine starke Selbsterkenntnis enthält, verbunden mit dem Schlüsselsatz: »Ich würde es gerne ändern, ich weiß, wie scheiße ich das von meinem Vater fand, wie eiskalt er reagiert hat.« Hier steht die Tür offen zu einer Änderung. Er erkennt sein rücksichtsloses Agieren (zumindest nebulös), er weiß, wie sich das anfühlt (zumindest in Ansätzen), und ist bereit, es zu ändern (zumindest ist mit diesem Bekenntnis ein Anfang gemacht). Doch die Situation eskaliert, wie ich in der nächsten Stunde erfahre.

Fall 5: Die neuen Leiden des jungen W. – Teil 8

»*Die Situation im Studentenheim in Salzburg spitzt sich langsam zu. Die Gruppe Mädels ist zum Heimleiter und hat sich über mich beschwert. Jetzt will er meinen Studienerfolg sehen. Ich weiß noch nicht, wie ich das machen werde.*« Schnell wechselt er das Thema: »*Was richtig Persönliches erzähle ich Edith nicht. Ich will nicht mit ihr ein Paar sein. Es ist irgendwie schön, wenn ich im Moment mit ihr zusammen bin, aber sie fehlt mir nicht. Sex haben wir schon. Sie will aber mehr, sie hat Emotionen. Ich nicht. Ich kann's nicht ändern.*

Ich bemerke überhaupt, dass mir Menschen generell egal sind. Diesen Satz habe ich mal in einem Psycho-Artikel gelesen – der hat mich gefesselt. Zu meiner Mutter habe ich mal gesagt: Ich weiß, dass ich dich liebe, aber ich fühle es nicht. Auch zu den Frauen kann ich charmant sein, aber da gibt's keine Emotionen.«

Zwei Woche später: »*Diese Idioten haben mich wirklich aus dem Heim geschmissen. So eine Frechheit! Das mit Edith ist jetzt vorbei. Sie hat bemerkt, dass es bei mir nur Sex ist. Sie wollte ›reden‹, wo wir stehen, wie wir weitermachen und so …*« Dabei gestikuliert er mit zwei Fingern jeder Hand die Anführungszeichen pantomimisch. »*Auf solche Gespräche habe ich keine Lust und wollte mich nicht mit ihr treffen. Daraufhin hat sie Schluss gemacht. Es ist absurd! Ich bin von*

Anfang an ehrlich – und dann fangen die Mädels an zu nerven!

Nach Edith gab es noch eine andere, aber die zählt nicht. Danach kam Tesi: Die war da zur Befriedigung. Dafür reicht's. Das hört sich hart an, aber so ist es. Sie ist mir gut genug für Sex, mit ihr zeigen kann ich mich nicht.«

Er schaut dem Psychiater trotzig in die Augen. Der fragt ihn, wie er so schnell entscheiden kann, dass da nicht mehr draus werden kann.

»Sie hat auch One-Night-Stands, aber bei mir könnte sie sich mehr vorstellen. Da kommt's mir schon hoch: ganz sicher nicht! Meine Freundin muss sauber sein.«

Der Psychiater fragt, was eine Frau haben muss, dass er eine Beziehung für möglich hält.

»Was gar nicht geht, ist Arroganz: wenn sie so einen auf Diva macht. Ich denke mir bei jeder Frau, es geht noch besser. Ich suche eine, bei der ich das nicht denke, weil es nicht besser geht. Ich glaub nicht, dass Frauen wie Edith mich betrügen würden. Dazu bin ich zu fesch. Was das Aussehen betrifft, bin ich schon eitel: Ich gehe ohne gewachste Haare nicht außer Haus, seit ich drei bin ...«

Ganz leise schleicht sich beim jungen W. die Selbsterkenntnis ein: Er erkennt, dass ihm andere Menschen egal sind. Ihm ist seine Egozentrik spürbar geworden. Auch das Aufreißen ist für ihn eine berechnende Tätigkeit, bei der die Emotionen außen vor sind. Mit Edith hat er weiter Sex, aber das ist für ihn noch lange keine Partnerschaft. Dass sie ihn liebt, ist in seiner ichzentrierten Denke allein ihr Problem. Als sie mit ihm reden will, platzt ihm deswegen der Kragen. Vielleicht fühlt er sich auch von diesen Gefühlsgesprächen überfordert. Er fühlt sich aber im Recht: Er hat zu Anfang gesagt, dass sie ihm nichts bedeutet, und dann entwickelt sie trotzdem Gefühle, nur weil er mit ihr aus Ermangelung anderer Gelegenheiten Sex hat!

Bei der neuen Frau Tesi offenbart sich eine neue Unlogik: Die Frau, die auf eine Beziehung mit ihm hoffen darf, muss »sauber« sein – im Gegensatz zu ihm. Ein One-Night-Stand im Lebenslauf einer potenziellen Partnerin: Das geht gar nicht! Es ist ihm überhaupt nicht bewusst, wie sehr er da mit zweierlei Maß misst. Es kommt sogar richtig Empörung auf bei dem, der da im Glashaus sitzt. Mit sehr, sehr dünnem Glas. Auch seine Abscheu vor weiblicher Arroganz ist in diesem Sinne bemerkenswert. Und zum Schluss kommt noch zutiefst aus seinem Inneren sein Denkmuster, dass ihn so durchschnittliche Frauen wie Edith nie betrügen würden – wegen seines überdurchschnittlichen Äußeren.

Eine Woche später geschieht etwas Neues.

Fall 5: Die neuen Leiden des jungen W. – Teil 9

»Es ist was passiert! Ich habe gesehen, dass ich fühlen kann! Eine Frau, die ich nicht kenne, ist mir in einem Lokal aufgefallen. Resi heißt sie, eine Schwedin. Ich war komplett nervös, was ich sonst nie bin. Ich habe ihr nervös zugeflüstert: >Ich muss dich wiedersehen.< Peinlich. Sie hat einen Freund, wegen dem sie extra nach Österreich gezogen ist. Sie hat mir ihren Namen gegeben – und ich Trottel habe den Zettel verloren. Auf Facebook habe ich sie aber nach drei Stunden gefunden und ihr eine Freundschaftsanfrage geschickt: Sie hat bis heute noch nicht angenommen ... Das ist die Strafe Gottes –

so ein Mädchenverschleiß, und dann krieg ich die nicht, die ich will ...«

Der Psychiater wirft ein, dass er Resi vielleicht auch nicht mehr will nach zwei Wochen. Und sie wäre ja extra ihres Freundes wegen aus Schweden hierher übersiedelt ...

»Das kann natürlich passieren, aber das Gute ist selbst dann, dass ich weiß, dass ich noch fühlen kann. Und bei Resi ist das schon was Besonderes: Ich habe seither keine einzige Frau mehr ins Bett genommen. Das ganze Spiel mit Frauen langweilt mich, hängt mir langsam zum Hals heraus. Ich treff mich mit ihnen, schlafe mit ihnen, dann kommt wieder diese Leere, diese Kälte ... Ich will solche Gefühle wie bei Resi!«

Zwei Wochen später: *»Mir ist vorige Woche mein Ritalin ausgegangen. Ich habe alles Mögliche unternommen, es aber nicht bekommen. Am zweiten Tag ohne Ritalin habe ich jedoch bemerkt: Mir geht's besser! Ich spüre mich selbst wieder! Unter Ritalin war ich taub. Ich fühle mich mehr, kann mehr riechen, mehr schmecken, ich kann besser lernen, meine Verdauung ist besser, ich habe keinen Druck mehr im Kopf, mein Schlaf ist besser, weil er erholsamer ist. Ich bin echt baff. Und: Ich war unter Ritalin arrogant. Weil ich mich super gefühlt habe, dass ich schneller denken kann als die anderen, das hat meine Persönlichkeit verändert.*

Resi hat übrigens nicht reagiert. Aber ich weiß gar nicht, ob ich so eine haben will, die so leicht ihren Freund verlässt. Ich denke nicht mehr an sie.«

Danach ist Sommerpause, und wir sehen uns fünf Wochen nicht. Bei seiner nächsten Stunde im Herbst erzählt er: *»So richtig lernen konnte ich erst, als ich das Ritalin nicht mehr hatte. Bis heute nehme ich keins mehr. Die Aufnahmeprüfung auf die Paracelsus-Privatuniversität hab ich aber trotzdem* nicht geschafft. Aber Medizin wäre eh nicht das Richtige für mich gewesen, und jetzt habe ich auch Schlechtes von der Uni gehört, also ist es besser so.«

Nach der langen Pause möchte der Psychiater wissen, wie es mit ihm und den Frauen weiterging.

»Na ja, hie und da, aber eigentlich nicht wirklich.« Was er in letzter Zeit exzessiv mache, sei, Serien auf dem Computer schauen: »Da habe ich das Gefühl, nicht allein zu sein. Wenn es ruhig ist, werde ich nervös.« Er überlege jetzt, an eine Wiener Privatuniversität zu gehen und International Relations zu studieren. Das sei zwar sauteuer, aber die Eltern würden das zahlen: »Weil sie gemerkt haben, wie ich mich ins Zeug gelegt habe.« Das hat den Vorteil, dass er damit näher bei seinem Psychiater ist (bis jetzt ist er ja immer aus einer anderen österreichischen Stadt angereist), die Uni ist eine amerikanische, und damit wird er auch in den USA akzeptiert und kann sofort anfangen, ohne die Studienberechtigungsprüfung zu haben. Um die nachzuholen, hat er drei Semester Zeit. Jetzt muss er nur noch einen Aufnahmetest machen, aber den schafft er sicherlich, denn der ist seiner Einschätzung nach bei den Preisen sicherlich ganz leicht.

Nächste Stunde: »Ich habe mich mit einer Exfreundin getroffen, die kennen Sie noch nicht, die war vor Ihrer Zeit. Sie hat mir von ihrem Freund erzählt, dann hat mich der Ehrgeiz gepackt. Und natürlich habe ich sie flachgelegt!« Dabei lächelt Herr W. in stiller Zufriedenheit, um schnell wieder ernst zu werden: »Aber jetzt wird sie langweilig. Da habe ich erkannt: Ich will sie doch nicht wieder. Jedenfalls wollte die auf der Stelle mit ihrem Freund Schluss machen. Da habe ich ihr vorgelogen, dass ich auf immer zu meinen Eltern nach

Bozen ziehe, da ich als alleiniger Erbe das Haus bekomme. Ein
paar Tage drauf bekomme ich von der doch tatsächlich eine
SMS: Du wurdest in Wien gesehen. Wann treffen wir uns?
Unangenehme Sache ... Ich wollte nur das Gefühl, dass ich
sie haben kann.«

Eine Woche später hat er die Aufnahmeprüfung auf die
Wiener Privatuniversität wirklich bestanden und ist auch
schon nach Wien umgezogen. *»Die Uni hat schon begon-*
nen, und wir sind in Sechsergruppe organisiert. In meiner
ist leider ein Vorzeigenarzisst – den kann ich nicht riechen.
Er mich auch nicht. Ich bin zwar auch Narzisst, aber reflek-
tiert – er nicht. Er will mich aus der Gruppe ausschließen. Er
ist zwei Jahre jünger als ich und fährt mit teurem BMW vor.
Er ignoriert mich in der Gruppe. Wenn ich was sage, spricht
er lauter. Die Mädels finden ihn lustig – das geht mir auf den
Sack.«

Der Psychiater gibt Herrn W. zu bedenken, dass es eine
gute Übung für ihn wäre, diesen Typen für sich zu gewinnen.

»Na ja, das wäre aber nicht ich.«

Doch, antwortet der Arzt, das wäre ein gereifter Hieronymus, der über seinen Gefühlen steht.

Scheinbar ändert sich beim jungen W. nichts. Er kreist um sich
und seine Gefühle, ist völlig verstrickt in seine Egozentrik. Er
fühlt sich als Nabel der Welt, als Sonne, um die die (weiblichen)
Planeten kreisen müssen. Der Jäger bleibt Jäger, und wenn er
ein Wild sieht, muss er es erlegen, ob er es haben will oder nicht.
Dass Narzissten andere Narzissten besonders unausstehlich finden, ist immer wieder amüsant zu beobachten. Doch in ihm
brodelt es. Er ist sich immer mehr bewusst, dass sein Agieren

verbrannte Erde hinterlässt – und das befremdet ihn immer mehr. Sein Fall erlebt aber einen unerwarteten Umschwung, der seine Egozentrik aufreißt. Diese erfreuliche Entwicklung wird im letzten Kapitel dargestellt.

Egozentrik ist ganz offensichtlich ein Gefängnis, aber nicht immer ein Problem des Narzissmus. Hier muss man sorgfältig differenzieren. Ichzentriert kann der Mensch auf drei Ebenen sein: auf der des Kopfes, der des Bauches oder der des Herzens. Dieses psychodynamische Modell, das mit seinen Metaphern die psychischen und neurobiologischen Zusammenhänge im Menschen besser erhellen kann, wird im Folgenden ausführlich erläutert.

Die Egozentrik des Bauches

Der Bauch ist die Metapher für Emotionen, Leidenschaften und Gefühle. Bei Freud entspricht er in etwa dem »Es«. Heute sagt man dazu gern »Bedürfnisse«. In der modernen Neuroanatomie ist der »Bauch« im Inneren des Großhirns anzusiedeln, dem limbischen System, einem entwicklungsbiologisch alten Hirnanteil unter dem Stirnlappen. Bauchgefühle sind in sich moralisch weder gut noch schlecht, denn sie kennen keine Moral, wie Freud meisterhaft herausgearbeitet hat. Sie denken und urteilen auch nicht, sind einfach eine physiologische Realität im Menschen. Die große Frage ist, wie er mit ihnen umgeht. Das Prinzip des Bauchs ist doppelköpfig, wie Freud betont, nämlich die »Lustmaximierung und Unlustvermeidung«. Damit sind Bauchgefühle immer notwendigerweise und ausnahmslos egozentrisch. Den Menschen macht es letztlich aus, welche Stellung die höheren Instanzen (Kopf und Herz) zu den Bauchgefühlen beziehen.

Einerseits hat jeder natürlicherweise die Egozentrik der Unlustvermeidung in sich: Das ist das Bauchgefühl der Angst. Die ist ganz normal. Je mehr Angst, umso mehr ist man auf sich selbst zurückgeworfen und im selbstlosen Handeln gebremst. Richard Löwenherz kam zu seinem Ehrentitel, weil er seine Angst bezwang – mit einem löwenähnlichen Herzen. Das ist die Kardinaltugend der Tapferkeit: die Überwindung der Angst. Wenn die Angst hingegen von den Kontrollinstanzen nicht im Griff gehalten wird, muss peinlich vermieden werden, was ängstigt. Der von der Angst besessene Mensch ist – im Gegensatz zu Löwenherzen – unfrei geworden. Aus Angst um sich selbst verschwimmen das Du und seine Interessen ins Undeutliche. So hat etwa der Perfektionist Angst, nicht gut genug zu sein, und schiebt seine Leistung in den Vordergrund. So lange, bis er sich selbst ausschließlich mit Leistung erklärt, so in der Art wie: »Ich bin wert, was ich leiste, was ich finanziell verdiene, wie sehr ich wertgeschätzt werde.« Das ist heute ein zeitgeistiges Massenphänomen, das zu Workaholism, Burn-out, Essstörungen und vielen anderen psychischen Problemen führen kann. Die Wertschätzung anderer Menschen – zum Beispiel die des Chefs – ist ausschlaggebend für die Handlungsmotivation des Perfektionisten. Damit ist er fremdgesteuert. Narzissten können die Egozentrik der Angst in sich tragen; meistens tun sie es aber nicht.

Andererseits kennt jeder die Egozentrik der Lustmaximierung: Das ist die hedonistische Seite des Menschen, so nach dem Motto des allzu seichten Musikfilms »Gib Gas, ich will Spaß«. Die Oberflächlichkeit des Films gibt gut die Oberflächlichkeit dieser Gefühle wieder. Das kann Wein, Weib oder Gesang sein, wie es uns der junge W. so eindrücklich vorgeführt hat. Dass der Bauch die Lust maximieren will, ist sein Wesen und nicht sein Problem. Der Bauch ist immer egozentrisch, und das ist gut so. Er kümmert sich um Selbsterhaltung und Arterhaltung. Er macht seinen Job. Man wird dem Verteidiger im Gerichtssaal auch keinen Vorwurf machen, dass er zum Angeklagten hält.

Aber man wird seine Aussagen und Argumente mit Vorsicht genießen. So plädiert der Bauch für die Befriedigung seiner Triebe. Zum problemhaften Verhalten und zur rücksichtslosen Egozentrik – also zum Narzissmus – wird das Bedürfnis nach Spaß und Lust erst, wenn die Kontrollinstanzen versagen und der Bauch zur Letztinstanz für menschliches Verhalten wird und Herz sowie Kopf ausgeschaltet sind. Wenn also der Verteidiger zum Richter wird. Das muss der junge Hieronymus W. erst mühsam lernen. Narzissten tragen die Egozentrik der Lustmaximierung sehr häufig in sich. Dies ist aber noch nicht ihr Charakteristikum.

Die Egozentrik des Kopfes

Der Kopf steht für die Vernunft. Sein Koordinatensystem sind die Logik und die Nützlichkeit. Er versucht, die Wirklichkeit zu erklären, Probleme zu analysieren und Lösungen zu erarbeiten. Er erkundet, wie die Dinge wirklich sind. Der Kopf – die Vernunft also – umfasst im Kontext der Neurowissenschaften einerseits die fluide und kristalline Intelligenz und andererseits die exekutiven Funktionen. Beide sind im Frontalhirn (Stirnlappen) lokalisiert. Er sollte – bei entsprechender Regulierung durch das Herz – das Begehren und die Bedürfnisse des Bauches vernünftig prüfen. Wie ein neutraler Ministerialbeamter, der Anträge prüft. Je objektiver und unbestechlicher das Amt, desto besser für alle.

Die Egozentrik des Kopfes besteht in irrigen Ideen über das Selbst im Zusammenhang mit den anderen. Beispiele dafür haben wir soeben beim jungen W. gesehen. So etwa der Satz, in der Liebe gehe es in erster Linie um seine Gefühle, oder da er aus der Familie W. stamme, sei er etwas Besseres – oder ebenfalls von dort: In der Liebe sei jeder für sich selbst verantwortlich. Auch nicht schlecht: Wenn was schieflaufe in seinem Leben, seien immer seine Eltern schuld: Sie hätten ihn darauf vorbereiten können. In der Psychotherapie spricht man hier von Grundannahmen – im englischen Original basic beliefs –, die das Verhalten prägen und meist nicht reflektiert werden. Diese vier Grundannahmen werden schnell rücksichtsloses Verhalten zur Folge haben. So eine irrige Idee kann – wenn sie gefällig formuliert ist, systematisch ausgebaut wird und sich nur tief genug eingräbt – den Mann ganz durchdringen (vom Bauch bis zum Herzen) und zu waschechtem Narzissmus führen. Manchmal passiert es auch, dass Männer mit gesunder Beziehungsfähigkeit die Sätze zwar irgendwie theoretisch für wahr halten, aber dann doch nicht narzisstisch handeln – weil sie den jeweiligen Satz erfreulicherweise nicht ganz verinnerlicht haben und nicht in allen Konsequenzen durchleben. Kopfideen sind aber durch Reflexion und intellektuelles Ringen korrigierbar – wenn das Herz schonungslos offen für die Wahrheit ist. Da helfen innere Prinzipien und unbestechliche Werte.

Die Ideen des Kopfes kommen in der Regel von außen, da der Mensch ständig im intellektuellen Austausch mit seiner Umgebung ist. Man kann sich zwar aussuchen, welche Bücher man liest und welche Freunde man hat, aber diese werden einen intellektuell beeinflussen oder sogar prägen. »Sage mir, was du liest; und ich sage dir, was du bist«, formuliert das der französische Historiker Pierre de La Gorce. So trägt es eben auch zum Narzissmus bei, wenn man ständig gesagt bekommt, wie toll, schön und fehlerlos man ist. Irgendwann glaubt man es. Schlimm ist, wenn dieses Trommelfeuer von frühester Jugend an von den eigenen Eltern kommt. Mehr davon im nächsten Kapitel. Aber diese giftige Indoktrination können auch der Fanclub, die speichelleckenden Untergebenen oder die Ehefrau besorgen. Selig, wer noch kritisches Feedback bekommt – und es auch zulässt.

Der Kopf ist auch der Ansatzpunkt jeder Psychotherapie.

Dadurch, dass der Mensch in der Therapie seinen Bauchgefühlen Ausdruck verleiht, sind sie für ihn selbst plötzlich viel leichter fassbarer und objektivierbarer. Das Unsagbare hingegen ist für die Vernunft nicht greifbar, es verbleibt im Unbewussten. Das Gesagte besteht aus Worten, die durch die Bezeichnung des Gefühls die innere Wirklichkeit schon be-greifbar machen und damit eine intellektuelle Struktur geben. Der junge W. tut also gut daran, in der Therapie alles auszuspucken. Wichtig ist, dass der Therapeut sich nicht empört oder moralisch echauffiert – denn dann ist die Offenheit dahin. Dadurch kann der junge W. über sein narzisstisches Verhalten nachsinnen, in einem Akt der Selbstdistanzierung zur Selbsterkenntnis und einer eigenen moralischen Beurteilung gelangen und dann auch irgendwann zu einem Herzensentschluss, sein Muster zu unterbrechen.

Die Egozentrik des Herzens

Die Metapher des Herzens steht für die oberste Instanz: die Entscheidungsmitte des Menschen. Hier ist das Zentrum der menschlichen Freiheit. Das Herz impliziert den Willen, das Gewissen, die Liebesfähigkeit und ist auch der Ort der Selbsttranszendenz: Man liebt und betet mit dem Herzen. Es regiert im Normalzustand Bauch und Kopf – was nicht gleichbedeutend mit Unterdrücken ist. Es hat aber die Freiheit, auch das Unvernünftige (Kopf) und das Unlustige (Bauch) wollen zu können. Es ist frei, treu zu sein, wo die Triebe wegzerren. Es ist frei, großmütig zu entschuldigen, wo das Bauchgefühl beleidigte Leberwurst spielen will.

Das Herz macht den Mann aus (natürlich auch die Frau, aber die ist hier nicht unser Studienobjekt); denn es prägt seine Handlungen. Das Herz klopft sowohl Bauchgefühle wie auch Kopfideen auf die ethische Dimension ab. Während der Bauch

nach dem einfachen Prinzip der Lustmaximierung und Unlustvermeidung tickt und der Kopf in den Dimensionen von Logik
und Nützlichkeit denkt, misst das Herz seine Optionen auf Gut
und Böse aus. Das Herz gibt die Richtung an, so oder so. Es kann
sich für oder gegen das Vernünftige, für oder gegen das Lust-
volle und auch für oder gegen das Unlustige entscheiden. Der
ritterliche Richard Löwenherz entschied sich für das Unlust-
volle, weil er es für vernünftig und gut hielt – und ist schließlich
41-jährig im Kampf um die französische Burg Châlus tödlich
verwundet worden. Die Angst hatte mit ihrem Gemecker zwar
recht behalten, aber Richard ist uns durch deren Überwindung
bis heute ein Begriff.

Das Herz ist also der Ort der persönlichen Entscheidung, der
großherzigen Selbstlosigkeit wie der kleinherzigen Rücksichtslosigkeit. Das Herz des Narzissten blickt verliebt und entzückt in
den Spiegel. Es hat sich für sich selbst entschieden, ob es sich nun
selbst vor den Spiegel gestellt hat oder davorgestellt wurde (etwa
von vernarrten Eltern oder wem auch immer). Die Kraft seiner
Liebesfähigkeit isoliert sich in sich selbst, und sein Wille wendet
sich der eigenen Person zu. Seine Beziehungsfähigkeit, seine Fähigkeit zur Selbsttranszendenz und sein Gewissen werden dem
geopfert. Augustinus von Hippo nennt das um 400 nach Christus
anschaulich *curvatio in se ipsum*, also ein »In-sich-selbst-Hinein-
drehen« beziehungsweise ein »Sich-auf-sich-selbst-Zurückkrüm-
men«. Der Narzissmus nistet sich in der Schaltzentrale, in der
Entscheidungsmitte des Menschen ein und verkrümmt das Herz.

Diese Herzensverkrümmung hat unmittelbare Auswirkungen auf den Kopf. Jetzt wird die Grundannahme ausgerufen
oder angenommen: »Ich zähle mehr als die anderen«, und die
Wahrnehmung entsprechend selektiert. Das Herz legt fest, dass
die Stärken bejubelt und die Schwächen verschwiegen werden
sollen. Der Kopf setzt das unkritisch um: Er deutet die Wirklichkeit im Sinne der narzisstischen Vorgabe. Deswegen hat es

auch keinen Sinn, dem Narzissten vernünftig zu kommen – solange sein Herz verkrümmt ist. Ein narzisstisches Herz hat so automatisch narzisstisches Denken zur Folge.

Diese Herzensverkrümmung hat auch unmittelbare Auswirkungen auf den Bauch. Für ihn bedeutet das eine immense Aufwertung: Die Lustmaximierung wird großgeschrieben. Der junge W. etwa verfällt dem Drogenkonsum und Mädchenverschleiß – er sucht zwanghaft alles, was Lustgefühle verursacht. Die 68er-Bewegung mit ihrer Tendenz zur »freien Liebe« inklusive Pädophilie (mit Grundannahmen wie »Jede konsensuelle Sexualität ist okay« oder »Jedes Kind hat sexuelle Bedürfnisse, die müssen befriedigt werden«) wäre ein weiteres Beispiel dafür, was narzisstische Selbstverwirklichung in ihrer Rücksichtslosigkeit alles möglich macht. Ein narzisstisches Herz hat narzisstisches Fühlen zur Folge.

Irgendwo schleicht sich der Narzissmus ein: manchmal durch den Bauch, meistens durch den Kopf. Immer heftet er sich in der Folge im Herzen fest. Am Ende ist der ganze Mensch mit Haut und Haar, mit Kopf, Herz und Bauch narzisstisch: Er denkt narzisstisch, fühlt narzisstisch und entscheidet narzisstisch.

Der schweizerische Entwicklungspsychologe Jean Piaget verwendet den Begriff »Egozentrismus der Wahrnehmung« als Übergangsstadium in der Entwicklung des Kindes. Damit beschreibt er die Unfähigkeit, sich in die Rolle eines anderen hineinzuversetzen beziehungsweise die Perspektive eines anderen anzunehmen sowie die eigene Sichtweise als eine unter mehreren aufzufassen. Er definiert sie als »einen Mangel an Unterscheidung zwischen dem Ich und der äußeren Realität«. Diese Vermischung »führt schließlich zur Vorrangstellung des eigenen Standpunktes«. Aufgabe der Erziehung ist, dieses Stadium im Rahmen der menschlichen Reifung zu überwinden. Bei unreifen Menschen und mangelhafter Erziehung kann dieses Übergangsstadium allerdings permanent werden.

Kapitel 3

His Majesty the Baby

Der krankhafte wie der grenzwertige Narzissmus steigt bei Kindern, Jugendlichen und jungen Erwachsenen seit den Achtzigerjahren unaufhaltsam an, insbesondere in der westlichen Welt. In der bedeutendsten Studie von Jean Twenge, Psychologieprofessorin an der San Diego State University, die mit ihrem Team von 1979 bis 2006 etwa 17 000 Studenten beobachtet und befragt haben, kann man klar feststellen, dass es über die Jahre am Narcissistic Personality Inventory (siehe Anhang) zu einem regelrechten Hinaufschnellen der Narzissmuswerte kam. Im Jahr 2006 sind zwei Drittel der Studenten über dem Durchschnitt der Jahre 1979 bis 1985 – das ist eine 30-prozentige Zunahme. Der Anstieg der Narzissmuswerte geht einher mit einer ebensolchen Zunahme an Selbstbewusstsein, Durchsetzungskraft, Selbstwertgefühl und Extraversion.

Die Ursachen des Narzissmus waren bis vor wenigen Jahren umstritten. Ist er genetisch determiniert und bekommt man ihn schicksalhaft wie die Augenfarbe, die Körpergröße und den Haarausfall? Oder ist er erworben – durch Erziehung, Umstände oder eigene Erfolge? Auf die Temperamente, die wie gesagt mit Narzissmus nichts zu tun haben, hat Erziehung bekanntlich relativ wenig Einfluss: Die Umwelt kann nur prägen, was von Natur aus – also genetisch bestimmt – schon da ist. Keine Erziehung kann ein cholerisches Kind phlegmatisch machen. Sicherlich können Eltern aber ein melancholisches Kind durch übermäßige, ängstliche Kontrolle in die Zwanghaftigkeit treiben oder es andererseits durch eine klare und gelassene Erziehung lehren, mit seinem Temperament richtig umzugehen, um an Freiheit zu gewinnen. Gleichermaßen können die Eltern das sanguinische Kind Wahrhaftigkeit und Nüchternheit lehren oder es andererseits durch übermäßige Bewunderung in die Selbstdarstellung treiben.

Der norwegische Psychologe Svenn Torgersen kommt nach Analyse aller vorhandenen Zwillings- und Adoptionsstudien zum Schluss, dass beim Narzissmus nur ein recht kleiner Anteil an Erblichkeit bestehen dürfte. Dieser kann schon allein wegen der enormen Zunahme in den letzten 25 Jahren nicht allzu groß sein. Gene ändern sich nicht so schnell – die gesellschaftlichen Einflüsse allemal.

Cloninger sieht das Temperament großenteils genetisch determiniert und damit als Konstante der menschlichen Persönlichkeit. Dort ist der Narzissmus bekanntlich nicht zu finden. Den Charakter hingegen definiert Cloninger als »what people make of themselves intentionally« – also was Menschen ganz bewusst aus sich selbst machen. Das überzogene Selbstwertgefühl, die Neigung zur Fremdabwertung und die Selbstimmanenz sind bei Cloninger Teil des Charakters, also der Veränderlichkeit durch willentliche Selbstprägung durchaus zugänglich. Cloninger zitiert in diesem Zusammenhang gern Immanuel Kant, der sagte: »Es kommt nicht auf das an, was die Natur aus dem Menschen, sondern was dieser aus sich selbst macht; denn das Erstere gehört zum Temperament (wobei das Subjekt größtenteils passiv ist), und nur das Letztere gibt zu erkennen, dass er einen Charakter habe.«

In wenigen Punkten ist sich die Narzissmusforschung so einig wie in der Einschätzung, dass Narzissmus keine genetische Erbkrankheit ist – sondern großenteils erworben. Gut, man wird also nicht narzisstisch geboren. Aber wie wird man dann narzisstisch?

Man kommt doch immer wieder auf Sigmund Freud, besonders beim Thema Narzissmus. Er unterschied einen »primären Narzissmus« beim Säugling von einem »sekundären Narzissmus« des Erwachsenen, der definitiv pathologisch, gesellschaftsschädlich und therapiewürdig ist. Ersterer wird im Normalfall durch eine gesunde Mutter- und später Elternbindung überwunden, also durch Beziehung, der zweiten Dimension des Charakters. Freud sieht eine natürliche Tendenz des heranwachsenden und erwachsenen Menschen, in den sekundären, pathologischen Narzissmus hineinzukippen. Dabei – so Freud – zieht der Mensch seine sexuelle Energie von äußeren Objekten (also von anderen Menschen, vom Du) wieder ab und richtet die Libido erneut auf sich selbst. Anders ausgedrückt: Freud sieht im Narzissmus in Eigenliebe umgelenkte Libido, die mit dem Verlust der Liebesfähigkeit zu anderen Menschen einhergeht. Dieser Zustand ist bei Freud ein beklagenswerter Rückschritt (»Regression«). Das Konzept des primären Narzissmus deckt sich interessanterweise mit der Beobachtung praktisch aller Weltreligionen, dass dem Menschen von Anfang an ein natürlicher Hang zur gesteigerten Selbstliebe innewohnt.

Sigmund Freud philosophierte schon 1914 in seinem epochalen Werk *Zur Einführung des Narzissmus* mit brillanter Phänomenologie über die Affenliebe mancher Eltern und setzte sie in Bezug zum primären Narzissmus (Originaltext zwecks besserer Lesbarkeit gekürzt):

Wenn man die Einstellung zärtlicher Eltern gegen ihre Kinder ins Auge fasst, muss man sie als Wiederaufleben des eigenen Narzissmus erkennen. Das gute Kennzeichen der Überschätzung beherrscht, wie allbekannt, diese Gefühlsbeziehung. So besteht ein Zwang, dem Kinde alle Vollkommenheiten zuzusprechen, wozu nüchterne Beobachtung keinen Anlass fände, und alle seine Mängel zu verdecken und zu vergessen. Es besteht aber auch die Neigung, alle kulturellen Erwerbungen, deren Anerkennung man seinem Narzissmus abgezwungen hat, vor dem Kinde zu suspendieren und die Ansprüche auf längst aufgegebene Vorrechte bei ihm zu erneuern. His Majesty the Baby, wie man sich einst selbst dünkte. Es soll die unausgeführten Wunschträume der Eltern erfüllen, ein großer Mann und Held werden anstelle des Vaters, einen Prinzen zum Gemahl bekommen zur späten Entschädigung der Mutter. Der heikelste Punkt des narzisstischen Systems, die von der Realität hart bedrängte Unsterblichkeit des Ichs, hat ihre Sicherung in der Zuflucht zum Kinde gewonnen.

Wir werden noch sehen, dass seine Einschätzung nach vielen Irrwegen von der empirischen Forschung des 21. Jahrhunderts wiederentdeckt wurde.

»His Majesty the Baby« – da haben wir ein humorvolles Freud-Zitat, das bis heute die Runde macht. Den Text kann man als Problematisierung und Pathologisierung normaler elterlicher Liebe verstehen, aber auch einen Hinweis auf elterliche Überbewertung des Kindes herauslesen. Die spätere Psychoanalyse ging jedoch andere Wege. Der österreichisch-amerikanische Analytiker Otto F. Kernberg gründete eine Tradition, der die meisten Analytiker folgten. Er stufte die Eltern des Narzissten als kalt, streng oder sogar feindselig ein und erklärte den Narzissmus des Kindes als Verteidigungsreaktion. Die lieblosen Eltern können bei dieser Theorie vom Kind nicht idealisiert werden, sodass das Kind sich nicht mit ihnen identifiziert; damit versäumt es die Gelegenheit, zu reifen und zu erstarken und über die ursprüngliche naive Grandiosität hinauszuwachsen; das narzisstische Kind bleibt auf sich allein gestellt.

Heinz Kohut hingegen, ein anderer US-Psychoanalytiker

österreichischer Herkunft, vermutete, dass die Eltern des Narzissten es versäumen, dem Kind ein gesundes Maß an Frustration zuzumuten, die ihm hilft, aus der kindlichen Grandiosität nach und nach zu einem realistischen Selbstbild zu finden. Der US-Psychologe Theodore Millon wiederum – immerhin 2008 von der amerikanischen Psychologenvereinigung mit dem »Gold Medal Award For Life Achievement« ausgezeichnet – postulierte, dass Narzissten von ihren Eltern daran gewöhnt worden seien, von anderen Menschen Ergebenheit erwarten zu dürfen.

Hinsichtlich der Frage, ob elterliche Überbehütung und Bewunderung die Entstehung narzisstischer Persönlichkeitsstörungen begünstigen oder im Gegenteil verhindern, sind sich die Analytiker bis heute weitgehend uneinig.

Ist der Narzisst ein Cäsar – oder doch ein Star?

Der Berliner Psychiater und Individualpsychologe Fritz Künkel war ein Zeitgenosse Freuds und der wohl prominenteste Schüler von Alfred Adler. Er hatte diesen 1920 in München kennengelernt, nachdem er im Ersten Weltkrieg den linken Arm verloren und sich deswegen der Psychiatrie zugewandt hatte. Adler wurde ein paar Jahre vorher von Freud aus der Wiener Psychoanalytischen Vereinigung ausgeschlossen. Das gleiche Schicksal ereilte vor ihm Wilhelm Fliess und nach ihm Carl Gustav Jung. Später sollte übrigens Künkel – diesmal von Adler – verstoßen werden. Der Berliner Psychiater bringt die Lehrdifferenz der »feindlichen« Analytiker unabsichtlich mit einer neuen Theorie auf den Punkt. Er setzt bereits 1928 – heute hochmodern! – die Faktoren endogen und exogen bei der Charakterbildung in Beziehung.

Fritz Künkel geht von einer genetischen, angeborenen »vitalen Stärke« oder »vitalen Schwäche« aus, die auf eine raue oder weiche Umwelt trifft. Die vitale Stärke ist der Umwelt gewachsen, sie verkörpert Aktivität und Extraversion, während die vitale Schwäche der Umwelt eben nicht gewachsen ist: Passivität und Introversion sind hier das normale Interaktionsmuster. Zu dieser Konstitution gesellt sich jetzt der Umwelteinfluss, der sich entfaltet zwischen den Extremen »raue Umgebung«, das wäre eine strenge, verhärtete, vernachlässigende Erziehung, oder »weiche Umwelt«, das wäre weiche, verzärtelnde, verwöhnende Erziehung.

Psychologisch gesunde Menschen können bei Künkel kaum typologisch erfasst werden. Nur krankhaft erstarrte Extreme passen in seine Typenlehre. Die gesunden Kinder werden hier nicht abgebildet. Den kranken Persönlichkeitsstrukturen verleiht er folgende vier karikaturhaften Gestalten: das Heimchen, der Star, der Cäsar sowie der Tölpel. Der Heimchen-Typ bildet sich heraus, wenn ein Kind mit vitaler Schwäche verweichlichend erzogen wird. Es bildet sich dann ein mutloser und verzärtelter Charakter heraus, der seinen Selbstschutz nur durch Fremd- und Selbstverwöhnung zu sichern glaubt. Das »Heimchen« sieht sich selbst als klein und unselbstständig und fordert die Umgebung auf, ihm beim Tragen der Last des Lebens zu helfen. Seine Lebensstiltendenz ist: »Die anderen sind meine Diener. Sie helfen mir aber nicht immer. Ich muss etwas dafür tun.« Das Verhalten zeichnet sich aus durch Labilität, Willigkeit, Ängstlichkeit, Schmeichelei, Zaghaftigkeit, Weinerlichkeit, Anlehnungsbedürfnis und Flucht in die Krankheit.

Das Extrem des »Tölpels« wiederum zeichnet sich dadurch aus, dass er – auch von vitaler Schwäche – von einer harten und lieblosen Erziehung erdrückt wurde und sich aus Selbstschutz auf sich selbst zurückgezogen hat. Er führt das Leben eines menschenfeindlichen Einsiedlers. Seine Lebensstiltendenz ist: »Die anderen sind meine Feinde. Ich habe nichts auf dieser Welt zu erwarten.« Das Verhalten zeichnet sich aus durch Pessimismus, Unterwürfigkeit, demonstrierte Dummheit und Ungeschicklichkeit.

Die beiden übrigen Typen sind für das Verständnis der konkurrierenden Narzissmustheorien von Interesse: Der Typ »Cäsar« entwickelt sich durch eine harte und lieblose Erziehung, auf die er durch seine vitale Stärke mit noch größerer Härte antwortet. Sein Eigenwille und sein Eigensinn stehen an erster Stelle. Dieses Extrem verfügt ohne Frage über Führungsqualitäten, die allerdings leicht zum Despotismus ausarten können. Das Selbstvertrauen ist überbetont. Er ist rücksichtslos: Freundschaft, Dankbarkeit und Treue sind ihm fremd, und sein Innerstes verbietet ihm, Gefühle zu haben oder zu zeigen. Seine Lebensstiltendenz ist »Die anderen sind meine Feinde, ich muss sie niederkämpfen, wenn ich etwas gelten will«. Das Verhalten zeichnet sich aus durch Heftigkeit, Rücksichtslosigkeit, Tyrannei, Strebertum und Egoismus. Dieser Typ entspricht Kernbergs Narzissmustheorie.

Aber Fritz Künkel entwirft noch einen zweiten Narzissten: Der »Star« entwickelt sich aus Verwöhnung und übermäßiger Beachtung des Kindes, wenn er auf vitale Stärke trifft. Dieser Typus reagiert im Gegensatz zum Heimchen (vitale Schwäche) aktiv auf die ihn einschränkende Umgebung. Er richtet sein Leben auf die Bewunderung durch andere aus und zeigt dabei eine übermäßige Eitelkeit. Er geht davon aus, dass nur der sein Freund ist, der ihn anhimmelt. Der Beifall seiner Mitmenschen ist sein eigentliches Lebenselixier. Auf Kritik reagiert der Star mit Aggression. Seine Lebensstiltendenz ist »Die anderen sind meine Diener. Ich brauche nichts zu befürchten. Sie müssen mir helfen!« Das Verhalten zeichnet sich aus durch Stolz, Eitelkeit, Egoismus, Primadonnenhaftigkeit, Eifersucht und Geltungsbedürfnis. Hier haben wir das Vollbild des Narzissten nach der Theorie von Sigmund Freud.

Narzissmus kann also bei Fritz Künkel aus einer verhätschelnden oder überharten Erziehung entstehen, wenn die genetischen Grundlagen gegeben sind (also nur bei vitaler Stärke). Bei vitaler Schwäche entwickelt sich auch bei widrigen Bedingungen kein Narzisst.

Diese beiden rivalisierenden Hypothesen sind unabhängig von Künkel der Stand der Wissenschaft noch im beginnenden 21. Jahrhundert: Es etabliert sich einerseits die »sozialkognitive Lerntheorie«, die mit Freud besagt, dass Narzissmus entsteht, wenn Eltern mit übertriebenem Lob das Kind in den Himmel heben, bis dass der Kleine schließlich selbst an seine Besonderheit glaubt (also Künkels Star). Kinder übernehmen nach dieser Theorie die elterliche Überbewertung ihrer Person. Andererseits entwickelte sich parallel dazu die Theorie der Psychoanalytiker um Kernberg, die besagt, dass eine harte, lieblose Erziehung im Kind umso mehr Eigenliebe entfacht (das wäre Künkels Cäsar), sodass es verstärkt um sich selbst kreist. Narzissmus ist hier der lebenslange Versuch, mangelnde elterliche Wärme auszugleichen.

Eltern sehen heute vermehrt das Kind als Teil von sich

Der Psychologe Eddie Brummelman von der Universität Amsterdam konnte in den letzten drei Jahren mit seinen Forschungen viele offene Fragen klären, die zuvor hundert Jahre lang hin und her gewälzt worden waren. Brummelman und sein Team evaluierten die zwei konträren Hauptthesen zum Ursprung des Narzissmus mit modernster Statistik und neuester psychometrischer Technik – und ohne theoretisches Vorurteil.

Sie ermittelten zunächst mithilfe eines Fragebogens bei 73 Eltern, die meisten davon Mütter um die 40 Jahre, ob sie ihre Kinder stark als Teil ihrer selbst betrachteten oder eher als eigenständige Persönlichkeiten. Dann musste ein Teil der Teilnehmer eigene unerfüllte Wünsche aufschreiben und erklären, warum diese einmal wichtig waren – etwa ein Tennisstar zu werden. Eine andere Gruppe schrieb nicht über die eigenen unerfüllten Wünsche, sondern über jene von Freunden. Schließlich mussten alle Teilnehmer Statements beurteilen wie: »Ich wünsche mir, dass mein Kind Ziele erreicht, die ich nicht erreicht habe.« Vor allem Eltern, die Kinder stark als Teil ihrer selbst sahen, wünschten, dass ihre Kinder die eigenen Träume wahr machen. Dieser Zusammenhang ergab sich jedoch nur, wenn die Eltern zuvor mit ihren eigenen unerfüllten Wünschen konfrontiert worden waren – und nicht, wenn sie über die Träume ihrer Bekannten nachgedacht hatten. Eltern hingegen, die das Kind als eigenständiges Wesen sehen, haben zwar auch unerfüllte Lebensziele, stülpen diese aber nicht unkritisch über ihr Kind.

Unterstützung bekommt das Forscherteam hier vom Kinderpsychiater und Psychoanalytiker Michael Winterhoff. Das Kind wird nach Winterhoffs Hypothese in der Wichtigkeit und oft auch in der Familienhierarchie überbewertet. Das tut dem Kind nicht gut. Winterhoff sieht drei Fehlentwicklungen in der heutigen Gesellschaft: Das Kind wird häufig als kleiner Erwachsener behandelt (Kind als Partner); der Erwachsene entwickelt das Bedürfnis, vom Kind geliebt zu werden (Projektion); das Kind wird im Rahmen einer psychischen Verschmelzung ein Teil des Erwachsenen (Symbiose). Dadurch komme es zu einer Machtumkehr, die dem Kind die Chance auf eine gesunde Entwicklung verbaue. Das Kind wird so zum kleinen Tyrannen. Winterhoff bezeichnet den sogenannten »partnerschaftlichen Umgang« als emotionalen Missbrauch, der die kulturelle Lebensfähigkeit unserer Gesellschaft infrage stellt.

Durch die Unterlassung der Eltern versäumt das Kind, zu lernen, sich in eine menschliche Gemeinschaft (Familie) einzuordnen und sich Autoritäten (den Eltern) unterzuordnen. Ursache dieser Überwertung ist oft eine narzisstische »Liebe« der Eltern zum Kind, in der das Kind mehr die Funktion der Icherhöhung der Eltern hat, als dass die Eltern ihre Erziehungspflichten wahrnähmen. Die Konstellation des Einzelkindes und des Scheidungskindes ist da besonders gefährdend, Letzteres, weil beide Eltern im Wettstreit um die Liebe des Kindes buhlen müssen. Eltern sind heute, auch durch die doppelte Berufstätigkeit, immer stärker gestresst. Da sie einerseits deswegen ein schlechtes Gewissen haben und andererseits wollen, dass es ihren Kindern materiell besser geht als ihnen damals, überhäufen sie die Kinder richtiggehend mit Geschenken. Das macht diese aber immer weniger lernwillig und leistungsbereit. Die Kinder sind immer weniger in der Lage, ihre eigenen Bedürfnisse zurückzustellen – in der Diktion von Freud: Triebverzicht zu leisten. Dieser ist aber nun mal die Grundlage der Zivilisation.

Winterhoffs Thesen werden heftig diskutiert und wütend widersprochen – seine Bücher dadurch allesamt zu Bestsellern. Für den neutralen Beobachter hat der Widerstand gegen das so Offensichtliche eine hochinteressante Dynamik. Er erinnert an den Hofstaat bei Hans Christian Andersen, der dem Kind Vorhaltungen macht, weil es den Kaiser nackt sieht. »Dieser ›Ratgeber‹ macht eine Tendenz deutlich, die die allmählich entwickelten und mühsam in die Gesellschaft integrierten humanistischen und personenzentrierten Ideen der letzten Jahrzehnte zu entwerten droht!«, liest man etwa auf der Homepage eines empörten Kollegen. Der Analytiker hat in ein Wespennest gestochen.

Fall 6: Der süße, süße Tyrann

Die 32-jährige Daisy K. erzählt im Rahmen ihrer Therapie von ihrem vierjährigen Sohn Korbinian. Er sei ihr Ein und Alles, und nur er dürfe sich bei ihr alles erlauben. *»Herr Doktor, Sie wissen gar nicht, wie süß der ist, das süßeste Kind auf der Welt. Alle sagen das. Und er ist so charmant: Er wickelt alle um den Finger!«*

Korbinian schläft nachts bei der Mutter, der Vater ist in der Zwischenzeit aus dem Ehebett ins Kinderzimmer ausgewandert: *»Weil es für Korbinian unangenehm war, wenn Manfred erst später ins Bett kommt. Ich gehe ja immer mit Korbinian früher schlafen, das will er so. Und Manfred breitet sich im Bett so aus, da bleibt für uns beide kaum mehr Raum, dann muss ich Manfred immer zurückschieben in sein Drittel.«*

Beim Spielen hat Korbinian schon einen starken Willen. Meistens will er mit der Mutter spielen und sagt dann zu Vater: »Du geh raus.« Wenn der Vater nicht gleich das Zimmer verlässt, dann hört der Bub mit dem Spielen auf, zeigt auf den Vater und beginnt zu weinen.

»Manfred ist das manchmal nicht so recht, aber er ist ja nur ein Kind! Er muss lernen, zu sagen, was er will und was er nicht will. Ich bitte Manfred dann, das zu respektieren.«

Kürzlich trat wieder eine Meinungsverschiedenheit bei den Eltern auf. Dazu muss man wissen: Korbinian will immer als Erster beim Auto sein. Als die Familie es einmal wirklich eilig hatte und sein Vater Manfred – aus reiner Unachtsamkeit – einmal schneller beim Auto war, rastete der Kleine völlig aus. Die Mutter fauchte den Vater daraufhin an, dass er rücksichtsvoller mit dem Kleinen umgehen solle.

>»Daraus hat sich ein massiver Streit entwickelt: Manfred konnte nicht einsehen, dass Korbinian nur ein Kind ist und man sich doch nicht mit einem Kind streiten muss. Soll er doch als Erster beim Auto sein, da fällt doch dem Manfred kein Stein aus der Krone. Aber nein, dann kommen so prinzipielle Meldungen, wie dass der Bub erzogen werden solle und nicht alles nach seiner Pfeife tanzen muss – ich glaube, Manfred ist ein bisserl eifersüchtig. Sicherlich ist Korbinian ein Mamakind, aber wenn man sich wegen so einer Kleinigkeit mit ihm streitet, dann wundert mich das nicht. Ich lasse Korbinian beim Auto immer den Vortritt.«*

Frau K. stellt in ihrer inneren Hierarchie den Sohn über ihren Ehemann. Das spürt das Kind und kann den Vater als Autorität nicht mehr anerkennen. Dem Kind werden von der verliebten Mutter keine Grenzen gesetzt – und sogar der Vater wird begrenzt, wenn er die Grenzenlosigkeit des Sohnes gefährdet. Das tut dem Kind sicher nicht gut.

Das Lob um des Lobes willen

Möglichst viel loben, das ist seit einigen Jahrzehnten das Credo der Erziehung. Das Poster »101 Arten, ein Kind zu loben« ziert in den USA viele Wohnungen. Gut gemeint. Aber diese Grundannahme, dieser basic belief, ist jahrzehntelang nicht kritisch hinterfragt worden, obwohl dies so manche unerwünschte Wirkung in der Kinderseele verursachen kann. Eine fixe Idee im Kopf kann gefährlich sein, besonders wenn sie einseitig ist, Schlagseiten hat oder fanatisch überzogen wird.

Der bereits erwähnte Psychologe Eddy Brummelman pointiert die Entwicklung in einem Interview mit dem Neuseeländer TV-Sender 3news: »Das begann so um 1980, als man dachte, ein niedriges Selbstwertgefühl ist die Ursache aller sozialen Übel – von frühen Schwangerschaften über Drogensucht bis hin zu Jugendgewalt –, und da haben die Leute überlegt, wie man das Selbstwertgefühl der Kinder heben könnte. Und so haben wir zu loben begonnen, und lobten und lobten …«

Eltern loben heute ihre Kinder in der Tat sehr, sehr häufig, und zwar für jede Selbstverständlichkeit – um das kindliche Selbstwertgefühl zu stärken. Das erste Problem, das Brummelman mithilfe seiner empirisch-analytischen Methode beim elterlichen Lob entdeckte, ist die Übertreibung. Brummelman nennt das inflating praise, also aufgeblasenes, überhöhtes, aufgeblähtes Loben. Das zweite Problem ist das personal praise, also etwa personenzentriertes Lob: »Du bist so gescheit, so schön, so wunderbar …«

Das schockierende Ergebnis der Studie: Die unsicheren Kinder werden durch *inflating praise* und *personal praise* in ihrer Entwicklung richtiggehend blockiert! Sie verlieren den Mut weiterzumachen, weil sie Angst haben, die hohe Meinung ihrer Eltern zu enttäuschen. Sie schlittern ins Vermeidungsverhalten. Psychodynamisch gesehen, ist das kein Wunder: Das Kind spürt das Unwahre, das Pseudopädagogische, das Unechte – die Lüge – in diesem euphorischen Loben und ist abgeschreckt und angewidert. Brummelmans Studien zeigen eindeutig, dass Erwachsene unsichere Kinder besonders mit dem personal praise überschütten – im Gegensatz zu den selbstsicheren Kindern. Genau dieses leistungsunabhängige, personenzentrierte Lob führt bei den unsicheren Kindern aber zu Schamgefühlen, wenn sie an einer Aufgabe gescheitert sind. Unsichere Kinder benötigen einen aufrichtigen, echten, authentischen und lebendigen Umgang – keinen pseudopädagogischen, theoriegetriebenen und aufgesetzten. Sie brauchen eine Erdung in der Realität.

Die selbstsicheren Kinder hingegen werden durch *inflating praise* und *personal praise* in ihrer problematischen realitätsfremden Grandiosität bestärkt. Selbstsicherheit ist bei einem Kind eine befremdliche Eigenschaft. Das gesunde Kind ist ein lernendes, kein lehrendes, ein bewunderndes, kein bewundertes. Die Realität des Kindes ist es, belehrt zu werden oder ungebildet zu bleiben, korrigiert zu werden oder ohne Kultur zu enden. Selbstsichere Kinder benötigen – genauso wie die unsicheren – einen aufrichtigen, echten, authentischen und lebendigen Umgang, keinen pseudopädagogischen, theoriegetriebenen und aufgesetzten. Sie brauchen (aus anderen Gründen) eine Erdung in der Realität.

Brummelman empfiehlt, vor dem Loben zu überlegen, ob das nicht eine inhaltsleere, abgedroschene Phrase ist oder wirklich einen Sinn macht. Man könnte zum Beispiel statt »Super gemacht!« sagen: »Na, da hast du dich aber wirklich angestrengt!« Das erhöht die Resilienz, das hilft dem Kind, eigene Lösungen zu suchen – weil es in der Realität bleibt.

Eine realistische Selbsteinschätzung ist ein zentraler Faktor für ein geglücktes Leben. Der scharfsichtige Psychologe Paul Vitz von der New York University beschreibt in seinem bemerkenswerten Buch *Der Kult ums eigene Ich* den Selbstwert-Hype dieser Jahre als einen Tanz ums Goldene Kalb. Er zitiert eine Untersuchung, die die mathematischen Fähigkeiten von Schülern aus acht verschiedenen Ländern verglich: Die amerikanischen Schüler schnitten bei den Tests am besten ab, die koreanischen Schüler landeten im Mittelfeld … allerdings nur in der Selbsteinschätzung! Diese wurde nämlich neben der mathematischen Fähigkeit auch erfasst. In der Realität der handfesten mathematischen Leistung waren hingegen die koreanischen Kinder die Besten, die hochgelobten, selbstüberschätzenden

amerikanischen Kids hingegen im Mittelfeld. Die Selbsteinschätzung im mathematischen Bereich verhielt sich also genau
umgekehrt zu den tatsächlichen Erfolgen in diesem Fach! Paul
Vitz folgert: »Hier haben wir offensichtlich ein Beispiel dafür,
wie eine Psychologie, die auf ein ›gutes Gefühl‹ aus ist, die Schüler davon abhält, die Realität korrekt einzuschätzen. Die Theorie
des Selbstwertgefühls geht davon aus, dass nur der Gutes leisten
kann, der eine gute Meinung von sich hat – weshalb vermeint-
lich alle Schüler ein positives Selbstwertgefühl benötigen. Doch
unter Umständen führt das ›gute Gefühl‹ nur zu übersteigertem
Selbstvertrauen und Narzissmus, wodurch der Mensch unfähig
wird zu anstrengender Arbeit.«

Es zeigt sich ein weiteres Problem einer überhöhten Selbsteinschätzung, die durch exzessives Loben zustande kommt:
Dadurch wird ein weiterführendes Lernen verhindert. Die
Selbsteinschätzung der koreanischen Kinder dürfte durchaus
realistisch gewesen sein – deswegen haben sie brav gelernt.

Vitz macht mit diesem anschaulichen Beispiel das Dilemma
des Narzissten klar: dass überhöhtes Selbstwertgefühl auf
Selbstbetrug hinausläuft und wenig mit der wirklichen Leistungsfähigkeit zu tun hat. Die Höhe des Selbstwertgefühls hat
keinen Wert an sich, sondern dieser bemisst sich ausschließlich
an der Realität: Psychische Gesundheit besteht darin, dass das
Selbstbild der Wirklichkeit entspricht.

Vernachlässigung durch Verwöhnung

Zu diesen Ergebnissen kann uns Alfred Adler weiterhelfen. Er
hat, wenn auch nicht so systematisch wie Brummelman, bereits
1904 den Erziehungsstil der »Verwöhnung« und »Verzärtelung«
und seine Auswirkungen in bürgerlichen Familien meisterhaft
beschrieben. Adler sieht, dass das Kind so »leicht die beste

Unterstützung seines geistigen Wachstums« verlöre. Das ist gut nachvollziehbar. Es werde vielmehr »an eine imaginäre Welt gewöhnt, die nicht die unsere ist, in der alles von anderen für das verwöhnte Kind getan wird. Eine verhältnismäßig kurze Zeitstrecke genügt, um das Kind zu verleiten, sich immer im Mittelpunkt des Geschehens zu sehen und alle anderen Situationen und Menschen als feindlich zu empfinden.« Der prominenteste Freud-Schüler sieht die Gefahr einer verwöhnenden Erziehung im Verlust des Gemeinschaftsgefühls auf Kosten des eigenen Geltungsstrebens.

Adler sieht jeden Menschen ausgespannt zwischen seiner natürlichen Tendenz zum egozentrischen Minderwertigkeitsgefühl und Geltungsstreben einerseits und dem Gemeinschaftsgefühl auf der anderen Seite. Beide sind zwar im Menschen angelegt, aber Letzteres muss durch Einsicht und Übung erarbeitet und vertieft werden. Ein Mensch, der sich gehen lässt, verfällt in Geltungsstreben; ein Mensch, der an sich arbeitet, erwirbt sich Gemeinschaftsgefühl. Von Freud zu Adler zeigt sich ein Quantensprung an persönlicher Freiheit: Bei Freud ist der Mensch seinen Seelenkräften noch hilflos ausgeliefert, und seine Handlungen sind eine Folge des gerade stärkeren Impulses. Während Freud den Menschen unfrei sieht, gesteht Adler ihm durchaus zu, sich für das Gemeinschaftsgefühl und gegen sein drängendes Geltungsstreben entscheiden zu können.

Der dänische Familientherapeut und Bestsellerautor Jesper Juul bestätigt Adlers Beobachtung und verwendet dafür hundert Jahre nach den Entdeckungen des Wiener Individualpsychologen den humorvollen Ausdruck »Curling-Kinder«; denn wie bei dieser seltsamen Wintersportart werden ihnen von den übermotivierten Eltern alle Hindernisse aus dem Weg geräumt. Sie rutschen auf der spiegelblanken Fläche des Lebens widerstandslos weiter. Solche Kinder – bei Künkel die Heimchen – wissen in der Einschätzung Juuls nichts über andere Menschen und nichts über sich selbst. Sie wissen nicht, was es heißt, traurig oder frustriert zu sein, sie kennen deshalb kein Mitgefühl und keine Empathie. Der Hintergrund von Überbehütung sei nach Juul ein Narzissmus der Eltern: Sie wollten glückliche und erfolgreiche Kinder haben, um sich selbst als kompetent erleben zu können.

Fall 7: Der kleine Snob

Die 60-jährige Frau D. aus der guten Wiener Gesellschaft kommt zum Psychiater. Man spricht über dies und das; einen richtigen Auftrag hat sie nicht. Aber der Psychiater hätte ihrer lieben Freundin so geholfen, vielleicht könne er auch etwas bei ihr bewirken. So erzählt sie auch von ihrem 23-jährigen Sohn Heinrich, einem Einzelkind: *»Er ist leider ein Snob, das hat er von mir. In seinem Kopf sind nur teures Essen und teure Markenkleidung – wenn auch grauenvoll, alles schwarz und grau, sonst wäre das ja uncool.«* Die Dame schaut den Psychiater dabei mit einem ironischen Lächeln an. *»Er will wahnsinnig viel Geld verdienen, schaut aus wie ein Drogendealer, bringt nur Model-Freundinnen nach Hause. Die Mädchen lieben ihn abgöttisch, er lässt sie nach kurzer Zeit aber wieder stehen. Ist eigentlich schade, sind liebe Mädels. Den Schönheitswahn, was Frauen betrifft, hat er übrigens auch von mir. Er legt extrem viel Wert auf sein Äußeres, ist irrsinnig materialistisch. Er will in Zukunft einen Porsche fahren und ein Haus auf Ibiza kaufen.«* Aufgewachsen ist er in ihrer 400-Quadratmeter-Wohnung im Zentrum von Wien mit drei Angestellten, die ihm das Zimmer aufgeräumt, das Bett gemacht und das Essen gewärmt haben, wann immer er es wünschte.

»Als Schulkind schon ist er in der Früh einfach nicht aufgestanden. Mit zwölf, 13 Jahren war er dicklich – dann hat er zu trainieren begonnen. Jetzt ist er ein Cornetto [österreichisch für ›Muskelprotz‹]. Mit 15 Jahren hat er es einfach verweigert, um 24.00 Uhr zu Hause zu sein. Was macht man da als Mutter? Verbote waren ihm völlig egal. Provokant hat er mich gefragt: ›Willst du mir vielleicht Fernsehverbot geben?‹ Das war natürlich lächerlich: In unserer Wohnung in Wien steht in jedem Zimmer ein Fernseher, da könnte ich ihn niemals überwachen. Hasch hat er wie der Verrückte konsumiert, er war ständig eingeraucht. Den Lehrern gegenüber war er eigentlich immer respektlos.«*

Zwei Elitegymnasien in Wien seien ihm nach kurzer Zeit jeweils »zu blöd« gewesen – er habe ständig die Schule geschwänzt, deswegen ist er mit 17 Jahren in ein Schweizer Internat gekommen. Gestohlen hat er auch, und zwar das Privatgeld des Kindermädchens, als er 14 Jahre alt war. Wenn die Mutter ihm – äußerst selten! – Vorhaltungen macht, bekommt sie zu hören: »Du hast gar nichts zu sagen, das zahlt der Papa.«

»Er stößt die Leute vor den Kopf – obwohl er auch sehr charmant und wohlerzogen sein kann, wenn er von jemandem etwas will.«

Sinnierend sagt sie: »Ich kümmere mich bis heute um alles bei ihm: wenn er einen Ausweis braucht, die Prüfung für den Jagdschein ...« Und abschließend: »Ich habe ihn von Anfang an wahnsinnig geliebt – viel mehr als meinen Mann ...«

Das Brummelman-Team entwickelte im Jahr 2015 das brillante Konzept der *parental overvaluation*, also zu Deutsch etwa der »Überbewertung, Über-Wertschätzung« oder eben »Überschätzung des Kindes durch die Eltern«. Zu dessen Feststellung entwickelten sie einen spezifischen Fragebogen. Der springende Punkt ist der triumphierende Vergleich mit anderen Kindern, die als Konkurrenz gesehen werden. Die überbewertenden Eltern sind der Meinung, ihr Sprössling sei außergewöhnlich, herausragend und bedürfe einer besonderen, bevorzugten Behandlung. Aber sie irren sich: Diese Eltern schätzen das Wissen und die Intelligenz ihres Kindes nachweislich falsch ein – die durch entsprechende Tests natürlich ebenfalls evaluiert wurden. Die Kinder solcher Eltern sind – entgegen manchen theoretischen Behauptungen der Achtzigerjahre – keinesfalls intelligenter oder leistungsstärker als andere Kinder.

Die Studie ergab, dass überbewertende Eltern ihre Kinder 60 Prozent (!) mehr loben als normale Eltern. »Es ist das Lob, das den Kindern vermittelt, dass sie besser sind als andere – das ist der Kern der Überbewertung und kann zur Entstehung des Narzissmus beitragen.« Die Überbewertung beginnt mit der Geburt des Kindes: Den Kindern werden immer ausgefallenere und auffälligere Namen gegeben. Eltern wollen damit, dass das Kind von Anfang an aus der Menge hervorsticht. Das der Selbstdarstellung nicht ganz abgeneigte Model Kim Kardashian zum Beispiel hat ihr erstes Kind nach einem Wind benannt – North West. Das zweite heißt übrigens Saint West. Die Überzeugung jedenfalls, dass das eigene Kind superspeziell ist, geht Hand in Hand mit exzessivem Lob.

Es sei ein Unterschied, ob man seinem Kind zu verstehen gebe, dass es für die Eltern subjektiv etwas Besonderes sei – oder dass es objektiv toller sei als alle anderen Kinder. Es ist kein Problem, zu glauben, dass das eigene Kind speziell ist – problematischer wird es, wenn man beginnt zu glauben, dass das eigene Kind spezieller ist als die anderen Kinder, dass das eigene Kind höher steht als die anderen. Der Komparativ ist das Problem, der ständige Vergleich, der permanente Wettkampf.

Im letzten Schritt machen die niederländische Forscher schließlich den Sack zu. Sie beweisen mit naturwissenschaftlichen Methoden den Zusammenhang zwischen der *parental overvaluation* und der Entwicklung des kindlichen Narzissmus. Die Studie ist wasserdicht und hat deswegen weltweit Schlagzeilen gemacht. Es ist die erste Untersuchung zur Entstehung des Narzissmus, die nach allen Regeln der Kunst durchgeführt wurde (Naturwissenschaftler nennen diese Methode »prospektiv longitudinal«). Zu diesem Zweck haben die Wissenschaftler über einen Zeitraum von zwei Jahren in vier halbjährlichen Untersuchungen, 565 Kinder im Alter zwischen sieben und elf Jahren sowie 290 Väter und 415 Mütter befragt. Die Studie ist in dieser Altersgruppe angesiedelt, weil sich testpsychologisch genau hier erste Unterschiede zwischen narzisstischen und nichtnarzisstischen Kindern entwickeln. In der Studie entdeckten sie den ersten klaren Zusammenhang zwischen Narzissmus und den überbewertenden Eltern, die laut Brummelman »… ihr Kind als Geschenk Gottes an die Menschheit sehen und denken, dass ihr Kind der speziellste und der zu bevorzugendste Mensch auf dem Planeten ist«.

Narzissmus ist ein Selbstbild, er lässt sich also auch testpsychologisch messen, indem man die Kinder Einschätzungen über sich selbst treffen lässt. Sie sollten im Childhood Narcissism Scale angeben, wie sehr Aussagen auf sie zutreffen. Aussagen wie »Ich verdiene etwas extra«, »Ohne mich wäre es in meiner Klasse langweilig«, »Ich denke gern darüber nach, wie unglaublich nett ich bin«, »Ich bin anderen überlegen« oder »Mir stehen Privilegien zu«. Eine Reihe von Kindern entwickelte in den beobachteten zwei Jahren narzisstische Züge – und zwar die, deren Eltern sie überschätzt hatten.

Aber was ist die Henne und was das Ei? Auch diese Frage wurde geklärt: Die Forscher untersuchten, wie bei den Kindern ihr Selbstbild zeitlich mit dem elterlichen Denken und Verhalten zusammenhängt. Dabei stellte sich heraus, dass elterliche Überbewertung – gemessen anhand von Fragebögen mit Aussagen wie »Ich halte mein Kind für etwas ganz Besonderes« – beim Kind einen höheren Narzissmus-Score bei der nächsten Untersuchung (ein halbes Jahr später) hervorrief. Andersherum galt das nicht. Also wenn das Kind zuerst narzisstisch auffällig wurde, reagierten nicht die Eltern ein halbes Jahr später mit einer Überschätzung. Damit ist bewiesen, dass die elterliche Überschätzung der Entwicklung des kindlichen Narzissmus zeitlich vorangeht.

Die Ergebnisse der Studie bestätigen die ursprüngliche These Freuds, die später auch von der sozialkognitiven Lerntheorie aufgenommen wurde. Gleichzeitig widerlegen sie die Psychoanalytisch-Kernberg'sche Theorie der Achtzigerjahre, dass eine harte, lieblose Erziehung narzisstisch macht. Mit Künkel und Adler gesprochen, entwickelt sich Narzissmus nach heutigem Stand des Wissens durch eine »weiche Umwelt«, also eine verzärtelnde und verwöhnende Erziehung. Die genetisch angeborene »vitale Stärke« spielt eine gewisse (aber keine übermäßige) Rolle. Wenn die Eltern ihre Kinder mit Lob überschütten und bewundernd um sie herumtanzen, dann erwarten selbstsichere Kinder in ihrer »vitalen Stärke« ganz im Sinne des »Stars« auch von anderen eine bewundernde Unterwerfung – während unsichere Curling-Kinder in ihrer »vitalen Schwäche« im Sinne des »Heimchens« durch dieses übertriebene Lob weiter verunsichert werden.

Welche Eltern treiben ihr Kind in den Narzissmus?

Wie ticken nun die Eltern, die ihre Kinder in solch problematische Denkmuster hineinreiten? In der Analyse finden wir drei Problemzonen, drei Achillesfersen, drei Stolpersteine, über die Eltern fallen können. Alle drei münden in die elterliche Überbewertung, die zum kindlichen Narzissmus führt.

Die erste Problemzone findet sich im Kopf: Es sind falsche Grundannahmen der Eltern. Einerseits die Ideologie der Achtzigerjahre, dass man ein Kind nie genug loben kann, die aber ein Irrtum mit fatalen Folgen ist. Andererseits der Denkfehler, dass ein junger Mann mit enormem Selbstwertgefühl automatisch rücksichtsvoll und respektvoll mit seinen Mitmenschen umgeht. Diese beiden Irrtümer haben Unmengen an Narzissten hervorgebracht. Das Problem bei Grundannahmen ist aber genau, dass sie nicht mehr kritisch hinterfragt, sondern unreflektiert und reflexartig ausgeführt werden, selbst wenn das größenwahnsinnige und unverschämte Kind einem schon auf der Nase herumtanzt.

Die zweite Problemzone findet sich im Bauch: Es ist die Angst der Eltern. Angst ist der Motor des Perfektionismus. Perfektionistische Eltern haben das Gefühl, versagt zu haben, wenn ihre Kinder nicht außergewöhnlich sind. Sie wollen es besonders gut machen und kreisen dabei immer ängstlich um sich selbst, damit sie ja nichts falsch machen. Sie entwickeln sich zu Helikoptereltern, die alles kontrollieren und überwachen müssen, was ihren Nachwuchs betrifft – oder zu Curling-Eltern, die jedes kleinste Hindernis ihrer Sprösslinge aus dem Weg räumen müssen. Die Kinder werden von Anfang an gefördert und von einem Kurs in den anderen geschleppt. Perfektionistische Eltern brauchen es, dass ihre Kinder perfekt sind – nur dann haben sie (die Eltern) bestanden, nur dann haben sie selbst keinen Fehler gemacht. Und darum geht es ihnen.

Die dritte Problemzone findet sich im Herzen: Es ist der Narzissmus der Eltern. Narzisstische Eltern ticken bedeutend einfacher als perfektionistische: Sie haben herausragende Kinder, weil es diese Kinder vor allem auszeichnet, *ihre* Kinder zu sein. Punkt.

Ideologen, Perfektionisten und Narzissten produzieren also in der Erziehung Narzissten. In allen Fällen kommt es zur Überbewertung. Eltern, die überbewerten, überschätzen die Fähigkeiten ihrer Kinder, sie glauben, sie seien klüger als andere Kinder, und gestehen ihrem Kind zu (Ideologen), gehen davon aus (Narzissten) beziehungsweise wünschen sich ängstlich-verkrampft (Perfektionisten), dass ihre Kinder aus der Masse herausstechen. Dieses Denkmuster, Bauchgefühl und Herzenshaltung übernehmen die Kinder.

Gesunde Erziehung besteht erstens in der Dimension der Selbstkontrolle: sich selbst und das Kind so zu sehen, wie es der Wirklichkeit entspricht. Das bedeutet, das Selbstbewusstsein des Kindes nicht unnatürlich aufzublasen, es nicht über den Klee zu loben, sondern ihm Bodenhaftung und einen gesunden Realitätssinn beizubringen. Inhaltsloses Selbstwertgefühl ist wertlos. Gesunde Erziehung besteht zweitens in der Dimension der Kooperationsfähigkeit: Das bedeutet, dem Kind vorzuleben und es erleben zu lassen, was menschliche Liebe ist (zuerst innerhalb der Familie) und was die Beziehungsfähigkeit ausmacht. Gesunde Erziehung besteht drittens in der Dimension der Selbsttranszendenz: Das bedeutet, dem Kind allgemeingültige Werte zu vermitteln, nach denen es sich orientieren kann und die es für seine Selbsteinschätzung als Orientierungspunkt verwenden kann.

Das Kind braucht Selbstkontrolle, Kooperationsfähigkeit und Selbsttranszendenz, um glücklich zu werden. Und um gesund zu bleiben.

Teil II

Die drei Fesseln

Kapitel 4

Das überzogene Selbstwertgefühl

Der Narzisst ist mit drei Fesseln an sich selbst gebunden: die Selbstidealisierung, die Fremdabwertung und die Selbstimmanenz. Dieses Kapitel behandelt die erste Fessel und damit die drei ersten der neun DSM-Kriterien – nämlich Grandiosität, grenzenlose Größenfantasien und vermeintliche Einzigartigkeit. Die Selbstidealisierung ist eine pfauenartige Selbsterhöhung, die sich aus einer gesteigerten Selbstliebe entwickelt und für andere in einem überzogenen Selbstwertgefühl wahrnehmbar wird. In diesem Sinn kann ein historisches Zitat eines spanischen Surrealisten gewertet werden: »*Jeden Morgen, wenn ich erwache, erlebe ich die allergrößte Freude: nämlich die, Salvador Dalí zu sein.*«

Wie gesagt hat Robert Cloninger die drei psychischen Eigenschaften wissenschaftlich herausdestilliert, die den Menschen zu dem machen, was er ist: Selbstkontrolle, Kooperationsfähigkeit und Selbsttranszendenz. Er nennt das die »Drei Dimensionen des Charakters«. Die menschliche Selbstkontrolle beim gesunden Erwachsenen entspringt einer inneren Ordnung und agiert »verlässlich« und »sachlich« im Gegensatz zu »fremdbeschuldigend« und »egozentrisch«. In der Tat kippen Narzissten viel eher in die Fremdbeschuldigung und Egozentrik, statt selbstlos-sachlich und damit verlässlich zu sein. Die erste Fessel, die den Narzissten an sich selbst bindet, ist damit ein Mangel an Selbstkontrolle und an innerer Ordnung, der aufgrund des innewohnenden sekundären Narzissmus (nach Sigmund Freud) in die übersteigerte Selbstliebe zurückkippt.

Der Narzisst ist also verliebt. Und wie jeder Verliebte überschätzt er den Geliebten und dessen Eigenschaften, Vorzüge, Talente, Leistungen und ebenso dessen Wichtigkeit. Der Affekt der Verliebtheit – der sich stark von der wahren Liebe unterscheidet – kennt keine realistische Einschätzung, keine vernünftige Relativierung. Psychologisch gesehen führt Verliebtheit immer zur Idealisierung, während die reife Liebe Selbsthingabe an ein Gegenüber ist. Für den Verliebten ist der Geliebte der Nabel der Welt. Das ist an und für sich etwas sehr Nettes und Menschliches, das jeder schon mal erlebt hat (hoffentlich). Aber auch sehr vergänglich, weil die Verliebtheit entweder verlöscht oder zur wahren Liebe reift. Nur leider ist der Narzisst selbst der Gegenstand seiner Verliebtheit – das macht das Ganze traurig, unfruchtbar und einsam. Und mitunter gefährlich. In der Hierarchie der Wertigkeiten stellt er seine Person an die Spitze – was Ausdruck einer inneren Unordnung ist.

Der Narzisst hat nur Augen für sich selbst. Das hat Erich Fromm scharf beobachtet: »Man kann den Narzissmus als einen Erlebniszustand definieren, in dem nur die Person selbst, ihr Körper, ihre Bedürfnisse, ihre Gefühle, ihre Gedanken, ihr Eigentum, alles und jedes, was zu ihr gehört, als völlig real erlebt wird, während alles und jedes, was keinen Teil der eigenen Person bildet oder nicht Gegenstand der eigenen Bedürfnisse ist, nicht interessiert, keine volle Realität besitzt … affektiv bleibt es ohne Gewicht und Farbe.«

Aus den gültigen Narzissmuskriterien wissen wir, dass der Narzisst ein »grandioses Verständnis der eigenen Wichtigkeit« hat. Das ist das Zentrum seiner Problematik – direkte Folge einer überzogenen Selbstliebe. Aus diesem Irrtum wachsen alle anderen Symptome. Der Narzisst weist einen blinden Fleck auf, der all die Gebiete umfasst, in denen er nicht großartig ist.

Er sieht sich selbst als herausragend aus der Masse der anderen, wie die Riesentanne im Fichtenwald. Er empfindet sich als wesentlich mehr wert denn alle anderen und entwickelt das charakteristische überzogene Selbstwertgefühl. Im DSM-Jargon heißt das: »Er übertreibt Leistungen und Talente und erwartet, ohne entsprechende Leistungen als überlegen anerkannt zu werden.« Alle sehen ihn, alle nehmen seine Überlegenheit wahr, alle respektieren seine Großartigkeit. So stellt er sich das vor. Deswegen ist in diesem Zusammenhang in der psychiatrischen Fachliteratur häufig vom »grandiosen Selbstbild« oder von Grandiosität« die Rede: Er blendet alles Nichtgrandiose und Durchschnittliche an sich selbst aus, weil nicht sein kann, was nicht sein darf. Dazu gehören vor allem persönliches Scheitern, eigene Fehler und Schuld. Weil er aber das Negative ausblendet, neigt er zur Beratungsresistenz.

Wenn wir mit der psychotherapeutischen Lupe hinsehen, so übertreibt der Narzisst seine Leistungen und Vorzüge genau aus einem Grund: weil es diese Leistungen auszeichnet, dass sie eben von ihm erbracht wurden und nicht von jemand Unbedeutendem. Da er selbst unvergleichlich ist, sind seine Leistungen es auch. Der Schein seiner Glorie beleuchtet alles, was mit ihm in Berührung kommt, gleich dem sagenhaften König Midas, der alles, was er anrührte, zu Gold verwandelte (eine überaus unpraktische Eigenschaft übrigens, wenn man etwas essen will). Deswegen ist auch sein Stammlokal super, sein Dorf das einzig wahre, sein Fußballclub großartig und seine Bank die allein richtige. Jeder, der es anders macht, macht es natürlich falsch. Er ist der Nabel der Welt, das Maß aller Dinge. Auch Cristiano Ronaldos Berater Jorge Mendes ist in diesem Zusammenhang selbstverständlich der Allerbeste (unter den Beratern, wohlgemerkt), wie wir schon gelernt haben.

Von seiner Grandiosität ist der Narzisst mit Leib und Seele besessen: Sie hat seine Bauchgefühle, seinen Kopf und sein

Herz vollständig eingenommen. Dass seine Selbsteinschätzung nicht der Realität entspricht, dass also weder er die Tanne noch die anderen Fichten sind, hat schwerwiegende Folgen für die Selbsteinschätzung, die Beziehungsfähigkeit und die Selbsttranszendenz. Wie Sigmund Freud schon vor hundert Jahren wusste: Der Narzisst konstruiert sich selbst in einem Bild, das den Boden der Realität verlassen hat. Er ist nicht geerdet, ein machtvoller Manipulator der Wirklichkeitsinterpretation. Er übertreibt aus einer inneren Logik seine Vorzüge und verwischt seine Defizite. Das bringt er in einer Gruppe mitunter sehr überzeugend rüber, weil er selbst felsenfest davon überzeugt ist.

Der Narzisst lebt oft in einer Traumwelt. Einerseits, weil er die unerfreuliche Realität ausblendet, und andererseits, weil er mithilfe der Fantasie die Realität dort verbessert, wo sie noch nicht seinen Vorstellungen entspricht. Er ist im zweiten DSM-Kriterium »stark eingenommen von Fantasien grenzenlosen Erfolgs, Macht, Brillanz, Schönheit oder idealer Liebe«. Die kleine Tanne träumt also davon, wie sie alle Fichten überragen wird.

Aus dem ersten DSM-Kriterium der Grandiosität folgt auch innerlich stimmig das dritte und erklärt sich von selbst: »Er glaubt von sich, ›besonders‹ und einzigartig zu sein und nur von anderen besonderen oder hochgestellten Menschen (oder Institutionen) verstanden zu werden oder mit diesen verkehren zu müssen.« Klar, die gigantische Riesentanne kann sich doch nicht mit so einer läppischen Fichte abgeben, die ihr nicht einmal bis zum Nabel geht. Sie reden nur mit Riesentannen – das muss jeder verstehen!

Fall 8: Der Schauspieler

Frau D. war in früheren Jahren einmal mit einem Schauspieler einer ziemlich unbekannten und erfolglosen Fernsehserie liiert. Er schaute sich nach dem Dreh jede Folge zu Hause ein paarmal an – spulte auch des Öfteren zu speziellen Szenen zurück – und jauchzte vor Entzücken über diese oder jene besondere Qualität seiner eigenen Darbietung. Wortreich erklärte er ihr in Fachchinesisch, wie herausragend diese Geste oder jener Satz von ihm doch gewesen sei und dass das in der Filmgeschichte seinesgleichen suche. Auch gemeinsame Gäste wurden mit diesen Filmvorführungen inklusive dazugehörigen Belehrungen stundenlang zwangsbeglückt. Anfangs teilte Frau D. seine Begeisterung, aber die nahm schnell ab und machte einer starken Ernüchterung ob der mittelmäßigen Schauspielleistung und der überschwänglichen Selbstbewunderung Platz. Immer öfter musste sie gute Miene zum bösen – oder besser lächerlichen – Spiel machen. Völlig verständnislos reagierte er, richtiggehend vor den Kopf gestoßen, wenn sie gelegentlich während der dritten Wiederholung ein Telefonat annahm oder aufs Klo ging. Seine Liebe kühlte schnell ab. Die Beziehung scheiterte.

Die sichtbare Diskrepanz zwischen Sein und Schein bleibt Narzissten wie dem ehemaligen Lebensgefährten von Frau D. selbst verborgen – im Gegensatz zu dem Teil seines Umfelds, der ihn schon länger kennt und den er nicht mehr blenden kann. So missversteht er soziale Situationen. Bei Fachtagungen etwa ist es dem Narzissten schleierhaft, warum er im Publikum sitzen muss. Er hält bei der Publikumsdiskussion lange Koreferate, statt wie alle anderen kurze Fragen zu stellen.

Nochmals Dalí, der in seinen spektakulären Bildern sogar Uhren zum Schmelzen brachte und auch unsere Erkenntnis weiterbringen kann: »Die beiden größten Glücksfälle, die einem Maler passieren können, sind erstens, Spanier zu sein, und zweitens, Dalí zu heißen.« Schon früh pflegte er sein Image als Genie und setzte sich hochauffällig in Szene. Er trug einen Spazierstock mit goldenem Knauf, einen Umhang, der hinter ihm auf dem Boden schleifte, und einen mit Wachs hochgezwirbelten Schnurrbart. Sätze wie »Ich bin der einzige Künstler, den die Natur kopiert« eröffnen ungeahnte Einblicke in sein Seelenleben. Er führte sich auf wie ein kleiner König und hielt seine Mitmenschen entsprechend auf Distanz. Seine Werke verkauften sich prächtig, doch in seiner Mischung aus Menschenverachtung und Selbstverliebtheit verachtete Dalí diejenigen, die ihn bewunderten – und ihn damit überhaupt erst ermöglichten.

»Weil nicht sein kann, was nicht sein darf«

Narzissten haben aufgrund ihres a priori vorhandenen grandiosen Selbstwertgefühls eine eigene Wirklichkeit – mit sich selbst als Nabel der Welt. Diese Wirklichkeit ist in sich logisch, stimmig und so plausibel, dass sie eine starke Überzeugungskraft hat. Narzissten können gut die Welt erklären – oft etwas vereinfacht, immer stark durch die eigene Brille gefärbt, aber in sich stimmig. Und natürlich glauben sie das alles selbst. Wenn sie Bluffer und Hochstapler sind, dann brillant, weil aus vollster Überzeugung. Erst nach und nach kommt man dahinter, dass die Dinge vielleicht doch ein wenig anders liegen könnten. Das hat damit zu tun, dass Narzissten die Welt als Wille und Vorstellung sehen – frei nach Schopenhauer. Der Narzisst erschafft sich seine Welt nach seinem Kopf: Was nicht ins Konzept passt, gibt es nicht. So einfach ist das.

Er hat eine erstaunliche kognitive Kraft, die Welt seiner Wahrnehmungen zu beugen und sein Gedächtnis samt Interpretation umzubiegen. Zusammenhänge und Kausalitäten werden durchaus fantasievoll bis fantastisch konstruiert und mitunter brillant rhetorisch verpackt. Der Narzisst »erkennt« mehr mit seinem starken Willen als mit seiner reinen oder praktischen Vernunft. Christian Morgenstern beschreibt das absolut zutreffend in seinem humoresken Gedicht »Die unmögliche Tatsache« über Herrn Palmström, der einfach nicht zur Kenntnis nimmt, dass er kürzlich überfahren wurde, und deswegen im Grunde gar nicht mehr leben sollte. Palmström recherchiert »eingehüllt in feuchte Tücher« die Gesetzesbücher und erkennt, dass der Wagen dort gar nicht hätte fahren dürfen, was ihn zum fulminanten Schluss führt:

Und er kommt zu dem Ergebnis:
Nur ein Traum war das Erlebnis.
Weil, so schließt er messerscharf,
nicht sein kann, was nicht sein darf.

Für einen Narzissten muss alles genauso laufen, wie er sich das vorstellt. Und seine Vorstellungen sind ja nicht ganz so ohne, wie wir schon gesehen haben: grenzenloser Erfolg, irre Macht, totale Brillanz, blendende Schönheit und natürlich auch die ideale Liebe. Geschieht das nicht, wird das als persönliche Kränkung empfunden – und den anderen die Schuld gegeben. Das passiert oft, da die Latte sehr hoch liegt. Ein Narzisst baut ein Bild von sich selbst auf, das nicht der Wirklichkeit entspricht, und erwartet von der Umwelt, dass sie sein Selbstbild übernimmt. Stellt man ihn infrage, wird er aggressiv. Nicht, weil er etwa unsicher wäre, sondern weil er die Infragestellung als Affront sieht. Das fühlt sich für ihn an, als ob ein Staatsoberhaupt bei der Landesgrenze irrtümlich nach seinem Pass gefragt wird. Anfangs kann der geduldige Bundespräsident in seiner Großmütigkeit da ja noch gute Miene zum bösen Spiel machen – aber wenn der vertrottelte Zollbeamte insistiert, ist irgendwann der Ofen aus.

Das folgende Fallbeispiel zeigt einen Mann, dessen Selbstwertgefühl völlig von der Realität losgelöst ist.

Fall 9: Der Gescheiterte

Frau Mag. Martina S., eine 50-jährige, betont korrekt gekleidete Dame, kommt wegen ständigen Ängsten und Depressionen zum Psychiater. Die Angst sieht man ihr schon an ihrer steifen Körperhaltung an. Mit fast unnatürlich aufrechtem Oberkörper sitzt sie am äußersten Rand der Couch, die Beine fest zusammengepresst. Neben den Symptomen der Angststörung kommen in der ersten Stunde auch die konkreten Lebensumstände und die Lebensgeschichte aufs Tapet, so eben auch die Ehe.

»Meine Ehe ist nicht gut. Wir leben sehr nebeneinander, wir haben eigentlich kein Interesse füreinander. Es ist, als wäre ich gar nicht da ... Keine Streits, wir gehen uns aus dem Weg. Wir haben allerdings beruflich miteinander zu tun: Er arbeitet in meiner Firma. Ich brauche ihn und seine ganze PR-Abteilung nicht, aber wegen unserer Ehe kann ich ihn nicht kündigen. Wenn ich einen wirklich wichtigen PR-Auftrag habe, muss ich ihn nach außen vergeben; denn er macht es nicht. Ich fühle mich ihm gegenüber verpflichtet – er ist der Vater meiner zwei Töchter.«

Nach einer Nachdenkpause fährt Frau S. fort: »*Es kränkt mich, wie er zu mir ist. Er ist zehn Jahre älter als ich und war bei unserem Kennenlernen verheiratet mit vier Kindern. Nachdem er sich von seiner Frau getrennt hatte, begannen wir eine Affäre. Ich wurde schnell schwanger. Er hat sich über das Kind nicht gefreut, sondern geweint – das habe ich ihm nie verziehen. Er war bei Problemen nie erreichbar, zum Beispiel bei den beiden Geburten. Ich bin nicht wirklich religiös, aber ich habe Angst, für meine schlechten Taten zur Verantwortung gezogen zu werden: Es sind viele Sünden, die ich begehe.*«

Der Psychiater fragt, wo sie sich denn versündigt habe.

»*Meine Sünden gegen meinen Mann: Ich behandle ihn nicht, wie er es braucht. Ich habe nicht die Geduld dazu, sage im falschen Moment die falschen Sachen. Er war nie nett zu mir, hat mir nie geholfen: weder in der Schwangerschaft noch im Firmenaufbau – heute erhalte ich die Familie, das war früher anders.*«

Ein paar Wochen später, in denen die beiden in den Therapiestunden die Angst und die Depression thematisierten, liest der Psychiater ihr – auf der Suche nach der Ursache ihrer Ängste – die in der ersten Stunde erzählten Lebensumstände vor. Bei allen anderen Themen bestätigt Frau S. eher teilnahmslos, dass es sich so verhält. Beim Thema Ehe reagiert sie überraschend emotional: Sie sei erschrocken und richtiggehend verstört, wie sie so respektlos über ihren Mann reden konnte: »*Das klingt ja wirklich unsympathisch, aber wenn Sie es notiert haben, dann hab ich es wohl gesagt. Es ist mir unangenehm, das vorgelesen zu bekommen.*«

Wenn das Ehepaar S. jetzt noch streitet, dann hätten sie hauptsächlich Auseinandersetzungen um Geschäftliches:

Da werde er unangemessen wütend. »*Er agiert für mich unverständlich, gibt Verantwortung an die falschen Leute ab, braucht für alles Personal, um zu delegieren. Er ist so böse, wenn ich Reklamationen anführe und Verbesserungsvorschläge mache. Dabei muss ich das tun, als Firmenchefin. Das mache ich nur unter vier Augen, nie vor anderen Mitarbeitern. Robert ist der Meinung, ich würde ohne seinen PR-Beitrag schon längst betrieblich gescheitert sein – was meines Erachtens eine totale Fehleinschätzung ist. Er kritisiert sehr gern – und macht es selber sehr schlecht. Er muss unbedingt Erfolg haben, träumt von grenzenloser internationaler Expansion nach China und Indien und so weiter – und bringt seine Abteilung in Salzburg nicht auf die Reihe. Im Moment kritisiere ich gar nichts mehr und akzeptiere alles, was aus seiner Abteilung kommt – was zu einem hohen Prozentsatz unbrauchbar ist.*«

Auf die Frage des Psychiaters, ob sie ihren Mann einmal in die Therapiestunde mitnehmen möchte, reagiert Frau S. heftig ablehnend. »*Er weiß gar nicht, dass ich hier bin. Wir haben uns einander nie geöffnet. Es wäre ihm zu intim. Zu Anfang der Ehe habe ich mal etwas Inneres von mir erzählt, aber dann bat er mich, ich möge aufhören, weil ihm das unangenehm sei. Daraufhin habe ich nie mehr etwas gesagt … ich habe mir die Ehe anders vorgestellt … Ich mag ihn … ich weiß nicht, ob ich ihn liebe.*«

Kurze Stille im Raum. Dann fährt sie stockend fort, wie wenn sie zu sich sprechen würde und ohne dass sie den Psychiater anblickt: »*Es gibt so viele, die über ihn spotten, reden, ihm gegenüber verständnislos sind. Er fühlt sich in die Enge getrieben. Er hat kaum mehr Publikum für seine Show – die meisten kennen ihn nämlich schon. Für ihn wäre* es besser, er könnte was komplett anderes machen, wo man ihn nicht kennt. Andere Freunde, eine andere Frau, das täte ihm gut ... Es ist ihm so viel passiert vor seinen Bekannten: cholerische Ausbrüche, Wehleidigkeiten, sein berufliches Scheitern: Er geniert sich vor denen. Er braucht Leute, die das alles nicht wissen, die ihn bewundern, seine Kreativität hochjubeln. Wenn er das wieder hätte, so würde er ganz rasch genesen.«

Der Psychiater schweigt, schreibt mit und hört gespannt zu. Sie erzählt nach einer weiteren Pause, bei der sie starr in die Luft geschaut hat, weiter. Jetzt kommt es immer flüssiger: »Er hat viel erlebt: Seine erste Ehe war ihm zu langweilig. Er hat dann seine Frau und seine vier Kinder verlassen – hat aber sehr unter dieser Trennung gelitten. Dann kam die dramatische geheime Beziehung zu mir mit der plötzlichen Schwangerschaft. Er ist nicht zu mir gezogen, ich habe vier Jahre allein mit unserer ersten Tochter gelebt. Erst nach der Geburt der zweiten Tochter ist er eingezogen. Dann kam sein beruflicher Erfolg, der große Aufstieg – da war er in seinem Element. Alle mussten spüren, wie vermögend, wie reich, wie erfolgreich er war. Er war der gefeierte Geschäftsmann, der Checker, dem alles möglich ist. Zehn Jahre lang war er extrem erfolgreich, dann begann der Niedergang, der im Konkurs endete.

Er hat sich danach eine neue Identität zugelegt: Er blüht auf bei Menschen, die seine Geschichte nicht kennen; dann ist er frei. Er zahlt jetzt gar nichts mehr für die Familie und betont unter uns immer, dass er von mir abhängig ist. Er war früher nach außen der lustige, scharfzüngige, zynische Mann mit viel Selbstvertrauen. Die vier Kinder aus erster Ehe wollten immer mit ihrem Vater persönlich sprechen – das konnte *er nicht. Sie kritisierten, warum er sich nur oberflächlich mit ihnen beschäftigt. Sein Leben ist ein einziges Scheitern – aber er kann es nicht zugeben. Muss er auch nicht.«*

Frau S. ist jetzt ganz im Erzählfluss, der Psychiater braucht nicht mehr nachzufragen, es kommt wie von selbst aus ihr: *»Beim Kennenlernen ist er nach außen schillernd und fröhlich: viel Freude und Begeisterung. Aber das ist ein Mann, der nie sagt, wie es ihm geht. Er wollte mich mit dem Kind anfangs nicht unterstützen, deswegen habe ich die Firma gegründet. Erst nach vielen Jahren ist er bei uns eingezogen – aber ich wollte nie mehr von ihm abhängig sein, deswegen habe ich die Firma behalten. Als er erfolgreicher Geschäftsmann war, hat er nie Alimente gezahlt. In prekären Situationen war er sehr kritisch und zynisch und hat gefragt, warum ich das wirtschaftlich nicht besser auf die Reihe bekomme. Ich habe gemerkt, dass er sich dann über meine wachsenden Erfolge nicht so freuen konnte. Wenn ich ihm heute von meinen beruflichen Erfolgen erzählen würde, hätte ich ein schlechtes Gewissen – aber auch das Gefühl des Triumpfes. Die Firma ist deswegen ein großes Tabu für ihn – auch wenn er heute in ihr angestellt ist.«*

In dieser Schilderung blickt man in eine Ehe, in der Gleichgültigkeit und Kälte herrschen. Die Stimmung ist insgesamt beklemmend. Herr S. ist nach einem Konkurs bei seiner Frau angestellt, bringt aber seine Leistung nicht. Frau S. kann ihn beruflich nicht brauchen und kündigt ihn nur deswegen nicht, weil er ihr Mann ist. Das ist tragisch für beide. Für sie ein Dilemma, für ihn eine konstante Demütigung – falls er es merkt. Aber er ist trotzdem unbeirrt vollständig von sich überzeugt.

Sie erzählt als eine typische selbstunsichere Angstpatientin von Schuldgefühlen, weil sie ihn angeblich nicht gut behandeln würde, ja sogar, dass sie sich gegen ihn versündigt habe. Und dass sie dafür bestraft werde, von wem auch immer, obwohl sie gar nicht religiös ist. Diesem Paradoxon begegnet man in der Psychiatrie manchmal: dass Menschen Angst vor der Hölle haben, die gar nicht an sie glauben. Was herauskommt, ist jedenfalls die Ambivalenz ihrem Mann gegenüber, bei dem sich Beschuldigung, Schuldgefühle und fast mütterliches Verantwortungsgefühl abwechseln. Was Frau S. an Selbstvertrauen zu wenig hat, hat ihr Mann zu viel. Nicht selten sucht sich ein expansiver Narzisst eine selbstunsichere Frau. Jahrelang entwertet er sie zynisch, wenn sie ihn um Geld bitten muss. Wie es das Schicksal so will, dreht sich die Asymmetrie durch seinen Konkurs um.

Man findet bei Robert S. eine enorme Selbstüberschätzung mit einem Selbstbildnis, das meterweit vom Boden der Realität abgehoben hat. Er träumt stundenlang vom grenzenlosen Erfolg unter Ausblendung des eigenen Misserfolgs und verliert damit die Zeit. Er strotzt nur so von Selbstwertgefühl, das keinerlei Begründung bedarf. Er übertreibt exorbitant den Wert seiner Leistungen und Talente, denn er ist völlig überzeugt, die Firma seiner Frau durch seine Leistung und Brillanz zu retten – obwohl das Gegenteil der Fall ist. Er ist wirtschaftlich und unternehmerisch gesehen ein Klotz an ihrem Bein. Diese Wahrheit muss sie für sich behalten – sie ist zwischen ihnen zum unaussprechlichen Tabu geworden. Eigentlich sollte sie ihn kündigen. Gleichzeitig erwartet er, in der Firma seiner Frau als überlegen wahrgenommen zu werden.

Narzissten können längere Zeit andere von ihrer Grandiosität überzeugen und damit kurzfristig eine beachtliche Karriere hinlegen – bei Herrn S. währte das zehn Jahre lang. Anfangs hat wahrscheinlich sein selbstbewusstes Auftreten Investoren überzeugt und einen steilen Erfolg ermöglicht. Aber durch die ständige Fehlwahrnehmung der Welt, Fehleinschätzung seiner Wichtigkeit und Abwertung der anderen hat er langsam den Boden unter den Füßen verloren. Durch sein starres Denkschema war ihm eine schnelle Kurskorrektur nicht möglich, obwohl einige Berater ihm konkrete Rettungsaktionen empfohlen hatten. Selbsttäuschung – und infolgedessen auch Täuschung der Umgebung – gehört zu den Mitteln, mit denen Narzissten ihre Grandiosität aufrechterhalten. Der Narzisst konzentriert sich auf seine objektiven Stärken, erhöht sie auch durchaus und bagatellisiert wiederum seine Schwächen.

Das ominöse Selbstwertgefühl – Kernstück des Narzissten

Wie bereits angedeutet, trifft man immer wieder auf die Behauptung, dass sich hinter der positiven Selbsteinschätzung von Narzissten in Wirklichkeit unbewusst ein geringes Selbstwertgefühl verbirgt. Das Konzept wird dann gerne mit dem Schlagwort »brüchiges Selbstwertgefühl« beschrieben. In der wissenschaftlichen Literatur wurde die angebliche Diskrepanz aus expliziter (das heißt bewusster) und impliziter (das heißt unbewusster) Selbstwertschätzung früher als »Maskenmodell« bezeichnet. Während der Narzisst also die Maske des Muskelprotzes trägt, fürchtet er bei dieser Theorie unbewusst, ein Würmchen zu sein. Diese Annahme ist nicht die Folge klinischer Studien, sondern theoretischer Überlegungen von Heinz Kohut und Erich Fromm und gilt heute als unhaltbar. Neuere empirische Forschungen wie etwa die des Psychologen W. Keith Campbell von der Universität Georgia haben nämlich gezeigt, dass Narzissten sowohl bewusst wie auch unbewusst in Bereichen der persönlichen Befähigung – wie Status und Intelligenz – eine exzessiv positive Meinung über sich haben.

Das alte Konzept des »brüchigen Selbstwertgefühls« wurde aus zwei Gründen konstruiert. Es war einerseits ein Versuch, dem Narzissten Angst zu unterstellen und ihn somit zu verharmlosen, denn niemand stellt den Therapeuten so massiv infrage wie der narzisstische Patient. Andererseits sollte damit das Konzept des »Selbstwertgefühls« gerettet werden: Das »niedrige Selbstwertgefühl«, diente – wie bereits beschrieben – als Sündenbock für praktisch alle psychischen Probleme und Auffälligkeiten. Das Selbstwertgefühl war damals das mythische Universalheilmittel oder »Panazee«, von dem man einfach nicht genug haben konnte. Das Glücksgefühl, das sich angeblich durch ein hohes Selbstwertgefühl einstellt, wurde danach jahrzehntelang flächendeckend therapeutisch und pädagogisch erhöht – wie bereits besprochen gefolgt von einem starken Anstieg des Narzissmus.

Die alte medizinische Weisheit des Paracelsus »Dosis facit venenum« – »Die Dosis macht das Gift« – wurde in den Achtzigerjahren im Eifer des Gefechts übersehen. Natürlich ist es gut, sich selbst als wertvoll (als Träger der menschlichen Würde) zu erleben – aber eben nur, solange man sich nicht über andere erhöht. Die Selbstüberschätzung und die damit verbundene Fremdverachtung sind hingegen gefährliche Folgen der Übertreibung. Der Prüfstand jedes Selbstwertgefühls ist die Realität, und psychische Gesundheit besteht darin, sich selbst realistisch einzuschätzen: nicht zu schlecht, nicht zu gut.

Jeder Mensch ist wertvoll, hat also einen hohen Wert, den man »die menschliche Würde« nennt. Er ist nicht bloß etwas, sondern jemand. Er ist imstande, sich zu erkennen, über sich Herr zu sein, sich in Freiheit hinzugeben, in Gemeinschaft mit anderen Personen zu treten und der menschlichen Gemeinschaft mit seinem Beitrag zu dienen. Der Mensch ist im Gegensatz zu jedem Tier zur Selbsttranszendenz befähigt. Diese menschliche Würde ist die Grundlage der Menschenrechte.

Sich dessen bewusst zu sein ist gesund und beziehungsfördernd – denn selbstunsichere Menschen überschätzen den Wert der anderen aus ihrer ichhaften Angst heraus. Aber seinen eigenen Wert chronisch zu überschätzen und ihn so über den des anderen stellen – das ist definitiv das Problem des Narzissten.

Perfektionismus vs. Narzissmus

Sehr häufig wird der Narzisst mit dem Perfektionisten verwechselt. Das ist kein Wunder, da sie viel gemeinsam haben und immer wieder in einer komischen, widersprüchlichen Mischform auftreten. Aber was die beiden Prototypen unterscheidet, sind die Selbstzweifel des Perfektionisten, die oft unterschwellig, also implizit, vorhanden sind und ihn ständig zittern lassen, ob er gut genug ist, während er der Öffentlichkeit vorzuspielen versucht, dass er perfekt, fehlerfrei und makellos sei. Für ihn gilt das vorhin erwähnte Maskenmodell, das man zu Unrecht dem Narzissten unterschoben hat. Der Perfektionist trägt die Maske des Muskelprotzes, fürchtet aber unbewusst, ein Würmchen zu sein. Der Narzisst hat keine Maske nötig. Er zeigt sich, wie er ist; denn das ist seiner Überzeugung nach ohnehin brillant.

Das Streben nach Idealen und Perfektion ist für das menschliche Zusammenleben und auch für das einzelne Geschöpf dringend notwendig. Denn es ermöglicht ihm, sich weiterzuentwickeln, sich nach der Decke zu strecken, seine Persönlichkeit in einer positiven Art zu entfalten. Dabei macht es nichts, wenn das Ideal nicht immer erreicht wird. »Man muss das Unmögliche versuchen, um das Mögliche zu erreichen«, schrieb einst Hermann Hesse. Wer sich nicht nach der Decke streckt, bleibt ein Couchpotato. Zielvorgaben sind in Firmen allgegenwärtig, und auch für den menschlichen Charakter ist das ein wichtiger Orientierungspunkt. Die Vorbildfunktion von Menschen, deren Leben funktioniert hat, darf man nicht unterschätzen. Totalitäre Regime haben etwa den »Held der sozialistischen Arbeit« erfunden, auch die Heiligenverehrung der christlichen Kirchen ist ein beredtes Beispiel davon. Der Mensch braucht Ideale – ohne sie wäre das Leben grau und fahl.

Je höher das selbstgewählte Ideal, desto mehr kann der Mensch wachsen und reifen. Hohe Ideale erst machen eine beeindruckende Persönlichkeitsentwicklung möglich. Albert Schweitzer oder Mutter Teresa sind solche Beispiele. Man wird deren Leben nicht unbedingt imitieren können – aber sich vom einen oder anderen Aspekt inspirieren lassen bringt schon reiche Frucht. Diese fruchtbare Spannung zwischen dem Ideal (dem sogenannten *Soll*) und der Realität (dem *Ist*-Zustand) kann aber vom Narzissten nicht zum persönlichen Wachstum genutzt werden. Weil er selbst das Ideal ist. Sein Ist befindet sich aus seiner Sicht bereits im Soll, er hat keine Bringschuld mehr. Er erkennt kein Soll an, das außerhalb seiner selbst liegt: Dieses wird abgewertet und am Boden zerstampft. Daraus folgt die narzisstische Beratungsresistenz und Stagnation seiner Persönlichkeitsentwicklung.

Der Narzisst ist bei der Abwertung aller Werte nicht aus Angst oder einem Minderwertigkeitskomplex heraus motiviert, wie man ihm oft unterstellt hat – dieses ängstliche Unwohlsein angesichts der *Soll-Ist*-Diskrepanz wäre nämlich genau das Problem des Perfektionisten. Die Angst ist demnach auch das Unterscheidungsmerkmal zwischen den beiden Patientengruppen. Nur für den Perfektionisten ist diese fruchtbare Spannung eine Bedrohung, das *Soll* wird dadurch zum schrecklich bedrohlichen Muss, und das macht ihm Stress. Also wird das Ist durch den Perfektionisten schöngefärbt, zum *Soll* hingeschummelt – und damit die kümmerliche Realität verdrängt. So entwickelt sich beim Perfektionisten oft eine Maske aus aufgesetzter Künstlichkeit, die Beziehungen erschwert. Er verliert seine Authentizität, seine Spontanität und hat eine hölzerne, blutleere Ausstrahlung, die den Mitmenschen nicht erreicht. Der Perfektionist lebt immer in der Angst, nicht gut genug zu sein.

Der Narzisst ist da ganz anders. Er ist nicht hölzern, wirkt spontan, glaubwürdig, echt und authentisch. Er ist ganz mit sich im Reinen: Er anerkennt einfach nur ein Soll, das ihn beschreibt und abbildet. Der Maßstab jedes *Solls* ist sein persönliches *Ist*. Das würde der Perfektionist nie wagen. Wenn er doziert, bringt sich der Narzisst selbst gern als lehrreiches Beispiel für ein geglücktes Leben. Das kommt aus seinem Inneren: Er ist das *Soll* für die anderen, der Maßstab, das Vorbild. Er sieht sich gar nicht durch ein Ideal infrage gestellt. Wenn in seiner Gegenwart allzu penetrant Albert Schweitzer oder Mutter Teresa gelobt werden, dann neigt er mehr dazu, diese Personen »kritisch zu hinterfragen« und im Bedarfsfall kein gutes Haar an ihnen zu lassen. Je nach intellektueller Kapazität wird diese Abwertung des Ideals verschleiert-schlau oder plump-durchsichtig gelingen.

Es gibt über dem Narzissten kein *Soll*, schon gar kein perfektionistisches, stresserzeugendes *Muss*. Er spürt deswegen keinen Druck. Das Ideal muss sich an ihm messen, nicht umgekehrt. Auf die Widersprüche zwischen seinem philosophischen System und der Wirklichkeit hingewiesen, soll der deutsche Idealist Georg Wilhelm Friedrich Hegel geantwortet haben: »Umso schlimmer für die Wirklichkeit.« Der Narzisst meint das ernst: Für ihn ist ein Ideal im Gegensatz zu seinem Leben einfach nichts wert, kein wirkliches Ideal.

Wäre der Narzisst wirklich von Ängsten geplagt und von Minderwertigkeitsgefühlen zerfressen, hätte er kein Charisma und könnte den Charme des Psychopathen nicht ausspielen, den man ihm zu Recht nachsagt. Im Gegensatz zum Perfektionisten ist der Narzisst souverän. Ersterer ist immer darauf bedacht, sich im zwischenmenschlichen Kontakt keine Blöße zu geben. Das macht ihn unspontan, verkrampft, rigide, halsstarrig, besserwisserisch und manchmal sogar intolerant. Der Narzisst hingegen ist geistig nicht rigide, sondern selbstüberzeugt. Er fürchtet überhaupt nicht, blamiert, überführt oder durchschaut zu werden – jeder darf an seiner Größe teilhaben. Er kann durchaus auch intolerant sein, aber wenn, dann nicht aus einer ängstlichen Enge heraus, sondern aus einem Desinteresse an den Meinungen anderer. Wenn er jemanden braucht und deswegen zu gewinnen oder manipulieren sucht, so kann er durchaus »tolerant« sein und seine Überzeugung bei Bedarf auch wie die Unterhosen wechseln.

Beide, der Perfektionist wie der Narzisst, schlittern oft in eine Beratungsresistenz. Beim Perfektionisten ist es die Angst, die Augen und Ohren vor der Wahrheit verschließt. Denn Beratung erhält der, der Beratung nötig hat – und das würde einen Mangel beweisen. In der Beratung könnte ja herauskommen, dass der Perfektionist irgendwas nicht ganz richtig gemacht haben könnte. Das geht gar nicht! Beim Narzissten ist es keine Angst, sondern Überheblichkeit: Ein Rat kann gar nicht gut sein, wenn er nicht von ihm selbst kommt.

Der Perfektionist ist um seinen Ruf über die Maßen besorgt. Was andere von ihm denken, ist für ihn essenziell, ja existenziell. Er ist so viel wert, wie er von anderen wertgeschätzt wird. Der Perfektionist bringt sich mit dieser Priorität in eine Sisyphos-Situation, denn man kann es nicht allen immer recht machen. Sein Leben ist anstrengend und über die Maßen stressig. Der Narzisst ist zwar auch auf seinen guten Ruf bedacht, aber im Gegensatz zum Perfektionisten kann er ruhig einen gewissen Gegenwind verkraften. Denn er will den guten Ruf nicht, weil er davon abhängen würde, sondern weil dieser ihm angemessen ist. Es tut seiner Größe keinen Abbruch, wenn ihm jemand die Bewunderung verweigert: Dieser Täter ist selbst schuld, hat sich disqualifiziert und wird bis zur Bedeutungslosigkeit abgewertet, ignoriert und geschnitten.

Der Perfektionist kann nicht glauben, liebenswert zu sein, und fühlt sich deshalb ständig bedroht. Er schiebt zum Selbstschutz die Maske der Perfektion vor. Die ist aber nur Fassade, unecht und vorgeschoben, er glaubt nicht selbst daran. Sein vorgeschobenes Selbstwertgefühl ist brüchig. Der Narzisst hingegen ist vom Bewusstsein durchdrungen, dass niemand so wie er bewunderns- und liebenswert ist. Seine subjektive Gewissheit dieser Tatsache ist so ausgeprägt, dass er dafür keine Begründungen benötigt. Seine Bewundernswürdigkeit ist a priori gegeben, seine Liebenswürdigkeit evident. Das muss er nicht beweisen. Wobei ihm das Bewundertwerden noch eine Spur lieber ist als das Geliebtwerden – denn da bleibt der adäquate Abstand gewahrt. Bewunderung erfährt ein Höhergestellter. Lieben könnte man ihn auch auf gleicher Augenhöhe – ein Unding für den Narzissten. Aber wieder: nicht aus Angst, sondern aus einem Gefühl der schlichten Angemessenheit: Man mischt sich nicht gern unters gemeine Volk.

Kapitel 5

Kranke Beziehungen

Die zweite Fessel des Narzissten ist mit der ersten eng verknüpft. Die Selbstidealisierung führt mit innerer Logik hin zur mangelhaften Beziehungsfähigkeit. Je mehr ein Mensch von sich selbst eingenommen ist, umso weniger Platz für jemand anderen ist in seinem Herzen. Jeder wird sofort abgewertet, der an der Grandiosität kratzen könnte. Echte Beziehung ist beim Narzissten Rarität: Der andere ist meist nur eine Sprosse auf dem Weg zum Erfolg. Der Narzisst sieht sich letztlich nicht auf gleicher Augenhöhe mit seinem Nächsten, deswegen klappt es nicht so mit der gleichberechtigten Kooperation. Der Narzisst nimmt die bedingungslose Liebe, die Ehepartner, Kinder und Freunde ihm schenken, als selbstverständlich und verdientermaßen hin – ohne den Impuls zu verspüren, die anderen wiederzulieben. Bildlich gesprochen, würde er auf ein »Ich liebe dich« seiner Frau mit »Dazu hast du auch allen Grund« antworten.

Die Defizite in der Kooperationsfähigkeit sind es wahrscheinlich, die dem Narzissten und seinen Mitmenschen am unmittelbarsten das Leben erschweren. Während drei der neun gängigen Narzissmus-Kriterien – Grandiosität, grenzenlose Größenfantasien und vermeintliche Einzigartigkeit – für die erste Dimension des Charakters zutreffen, bilden die restlichen sechs Kriterien – also Gier nach Bewunderung, Anspruchsdenken, Ausbeutung, Empathiemangel, Neid und Arroganz – die

Beziehungs(un)fähigkeit des Narzissten ab. Alle menschlichen Beziehungen des Narzissten sind von diesem Virus befallen. Je näher man einem Narzissten aber kommt, umso deutlicher äußert sich die Pathologie. Deswegen sind die folgenden Fallbeispiele, die die sechs entsprechenden Narzissmuskriterien der American Psychiatric Association veranschaulichen, dem engsten familiären Umfeld entnommen.

Gier nach Bewunderung

In den besagten Narzissmuskriterien heißt es ganz lapidar, der Narzisst »benötigt exzessive Bewunderung« (siehe Anhang). Was damit gemeint ist, belegt am besten Herr Manfred K., von dem wir durch seine Ehefrau Eleonore erfahren.

Fall 10: Katastrophenehe

Die 50-jährige Frau Eleonore K. kommt wegen Eheproblemen zum Psychiater. Ihr Mann Manfred ist Gynäkologe, sie haben vor zehn Jahren geheiratet, sind aber schon seit mehr als zwanzig Jahren zusammen. Sie haben eine zwölf- und eine achtzehnjährige Tochter.

Frau K. ist bezüglich der Ehe nicht sehr optimistisch: *»Wir sind so gegensätzlich. Wir hätten nie zusammenkommen sollen.«* Er sei strikt gegen jede Form von Religion, für Frau K. ist diese aber sehr wichtig. Sie ist sparsam, *»weil ich spenden will«*, er hingegen ist ein Genießer: Mit seinen – durch die Bank weniger betuchten – Freunden verprasst er jede Menge Geld durch teures Essen, exquisite Weine und kostspielige Urlaube. Die Fernreisen verbringt er mit seinen Freunden »aus dem Proletariat«, nicht mit ihr. Oft finanziert er dabei auch die Reise seines Freundeskreises, denn er liebt die Dankbarkeit, Unterwürfigkeit und Bewunderung seiner Umgebung. In der Ehe würden sie eher wenig streiten, jeder macht halt so seinen Job. Danach geht er ins Wirtshaus und sie in die Kirche. Er sei übergewichtig und an ehelicher Sexualität nicht mehr interessiert – ganz im Gegensatz zu ihr. Frau K. hat das Gefühl, dass er komplett das Interesse an ihr verloren hat. Solange sie noch jünger war und ihn bewunderte, war noch alles in Ordnung zwischen ihnen beiden. Sie hat außerdem das Gefühl, dass er auf die Religion eifersüchtig ist. Es stört ihn, wenn sie betet. Manchmal äußert er sich sogar direkt despektierlich: »Was ist an deinem Jesus so toll, was ich nicht besser könnte?«, frage er dann halb im Spaß, halb im Ernst.

Ihr großer Schmerz ist, dass er seit mindestens einem Jahr heimliche Telefonkontakte mit fremden Frauen hat. Drei hat sie in der Zwischenzeit identifiziert: eine Bärbel, eine Mini und eine Christi. Mini ist geschieden und schickt ihm fast täglich per SMS widerliche anzügliche Witze. Die anderen zwei sind ehemalige Patientinnen und ähnlich gestrickt. Frau K. vermutet, dass keine von der jeweils anderen weiß. Bei Mini besteht offensichtlich eine sexuelle Beziehung, die anderen zwei Frauengeschichten sind zumindest sehr erotisiert. Alle drei bewundern ihn augenscheinlich. Er kauft ihnen teure Geschenke und prahlt mit seinen therapeutischen Erfolgen als Frauenarzt. Er macht sich mit SMS auch über seine Patientinnen mit derben Sprüchen lustig – was diese Damen in ihren Antworten großartig finden. Teilweise schickt er an alle drei denselben Text. Frau K. hat das Handy kontrolliert, deswegen weiß sie das ganz genau. Als er einen Code installiert hatte, konnte sie den sofort knacken.

Manfred hat im letzten halben Jahr 20 Kilo abgenommen und fühlt sich wegen dieser Frauenbekanntschaften offensichtlich im zweiten Frühling. Er brauche die anderen, sei äußerst gesellschaftsliebend – solange er im Mittelpunkt stehe. *»Es interessiert ihn nicht, was mich interessiert.«* Er geht mit seiner Frau nicht wandern (»Kein Interesse«), aber mit seinen Freunden sehr wohl. Urlaub macht er nur mit seiner »Herrenrunde«: Etwa vier Wochen im Jahr ist er mit seinen Freunden weg. Ob da wirklich nur Herren dabei seien, kann sie nicht sagen. Frau K. hat auch einmal eine Rechnung gefunden, die ziemlich sicher von einem Bordell stammt.

Er ist recht aggressiv, wenn sie ihn auch nur irgendwie infrage stellt. Herr K. hat einen Freund, der sich gerade scheiden lässt. Den unterstützt er sehr. Gemeinsam ziehen sie über die Bosheit der Frauen her.

Zusammen verbringen Herr und Frau K. in der Zwischenzeit nur sehr wenig Zeit. Tiefere Gespräche, besonders über die Beziehung, gibt es nicht. *»Er ist wirklich beziehungsunfähig.«*

Frau K. vereinbart nach der ersten Therapiestunde, dass sie ihren Mann anspricht und ihm kommuniziert, wie es ihr in der Ehe geht und dass sie sich eine Änderung wünscht. Das hat sie nämlich noch nie versucht. Im Idealfall will sie dann mit ihm eine Paartherapie beginnen, wenn er einverstanden ist.

Eine Woche später kommt Frau K. wieder. Relativ gelassen berichtet sie, dass das Ansprechen nicht geklappt habe. *»Ich habe ihm gesagt, dass es mir schlecht geht, weil er so viel weg ist.«* Daraufhin habe er geantwortet: *»Das weiß* *ich eh, dass das so ist.*« Dann habe er sich weggedreht, und nach 30 Sekunden sei das Gespräch erledigt gewesen. »*Er ist rücksichtslos.*« Er würde nie in Paartherapie gehen, weil er glaubt, dass alles passt: »Für ihn passt ja auch alles ...«

Er ist unheimlich selbstbewusst und sehr zufrieden mit sich selbst. Er hat ein Gehalt von 6 000 Euro und gibt ihr 300 Euro »fürs Putzen«; selbst verdient sie noch 402 Euro durch eine geringfügige Anstellung dazu. »*Der größte Fehler war, dass wir geheiratet haben.*«

Herr Dr. K. ist – in der Schilderung seiner Gattin – unmäßig stark damit beschäftigt, anderen zu imponieren, um ihre Bewunderung zu erlangen. Sowohl seine drei Gespielinnen als auch seine Saufkumpanen bieten ihm die Bewunderung, die er fordert. Präziser formuliert, kauft er sich diese Bewunderung sogar ein: durch Reisefinanzierung oder teure Geschenke. Es ist psychodynamisch bemerkenswert, wie unfrei Herr K. bei diesem Agieren wirkt. Er braucht die Bewunderung und das Hinaufblicken anderer wie ein Süchtiger das Suchtmittel. Keine der drei Konkubinen nimmt er wirklich als Mensch ernst: Sie bekommen teilweise dieselben angeberischen SMS zugeschickt. Und keine weiß von der anderen. Auch ist keiner der Kumpels wirklich ein persönlicher Freund, dem er sich aufrichtig anvertraut.

Eine eheliche Partnerschaft auf gleicher Augenhöhe will er gar nicht. Die wäre zwar nicht bedrohlich für ihn, aber völlig uninteressant. Seine Frau hat aufgehört, ihn bedingungslos zu bewundern, wird deswegen von ihm nicht mehr gebraucht und somit emotional zur Seite geschoben. Er verachtet sie dafür, dass sie nicht mehr zu ihm aufblickt. Solange sie noch jünger war und ihn bewunderte, war noch alles in Ordnung.

Die Bindung seiner Frau an die Religion stört ihn besonders, weil sie da jemanden anbetet und bewundert, der nicht er ist. Deswegen rivalisiert er mit Gott, wie er sogar unumwunden zugibt.

Anspruchsdenken

In den amerikanischen Narzissmuskriterien heißt es, der Narzisst lege »ein Anspruchsdenken an den Tag, das heißt, er hat übertriebene Erwartungen auf eine besonders günstige Behandlung oder automatisches Eingehen auf die eigenen Erwartungen«. Der Fall des Vinzens K. ist besonders geeignet, um diesen Aspekt näher zu beleuchten.

Fall 11: Nepotismus

Der Psychiater bekommt an einem Sonntagnachmittag auf seinem privaten Mobiltelefon einen Anruf mit unterdrückter Nummer. Das ist erstaunlich, weil Handynummern von Psychiatern einer ganz besonderen Geheimhaltung unterliegen, um Patientenstalking zu verhindern. Es meldet sich ein nicht unbekannter österreichischer Politiker K., der mit dem Psychiater über einen gemeinsamen Freund entfernt bekannt ist. Der besagte Freund hätte ihm die Nummer weitergegeben. Es ginge um seinen 21-jährigen Neffe Vinzens, der sei hochbegabt und bringe aber im Studium nichts weiter. Seine alleinerziehende Mutter sei schon sehr besorgt und ob der Psychiater da nicht einmal ein Gespräch führen könnte … Der Psychiater stimmt zu, bittet aber, dass der Neffe die vorgesehenen Anmeldungsschritte einhält und persönlich bei der Sekretärin anruft oder eine E-Mail schreibt.

Eine Stunde später läutet das Telefon wieder. Die Mutter von Vinzens ist es diesmal, dem Psychiater gänzlich unbekannt. Sie verweist anfangs auf den Politiker und duzt dann den Arzt, was eine seltsame Stimmung aufkommen lässt. Ob man in diesem Fall von der Sekretärin absehen könnte, denn es ist doch so ein prominenter Fall und ob sie mit dem Psychiater jetzt nicht gleich einen Termin ausmachen könne. Oder noch besser: Vinzens kann natürlich auch jetzt gleich kommen, ins Privathaus. Der Psychiater bittet um Verständnis, dass es schon wichtig sei, dass der Anmeldungsmodus eingehalten werde und Vinzens selbst um diesen Termin bitten und den Therapiebedingungen zustimmen müsse. Und zwar – betont er nachdrücklich – bei der Sekretärin und nicht über diese Geheimnummer. Und die Therapie kann nur »per Sie« stattfinden, nicht »per Du«. Die Dame ist unzufrieden, akzeptiert aber.

Kurz danach trifft eine E-Mail der Mutter ein, in der sie um einen Termin für ihren Sohn bittet. Die Sekretärin gibt ihr einen Termin und klärt sie über finanzielle und sonstige Modalitäten auf. Die Mutter akzeptiert per E-Mail.

Zum vorgesehenen Termin erscheint der Patient – nicht. Als die Sekretärin den Neffen anruft, hebt niemand ab. Schließlich erreicht sie die Mutter, die ausrichten lässt, dass sich der Sohn verspäten wird. Zwanzig Minuten später ist Vinzens dann auch wirklich da. Er lässt sich auf die Couch fallen, schaut sich wortlos um und fragt: »*Haben Sie vielleicht ein Glas Wasser?*« Der Psychiater steht auf und geht in die Küche, um ein Glas Leitungswasser zu holen. Doch der Patient ist unzufrieden: »*Äh, hätten Sie vielleicht auch ein*

Mineralwasser, eines mit Kohlensäure? Idealerweise aus dem
Kühlschrank, es ist so ein heißer Tag …« Der Psychiater verneint bedauernd. Danach kann die Sitzung beginnen.

Das Ende des Gesprächs leitet der Arzt mit dem Hinweis
ein, dass ja in zwei Minuten die Stunde um wäre und man
jetzt überlegen müsse, wie es weitergehe. Der Bursche daraufhin: »Nein, Herr Doktor, wir haben ja später begonnen,
und wir haben noch einiges zu besprechen.«

Freundlich lächelnd gibt der Psychiater dem Neffen zu
verstehen, dass sich das Stundenende auf den vereinbarten
Stundenbeginn bezieht und auf das Zuspätkommen wegen
der nachfolgenden Patienten leider keine Rücksicht genommen werden kann.

Wochen später erreicht den Psychiater ein Protestschrei-
ben der Mutter, weil sie eine reguläre Rechnung erhalten
hat: Die hat sie für so einen kleinen Freundschaftsdienst
nicht erwartet.

Das ist kein Buch über weiblichen Narzissmus, deswegen soll der
Neffe ins Zentrum der Aufmerksamkeit gerückt werden. Ganz
ohne Zweifel hat er eine übertriebene Erwartung auf eine besonders günstige Behandlung durch den Psychiater. Dass ein Patient
um ein Glas Wasser bittet, kommt immer wieder vor, besonders
an heißen Sommertagen. Das ist noch keine Diagnose. Dass das
Wasser aber ganz besondere physikalische Eigenschaften haben
muss, ist dann doch ein wenig außergewöhnlich. Mit der Sekretärin setzt sich Vinzens nicht einmal auseinander – wobei wir
da nicht wissen, wer die Henne und wer das Ei ist. Die zwanzig Minuten einzufordern, die er den Arzt zuvor hat warten lassen, ist mutig und sicherlich der Höhepunkt seines Auftritts. Es

scheint, dass der junge Mann das Anspruchsdenken in der speziellen Familienstruktur durchaus von klein auf gelernt hat. Es ist für ihn selbstverständlich, dass die Mutter und der Onkel ihm zuliebe alle Hebel in Bewegung setzten.

Ausbeutung und Rücksichtslosigkeit

In den Narzissmuskriterien der American Psychiatric Association heißt es, der Narzisst sei »in zwischenmenschlichen Beziehungen ausbeuterisch, das heißt, er zieht Nutzen aus anderen, um eigene Ziele zu erreichen«. Nikolaus F. hat reges Interesse an Frauen, wenn da sein Gewissen nicht wäre …

Fall 12: Ungeduld des Herzens

Der 30-jährige Steuerberater Nikolaus F. kommt zum Psychiater, weil er zwischen zwei Frauen steht. Er möchte keinen Rat, eigentlich auch keine Psychotherapie. Er wolle nur jemandem diese Situation erzählen, weil sie so komplex sei, dass er einen unbeteiligten Zuhörer brauche, um sie selbst besser zu verstehen. Er ist verheiratet, allerdings leidet seine Frau Brigitte an Chorea Huntington, einer genetischen Erbkrankheit, und ist mittlerweile leicht gehbehindert. Die beiden sind seit zehn Jahren zusammen, im Lauf der Zeit nahm aus seiner Sicht die Fürsorge für sie immer mehr Raum ein. Als sie vor einem Jahr heirateten, gefiel er sich in der Rolle des Kümmerers, und gibt zu: »*Ich stehe darauf, wenn jemand schwach ist. Denn wer tut das schon, eine kranke Frau heiraten?*«

Sein Bruder erlitt in jungen Jahren einen Schlaganfall, und seine Mutter erkrankte an Alzheimer, er war also schon früh von neurologisch Erkrankten umgeben. Trotz ihres Leidens arbeitet seine Frau halbtags im Familienbetrieb ihrer Herkunftsfamilie, dort fährt sie täglich mit dem Taxi hin. Wegen ihrer Erbkrankheit will sie keine Kinder und er sowieso nicht.

Vor vier Monaten nun lernte er in der Kanzlei Doris, eine ebenfalls verheiratete Kollegin, näher kennen. Jahrelang hatten sie nebeneinander gearbeitet, ohne einander zu beachten. Eines Tages gingen sie gemeinsam zum Mittagessen, es folgten ein paar Treffen abends, ein paar Küsse. Inzwischen entwickelte sich eine sexuelle Affäre – mit dem kleinen Problem, dass Doris nichts von Brigitte weiß.

Das rechtfertigt Nikolaus so: »*Ich habe lange darüber nachgedacht: Ich habe das Recht dazu!*« Früher hatte er auf gesunde, glückliche Paare herabgesehen, vor allem wenn sie jung, reich, schön und unbelastet waren. »*Ganz sicher war ich auch sehr neidisch. Brigitte geht abends früh schlafen, dann lese ich, schaue Fußball, genieße diese Freiheit. Und nun hatte ich Gelegenheit, Doris zu treffen – ein echtes Abenteuer.*«

Doris' Ehe ging wegen der Affäre in die Brüche, ihre Scheidung wurde gerade vorbereitet. »*Das tut mir leid, aber letztlich ist jeder für sich selbst verantwortlich. Auch Brigitte hat meine Affäre mit Doris entdeckt, ich war ja oft am Abend fort und roch nach weiblichem Parfum, wenn ich heimkam. Doch ich entschied mich, meine Frau nicht zu verlassen. Ich bin ein anständiger Mann und kann Bambi nicht umbringen. So wie damals der Tennisspieler Andy Roddick fragte: Wer will schon der Typ sein, der Bambi erschossen hat? Damit meinte er den Publikumsliebling Andre Agassi am Ende seiner Karriere.*

Meine Frau ist genauso wehrlos, ein Bambi eben. Stattdessen beendete ich die Affäre mit Doris ohne Angabe von Gründen, was sie zur Kenntnis nahm. Daraufhin habe ich gebettelt, dass wir uns wiedersehen. Denn wenn sich eine Frau emotional entfernt, hole ich sie zurück, indem ich was tue, was sie mag. Da kann ich nicht anders.«

Bei der nächsten Therapiesitzung einige Wochen später berichtet Nikolaus: »Doris ist nun geschieden – und frei. Jetzt fühle mich unter Druck.« Denn sie will nun mehr von ihm, da sie für ihn ihre Ehe beendet hatte. Sie weiß ja noch immer nicht, dass er verheiratet ist. Er stellt fest: »Sie kommt nicht los von mir und ich nicht von ihr – auch wenn es für uns keine Hoffnung gibt, weil ich meine Frau nicht verlassen werde. Ich habe Angst, dass Doris' Liebe in Hass umkippt, wenn sie erfährt, dass ich verheiratet bin.« Dann sinniert er: »Ich bin moralisch nicht dazu in der Lage, meine Frau zu verlassen. Ich kann es ihr nicht sagen. Ich müsste ihre Koffer packen und sie müsste zu ihren Eltern ziehen: Das könnte ich nicht ertragen. Das kann ich mir nicht antun.«

Eine Woche später hat er eine Entscheidung getroffen: »Ich werde bei meiner Frau bleiben, aber die außereheliche Beziehung weiterführen. Es fällt mir schwer, sie zu lösen, ich hänge an Doris, auch wenn das an meiner Grundentscheidung nichts ändert. Aber Doris ist so anstrengend: Sie will nicht nur Sex, sondern auch Telefonkontakte, E-Mail, SMS ... mindestens zehnmal pro Tag. Wenn wir allein sind, fühlen wir uns sehr wohl – dann haben wir auch ganz schnell Sex. Ich kann mit ihr auch über berufliche Probleme reden, was ich mit Brigitte nicht kann. Doch Doris ist sehr fordernd, ohne das zu wollen: Sie erwartet viel von mir. Auf eine SMS muss ich innerhalb von ein paar Stunden reagieren, sonst wird sie ungeduldig. Das erschöpft mich, und ich ziehe mich zurück. Doris wiederum überinterpretiert diesen Rückzug: Da muss was sein, du verheimlichst mir was. Sie nutzt jede Möglichkeit, um mich zu sehen – das wird mir zu viel. Ich brauche Zeit für mich. Ja, und natürlich auch für meine Ehe.«

Eine weitere Woche später – es geht Schlag auf Schlag –: »Ich habe Doris erzählt, dass ich verheiratet bin. Besser gesagt, eine gemeinsame Bekannte hat geplaudert. Doris war nicht begeistert, aber sie ist im Moment mit der Rolle der Geliebten einverstanden. Ich habe ihr angedeutet, dass ich Brigitte verlassen könnte – aber natürlich habe ich es ihr nicht versprochen. Nur angedeutet. Sie wartet auf mich, bis ich mich von Brigitte löse. Ich fühle mich emotional überfordert.«

Herr F. entwickelt mit dem Psychiater den Plan für zwei Wochen Kontaktsperre mit Doris, um herauszufinden, was er wirklich will.

Eine Woche später: »Sie fehlt mir sehr. Meine emotionale Überforderung hat aber nachgelassen. Ich weiß noch nicht, wie ich in einer Woche verfahre.«

Nach weiteren zwei Wochen kommt er wieder: »Ich habe die Lust an Doris verloren. Ich habe mich nach den zwei Wochen einfach nicht wie vereinbart gemeldet. Ich glaube, ich liebe sie irgendwie noch immer. Ich will dieses Prickeln nach meiner Ehe noch einmal erleben. Ich will mit irgendeiner Frau wohin fahren, wo es mir gefällt. Ich bin dreißig und habe gewisse Ansprüche, die mit meiner Frau nicht umzusetzen sind.« Langes Schweigen und Nachdenken. Dann fährt er fort: »Irgendwann werde ich meine Frau verlassen. Vielleicht, wenn sie nicht mehr gehen kann und pflegebedürftig ist. Denn sie zu pflegen kann ich nicht leisten, daran zerbreche *ich. Da müsste ich mich selbst aufgeben, das tue ich nicht, ich bin kein Held, kein Märtyrer, nur ein armer, schwacher Mensch. Ich verlasse sie, wenn die Umstände mich zwingen: Das ist der letzte Selbsterhaltungstrieb.«*

Zwei Monate später: *»Stellen Sie sich vor, Herr Doktor, Doris hat einen neuen Freund. Ich hatte wieder Kontakt mit ihr, und dann erzählte sie mir das! Sie wollte ihn mir vorstellen, aber ich habe ihr gesagt: Ich will nicht Statist in eurem jungen Glück sein. Ich bin nicht mehr an ihr interessiert. Gestern rief sie an, ich habe nicht abgehoben. Mich interessiert das nicht mehr! Ich bin ein Spieler: Sobald das Spiel verloren ist, lege ich die Karten weg. Ich schüre vielleicht Gefühle, wo keine sind. Das Spiel mit den Menschen gefällt mir. Ich bin ein Roger Federer, der mit den anderen spielt.«*

Weitere zehn Monate später sieht der Psychiater Herrn F. wieder: Mit Doris hat er gar keinen Kontakt mehr. Sie hat die Kanzlei gewechselt, und er weiß nicht, wie es ihr geht. Das interessiert ihn auch gar nicht mehr. Er erzählt, dass er nach der letzten Therapiesitzung in einem schwachen Moment eine jüngere Kollegin geküsst hat, doch danach gleich so tat, als wäre nichts gewesen. Kurz danach begann er auf einem Kongress eine sexuelle Beziehung mit einer 45-jährigen Rechtsanwältin. Eva-Maria, verheiratet, aber getrennt, zwei Kinder. Nach einer ersten Nacht begann die Beziehung so richtig und ist emotional sehr intensiv.

»Das ist jetzt ganz was anderes als mit Doris. In Doris war ich verliebt, aber ich habe sie nicht gemocht. Eva-Maria ist ganz anders: Wir haben einen ähnlichen Blick auf die Welt. Ich bin nicht richtig verliebt, aber fasziniert von ihr.«

Doch nur eine Woche später trennt er sich von ihr, eine Entscheidung, die er gleich wieder bereut: *»Ich will sie zu-*

rück. Ich brauche jemanden wie sie. Ich kann meine Ehe ohne Nebenbeziehung nicht führen. Doch die Affäre muss nach meinen Bedingungen erfolgen. Sie muss Zeit haben, wann ich es will.«

Der Psychiater fragt ihn nach seiner Ehe.

»Nach der Affäre mit Doris hat Brigitte viel versucht: Gespräche, gemeinsame Unternehmungen, romantische Zweisamkeit. Sie liebt mich sehr, aber ich sehe, dass sie keinen Zugang zu mir als Mann hat.« Einmal hatte er noch Sex mit ihr und fand ihn »gut wie immer, aber er kommt nicht an Doris oder Eva-Maria heran. Die Bemühungen meiner Frau berühren mich sehr. Wenn sie sitzt, geht's ja – aber wenn sie geht, denke ich mir: Was kommt da auf mich zu? Ich schaffe es nicht, im Beruf im Rampenlicht zu stehen und zu Hause Verantwortung zu übernehmen – deswegen will ich auch keine Kinder. Weinbar und Sex mit gesunden, unproblematischen Frauen sind mir viel lieber.« Herr F. überlegt laut: »Es ist empirisch nachgewiesen, dass ich die Ehe ohne Affäre nicht schaffe. Ich habe das Gefühl, dass ich auf eine Katastrophe zusteuere. Brigitte sagte mir kürzlich weinend, dass sie mich verstehe und dass sie mein Hemmschuh sei. Ich möchte mich trennen, vielleicht ist es auch für sie das Richtige.«

Eine Woche später kommt Herr F. ganz aufgelöst in die Therapiestunde: Er hatte mit Eva-Maria Schluss gemacht und litt unter fürchterlichem Trennungsschmerz. Daraus zog er die Erkenntnis: »Ich kann so nicht weitermachen. Ich habe auch mit meiner Mutter geredet: Die hat mir klar bestätigt, dass ich keine schwerkranke Frau pflegen kann. Dann wurde mir klar: Ich würde das mit Doris und Eva-Maria wieder tun. Deswegen beende ich jetzt meine Ehe! Das habe ich

Brigitte auch schon mitgeteilt. Wir trennen uns als Ehepaar, aber ich werde für sie als Freund da sein. Wenn es für mich halt passt. Es wird schön, keine Verantwortung zu tragen. Alles, was danach klingt, löst bei mir Abwehr aus. Ich spüre den Hauch von Freiheit und habe nicht vor, das wieder aufzugeben.« Seine abschließende Erkenntnis in dieser letzten Sitzung: »*Launige Abende mit Rotwein in verrauchten Lokalen mit neuen Frauen – das bin auch ich. Das muss ich mir endlich eingestehen.«*

Der Fall des Nikolaus F. ist eine Anatomie einer gescheiterten Ehe. Tiefer und tiefer strudelt sich der Mann in seine Affären, bis schließlich das Eheband zerreißt. In seinem Herzen blühen Ausbeutung und Rücksichtslosigkeit. Beide sind untrennbar miteinander verwoben: Nur Rücksichtslose können ausbeuten, und Ausbeuter nehmen keine Rücksicht. Er stellt durch die ganze Therapiezeit hindurch den selbstverständlichen Anspruch, dass die Frauen sich nach ihm richten müssen. Er beutet Doris aus, er beutet Eva-Maria aus und seine Ehefrau Brigitte sowieso. Affären müssten nach seinen Bedingungen laufen. Er erwartet von Doris und Eva-Maria, dass sie ohne Diskussion auf seine Wünsche eingehen.

Er ist selbst verheiratet, bricht aber die Beziehung mit Doris gekränkt ab, als sie einen Freund hat. Nachdem er mit Doris zwei Wochen Kontaktsperre vereinbart hat, vergisst er sie kurzerhand. Er wirft sie nach Verwendung weg wie einen Einmalhandschuh. Wie ein Kind, das keine Lust mehr auf sein Spielzeug hat. Mitten in der beobachteten Zeitspanne entscheidet er sich, die Affäre unter Aufrechterhaltung der Ehe weiterzuführen, aber die Frau, die sich seinetwegen hat scheiden lassen, ist ihm zu »anstrengend«: Sie will nicht nur Sex, sondern auch eine Beziehung! Dann findet Doris heraus, dass er verheiratet ist – und schon deutet er in hochmanipulativer Manier unverbindlich an, sich scheiden zu lassen, um weiter Macht über diese Frau zu haben. Danach sinniert er, dass er seine Frau verlassen wird, wenn sie pflegebedürftig wird. Das nennt er euphemistisch »letzten Selbsterhaltungstrieb«. Es ist beeindruckend, wie er dieselbe Frau, die er in die Scheidung getrieben hat, später abwerten kann: Er habe sie geliebt, aber nicht gemocht …

Gleichzeitig kann er keine Rücksicht auf andere nehmen: Lange Zeit verheimlicht er Doris, dass er verheiratet ist – und lässt sogar zu, dass sie sich ohne dieses Wissen für ihn scheiden lässt. In diesem Kontext proklamiert er, dass er das »Recht« dazu habe – ohne Rücksicht auf ihre Verluste. Er erkennt irgendwann, dass er den Ehebruch »braucht«, um seine Ehe durchzuhalten. Man hat bei beiden Frauen nicht den Eindruck, dass er an einer Beziehung auf gleicher Augenhöhe interessiert wäre. Er zieht Nutzen aus den Frauen, die ihn lieben. Er ist ganz verstrickt in seine Emotionen, dass er gar nicht bemerkt, was er da mit den Beteiligten anrichtet. Sein Anspruch ist, dass die Frauen da sind, wenn er das emotional braucht, aber ihn in Ruhe lassen, wenn er gerade allein sein will. Herr F. nimmt keine Rücksicht darauf, wie es Brigitte, Doris und Eva-Maria geht, wenn er so mit ihnen verfährt.

Er beendet die Affäre mit der verliebten Doris ohne Erklärungen, um sie gleich darauf wieder rücksichtslos und ausbeuterisch zu kontaktieren: »Denn wenn sich eine Frau emotional entfernt, hole ich sie zurück, indem ich was tue, was sie mag. Da kann ich nicht anders.« Mit keinem Wort erwähnt er die Gefühlshölle, durch die sein Opfer da gehen muss. Seine Entschuldigung lautet, dass er nicht anders könne, dass das bei ihm nun mal so ist. Über seinen ausbeuterischen Umgang mit Frauen spricht er ein wahres Wort: »Ich bin ein Spieler: Sobald das Spiel verloren ist, lege ich die Karten weg. Ich schüre vielleicht Gefühle, wo keine sind. Das Spiel mit den Menschen gefällt mir.« Am Ende trennt er sich von seiner Ehefrau, will aber für sie als Freund da sein. Wenn es für ihn halt passt.

Das Denken von Herrn F. könnte man auch »moralischen Narzissmus« nennen. Er hält sich für einen moralisch äußerst hochstehenden Menschen und schaut auf andere herab. Er gefällt sich darin, seine Frau nicht zu verlassen, und rechtfertigt im Laufe der Zeit immer mehr die »Notwendigkeiten«, sie zu betrügen.

Der Narzisst ist rücksichtslos – aber das aus der selbstverständlichen Überzeugung, dass ein großer Unterschied zwischen ihm und den anderen besteht: »Quod licet Iovi, non licet bovi.« – »Was Jupiter geziemt, darf sich noch längst nicht jeder Ochse erlauben.« Er geht unreflektiert davon aus, dass er gewisse Regeln einfach überschreiten kann, die für andere gelten.

Manche Autoren beschreiben eine »dunkle Triade« (*dark triad*), die man diagnostisch durchaus auf Nikolaus F. anwenden kann. Damit fassen sie drei Persönlichkeitstypen zusammen, die einander zum Verwechseln ähnlich sind: Narzissmus, Machiavellismus und Psychopathie. Ihnen allen gemeinsam ist die Eigenschaft, das eigene Wohl über das der anderen zu stellen. Alle drei Typen gelten als emotional kalt, ausbeuterisch, selbstgerecht, rücksichtslos und egoistisch. Das Konzept ist insofern interessant, als Peter K. Jonason von der University of West Florida in seinen Studien herausgefunden hat, dass solche Männer entgegen allen Erwartungen von Frauen als sexuell besonders attraktiv wahrgenommen werden und sie deswegen auch dementsprechend promiskuid unterwegs sind. Der Wissenschaftler vermutet, dass es vielleicht mit dem hohen Selbstwertgefühl zu tun hat, das sie ausstrahlen.

Die dunkle Triade und besonders der Narzissmus sind zwar wegen dieser selbstbewussten Ausstrahlung »praktisch« bei der

Partnersuche, aber, wie wir bei Nikolaus F. sehen, auf lange Sicht ein Beziehungskiller. Der Narzisst ist auf Kurzfristigkeit angelegt – Nachhaltigkeit ist nicht so sein Ding. Er ist ein Blender, und wenn er seinen Glanz verloren hat, zieht er weiter. Er ist ein besserer Aufreißer als ein Lebensgefährte, deswegen bleibt er häufig ein Leben lang bei seiner Begabung im One-Night-Stand. Narzissten sind oftmals promiskuid, mit einer Unzahl von Affären ohne tiefere Bindung an die jeweilige Partnerin. Die Frau wird ausgebeutet: sexuell, psychisch, manchmal auch finanziell und, wenn möglich karrieretechnisch.

Die Beziehungen des Narzissten sind weitgehend oberflächlich und werden unterhalten, soweit sie dem Narzissten »was geben«. Dabei kommt es zu keiner echten Gegenseitigkeit, weil kein wirkliches Interesse an den Erfahrungen der Partnerin – oder seiner Freunde – besteht. Letztlich überwiegt in der Beziehung das narzisstische Bedürfnis nach persönlichem Gewinn. Diese Rücksichtslosigkeit hat noch einen philosophischen Background: Der Begriff »Herrenmensch« wurde über Friedrich Nietzsche um die Jahrhundertwende zum Modeschlagwort der gebildeten Elite. Er postulierte einen höheren Typus Mensch als Vertreter einer neuen aristokratischen Herrenmoral. Den charakterisiert Nietzsche folgendermaßen: »Die vornehme Art Mensch fühlt sich als wertbestimmend, sie hat nicht nötig, sich gutheißen zu lassen, sie urteilt »was mir schädlich ist, das ist an sich schädlich«, sie weiß sich als das, was überhaupt erst Ehre den Dingen verleiht, sie ist werteschaffend. Alles, was sie an sich kennt, ehrt sie: eine solche Moral ist Selbstverherrlichung.« Was für ein geglücktes Bild narzisstischer Rücksichtslosigkeit ist Nietzsche da unfreiwillig gelungen!

Empathiemangel und Manipulation

In den gängigen Narzissmuskriterien heißt es, der Narzisst zeige »einen Mangel an Empathie: ist nicht bereit, die Gefühle oder Bedürfnisse anderer zu erkennen und anzuerkennen oder sich mit ihnen zu identifizieren«. Der Narzisst wird in jeder Partnerschaft, in jedem Berufsumfeld auf Dauer die gleichen Probleme haben: Er geht durch eine lange Reihe von beruflichen und privaten Beziehungsabbrüchen. Immer wieder Kündigungen, immer wieder Trennungen. Er kann keine stabilen Beziehungen halten. Die Partnerin formuliert dann manchmal, dass sie ihn in der Beziehung als »total kalt« wahrgenommen hat, nicht einfühlsam, er sehe nur sich selbst, sie fühlte sich immer nur wie eine Nummer. Und er bemängelt in der Retrospektive, dass sie nie gesehen hat, wie großartig er sei und was er ihr alles bieten konnte. Dass sie nie mehr wieder so einen Mann bekommen und sicherlich ihren Schritt tief bereuen werde.

Herr Gerhard G. zeigt ein klares Bild von der Unwilligkeit, sich mit den Gefühlen und Bedürfnissen seiner Freundin zu beschäftigen.

Fall 13: Herkules in Nöten

Herr Gerhard G., ein 35-jähriger Maschinenschlosser mit sichtbar hochtrainierten Muskelpaketen und einem beeindruckenden V-förmigen Oberkörper, kommt zum Psychiater, weil er einige ungeklärte Fragen zu Sexualität und Partnerschaft habe. Zu seinem Vater habe er seit einem Jahr keinen Kontakt mehr – seine Mutter lebe mit ihrem neuen Freund zusammen.

»Wir telefonieren ab und zu. Ich habe mich auch von ihr distanziert, weil ich ein eigenes Leben haben will und sehr unzufrieden damit bin, wie meine Kindheit abgelaufen ist.« Seine persönliche Situation ist für ihn beengend: »Ich habe immer bildhübsche Freundinnen. Ich bekomme leicht welche: Schauen Sie mich doch an! Leider werden mir die Frauen aber schnell zu langweilig. Mit meiner derzeitigen Partnerin hab ich jetzt ein massives Problem: Sie ist ja echt super, also, sie hat eine super Figur und ist auch sonst nett, aber sie hat einen vierjährigen Sohn. Und sie will noch ein zweites Kind. Ich wollte nie ein Kind, das ist nur anstrengend. Schon gar nicht jetzt, da würde ich mich ja festlegen.« Er sei mit ihr zusammengezogen, weil das im Moment das Praktischste wäre.

Ein zusätzliches Problem: Er habe zwar »Supersex« mit seiner derzeitigen Freundin, »... aber ich schau mir trotzdem lieber Sexfilme an. Das versteht meine Partnerin nicht. Sie hat sich nur damit abgefunden, wenn sie gerade die Regel hat. Aber sie hätte auch dann lieber, dass ich nicht schaue! Ich weiß nicht, wie sie sich das vorstellt. Sie meint, da stimmt was mit mir nicht. Es stört sie, dass ich immer den Drang habe, mit anderen Frauen zu schlafen. Das habe ich ihr ganz offen gesagt. Das soll sie wissen, ich habe nichts zu verstecken. Na ja, ganz ehrlich: Ich habe Angst, was zu verpassen. Es stört sie auch, dass ich jeder Frau hinterherschaue. Sie weiß, dass ich bis jetzt in jeder Beziehung fremdgegangen bin. So bin ich. Das ist halt so, eine Tatsache, das beurteile ich weder mit Gut noch mit Schlecht. Eine Frau, die mit mir zusammen sein möchte, muss das akzeptieren.«

Der Psychiater fragt ihn, ob er männliche Freunde habe, die er regelmäßig treffe: »Das bringt nichts. Ich habe derzeit

keinen Kontakt mit meinen Bekannten, Schulkollegen von
früher und so – ich habe für so was keine Zeit. Manchmal
habe ich mit denen was unternommen, aber es hat mir nichts
gegeben. Wozu soll ich mich dann noch melden?«

Der Psychiater fragt ihn, ob er in Gesprächen mit seinen
Partnerinnen oder seinen Freunden und Bekannten in die
Tiefe gehen könne.

»Nein. Ich weiß nicht, was ich reden soll …« Er arbeite
fünf Mal acht Stunden pro Woche, dann würde er drei Mal
am Abend im Fitnessstudio trainieren – das sei sein Leben.
Um die Energie dazu aufzubringen, brauche er guten Sex.
Eine Zeit lang habe er es auch mit Prostituierten probiert,
weil da das anstrengende Gerede wegfalle, *»aber da weiß*
man ja auch nicht, was man bekommt. Und auf Dauer ist
dafür zu zahlen öde …«

Eine Woche später hat er die erste Therapiestunde reflektiert und ist zu neuen Erkenntnissen gekommen: *»Ich*
habe nachgedacht: Ich brauche nicht so sehr den Porno,
sondern nur den Orgasmus. Das ist ganz normal, natürlicher
Trieb aus der Evolution. Der eine hat das stärker, der andere
schwächer. Ich brauche es jeden Tag, die Befriedigung, den
Orgasmus.«

In die dritte Stunde kommt Herr G. ganz aufgelöst: Seine
Freundin sei schwanger! Und gar in der neunten Woche
schon! *»Es geht mir nicht gut damit. Als sie mir das gesagt*
hat, habe ich ihr geantwortet: Was geht das mich an? Ich will
noch kein Vater sein. Ich kann noch kein Vater sein. Ich bin
schon mit ihrem vierjährigen Sohn überfordert – jetzt hätte
ich das die nächsten vier Jahre: schlaflose Nächte ohne Sex,
mühsamen Streit … Nein danke! Ich wollte vor einer Fami-
lie Single sein und mich ausleben. Die Schwangerschaft geht

einfach gar nicht. Ich bin nicht bereit für ein Kind und immer und ewig. Aber sie will das nicht mehr rückgängig machen. Sie vergleicht das da mit ihrem kleinen Sohn. Ich habe ihr gesagt, dass das ganz was anderes ist. Ich kann nur gehen – aber dann muss ich zahlen und habe nichts davon. Ich glaube, ich muss noch mit 50 Frauen schlafen, und dann bin ich vielleicht bereit für ein Kind ...« Auf die Frage, was seine Partnerin zu seinem Gemütszustand sagt, erzählt er: »Ich weiß, dass meine Freundin traurig ist, dass ich kein Kind will. Aber da muss ich jetzt einmal ehrlich sein, ich kann doch nicht so tun, als ob ich hellauf begeistert bin ...«

Drei Wochen später berichtet Gerhard G., wie das Drama weitergegangen ist: »Es hat nächtelange Diskussionen gegeben, in denen ich sie um Rücksicht gebeten habe. Sie hat nur an sich gedacht und dass sie halt ein Kind will. Ich habe ihr erklärt, wie es mir mit ihrer Schwangerschaft geht und dass das jetzt einfach gar nicht in mein Leben passt. Ich bin noch nicht so weit und muss mir noch die Hörner abstoßen. Und immerhin war es ihr Fehler. Ich habe ihr auch ganz ehrlich gesagt, dass ich da nicht mitmachen kann und dass sie sich zwischen dem Zellhaufen und mir entscheiden muss. So deutlich wie jetzt bei Ihnen. Da muss ich auch einmal an mich denken. Letztendlich hat sie das eingesehen und hat das Problem rückgängig gemacht. Ich war dabei – nach ihren absurden Argumenten konnte ich ihr nicht mehr trauen, dass sie es wirklich tut. Das war vor drei Tagen – seither bin ich deutlich erleichtert, und es geht mir wieder gut. Ich war einfach noch nicht so weit, und jetzt bin ich wieder frei.«

Ich frage Herrn G., wie es seiner Freundin jetzt gehe.

»Ja, nicht so gut, glaube ich. Sie hat sich zurückgezogen und weint viel. Aber ich bin sicher, dass sie sich bald wieder

Herr G. hat seine Freundin gar nicht beim Namen genannt – sie bleibt in seiner Schilderung eine vage Figur, von der wir nur wissen, dass sie zwar bildhübsch ist wie alle seine Freundinnen, gut im Bett, aber – leider, leider – einen kleinen Sohn hat. Ihre Funktion ist es, etwas pointiert formuliert, ihm seinen täglich nötigen Orgasmus nett und anregend zu gestalten. Gerhard G. schaut jeder Frau nach und teilt seiner aktuellen Freundin empathielos mit, dass er in jeder Partnerschaft den Drang habe, mit anderen Frauen zu schlafen. Dass sie das stört, bewirkt bei ihm ein unverständiges Kopfschütteln.

Eine unerwartete Schwangerschaft der Partnerin ist für viele Männer eine titanische Herausforderung. Gerhard G. meistert sie auf seine Art: Er kann seine Freundin tatsächlich so manipulieren, dass sie gegen die eigene Empfindung und Überzeugung das zweite Kind für die Beziehung opfert, obwohl sie sich selbst das Kind gewünscht hat. Herr G. hat mit Beziehungsabbruch gedroht – was er erst recht empathielos tut, nachdem der »Spuk« vorüber ist. Mit seiner starken Überzeugungskraft hat er von ihr erreicht, was ihr selbst völlig undenkbar war. Für ihre Trauer und Schuldgefühle nach der erfolgten Abtreibung hat er kein bisschen Verständnis.

Es bedarf wohl keiner besonderen Fantasie und Erklärungen, den oben zitierten Definitionssatz des Empathiemangels auf Herrn G. anzuwenden. Die Gefühle und Bedürfnisse seiner Freundin nimmt Gerhard G. einfach nicht zur Kenntnis. Er besitzt so viel manipulative Kraft, um die Wirklichkeit effizient und glaubhaft umzudeuten. Damit muss er sein Gewissen nicht belasten. Er redet nie von der Abtreibung, sondern davon, »das Problem rückgängig zu machen«. Er betont seine Bedürfnisse nach fünfzig weiteren Frauen, er übersieht geflissentlich den Kinderwunsch seiner Partnerin, er spricht nie von einem Kind (wie es seine schwangere Freundin tut), sondern von einem »Zellhaufen«, er deutet die Schwangerschaft als Fehler der Freundin, die das jetzt natürlich auch wiedergutmachen müsse. Er suggeriert ihr, dass ihn das nichts angehe, wenn sie ihre Organe nicht im Griff habe. Er formuliert die Drohung, sie zu verlassen, in einer Notwendigkeit, da er »das nicht mitmachen« könne. Er kontrolliert sogar die Abtreibung, weil er ihr nach ihren »absurden Argumenten« nicht mehr traue. Seine Rücksichtslosigkeit wird von ihm kunstvoll schöngeredet. Er verwendet dann auch abschießend die zeitgeistige Binsenweisheit »Irgendwann muss man sich abgrenzen«, um seinen Wortbruch zu kaschieren. Und sein Resümee »Ende gut, alles gut« würde seine Freundin wohl als blanken Hohn empfinden – für sie ist nichts mehr gut.

Bei vielen Narzissmusbeschreibungen kommt es zu einer intellektuellen Unschärfe, die zu Missverständnissen führt. Der Narzisst ist nicht *unfähig*, die Gefühle oder Bedürfnisse anderer zu erkennen und anzuerkennen oder sich mit ihnen zu identifizieren – sondern *unwillig*, dies zu tun. Er hat im Herzen die Entscheidung getroffen, dass die Gefühle und Bedürfnisse anderer unwesentlich sind, dass ihnen nicht so viel Beachtung geschenkt werden soll. Deswegen liest er die fremden Gefühle nicht, weil ihn dieses Buch nicht interessiert.

Wir wissen aus Studien des Berliner Universitätsklinikums Charité, dass der Narzisst zwar erkennt, was andere Menschen denken und fühlen und welche Absichten sie hegen, diese kognitive Einsicht ihm aber nicht nahegeht. Er kann andere eigentlich sehr gut verstehen und »lesen«, aber fühlt nicht mit, es interessiert ihn nicht. Er ist von dem Verhalten und Erleben anderer nicht affektiv berührt.

Dieser Empathiemangel zeigt sich sogar in einer veränderten Anatomie des Gehirns. Die Inselregion in der Großhirnrinde ist mit dem Einfühlungsvermögen assoziiert. Sie liegt zwischen dem Scheitel- und dem Schläfenlappen. Dieser Bereich erwies sich in einer exzellenten Studie von Lars Schulze und weiterer Wissenschaftler der Charité Universitätsmedizin Berlin und der Freien Universität Berlin bei Narzissten im Vergleich zu der Kontrollgruppe als deutlich dünner. Das ist zwar ein interessanter Befund, hilft uns aber viel weniger weiter, als es klingt. Er weist nämlich die klassische Henne-Ei-Problematik auf: Ist die veränderte Anatomie Ursache oder Folge des Empathiemangels? Wir wissen heute um die Plastizität des Gehirns: Hirnteile, die man nicht gebraucht und trainiert, werden langsam abgebaut – das ist wie beim Muskeltraining. Wenn eine Versuchsperson ab morgen Taxi führe, fände man in dem Hirnzentrum, das für räumliche Orientierung gebraucht wird, in einem Jahr mehr Hirnsubstanz, die durch das Trainieren räumlichen Denkens entstanden ist.

Herr G. kann seine ganze Manipulationskraft nur ausspielen, weil er weiß, wo seine Freundin emotional erreichbar ist: nämlich in ihrem Mitgefühl ihm gegenüber und der Angst, dass er sich von ihr trennt. Er weiß genau, wie sie tickt. Das kann er aber nur durch die Fähigkeit, sich in sie ganz einzufühlen – sprich Empathie. Er weiß, was er tut – er geht sehr bewusst über Leichen, nicht zufällig. Der Empathiemangel ist präziser formuliert keine Empathieunfähigkeit, sondern in Wirklichkeit eine Empathieverweigerung. Das wiederum gibt grundsätzlich Hoffnung für die Therapie: Wenn der Narzisst empathisch leben will, kann er diese Fähigkeit reaktivieren.

Herr G. ist ganz weit weg von dem gefühlskalten Schizoiden, der im genialen Spielfilm *Beautiful Mind – Genie und Wahnsinn* aus dem Jahr 2001 dargestellt wird. Der für die Spieltheorie bekannte Mathematiker John Forbes Nash – meisterhaft dargestellt von Russell Crowe – holt sich nämlich eine Ohrfeige, indem er als junger Liebhaber die unbekannte Angebetete fragt, ob sie sich das blöde Gesülze nicht sparen und gleich zum »Austausch der Körpersäfte« kommen könnten. Die junge Dame war *not amused* und schlägt zu. Es gibt übrigens keinen besseren Film über Schizophrenie. Mit dieser linkischen Aktion beweist Nash vor allem eines: dass er nicht Narzisst ist. Im Gegensatz zum Schizoiden geht ein Narzisst berechnend und manipulativ vor, weil er eben Empathie hat und sie auch einzusetzen gewillt ist, wenn sie seinen Zwecken nutzt.

Die Empathie, der sich Herr G. im hohen Maße willentlich zuwendet, ist allerdings »Selbstempathie«. Er weiß genau, wie es ihm geht, wie es ihm gegangen ist und wieso. Er kennt seine Bedürfnisse genau und kann sie auch klar und deutlich formulieren. Erstaunlich ist, dass diese narzisstische Eigenschaft von manchen Ratgebern richtiggehend empfohlen wird: Man kann jede Menge Bücher kaufen über die Vorzüge dieser narzisstischen Eigenschaft, meist mit einer anderen narzisstischen Eigenschaft kombiniert: dem Sich-abgrenzen-Können.

Was bei Herrn G. schon deutlich wird, geht in manchen Fällen noch viel weiter: die Tendenz zur Unwahrheit, wenn sie »notwendig« ist. Der Zweck heiligt beim Narzissten immer die Mittel. Die Pseudologie, der krankhafte Drang zum Lügen, ohne Schuld- und Schamgefühle, zählt zu den klassischen Ausdrucksformen des Narzissmus. Der Narzisst lügt, um sich Zuwendung, Anerkennung und Geltung zu sichern oder seinen Willen durchzusetzen.

Stefan Zweigs Thriller *Brennendes Geheimnis* aus dem Jahr 1911 zeigt einen hochmanipulativen jungen Baron »von nicht sehr klangvollem österreichischen Beamtenadel«, der sich im Urlaub auf dem Semmering schrecklich langweilt. Dann bemerkt er eine elegante, attraktive, leicht üppige Frau im Alter »knapp vor der Überreife« mit ihrem zwölfjährigen, kindischen Sohn Edgar. Der Baron will die verheiratete Schöne anbaggern, doch blitzt er ab – bis er auf eine hinterfotzige Idee kommt: Er freundet sich berechnend mit dem Buben an und verspricht ihm auch noch einen Hund. Der Bub ist euphorisch und schwärmt der Mutter von seinem neuen Freund vor. So schleicht sich der Baron heimtückisch an das Objekt seiner Begierde an, und ist er am Ziel, interessiert er sich für den Buben kein bisschen mehr. Der Bub ist vor den Kopf gestoßen, verwirrt und gekränkt. Rührend kämpft er ahnungslos um diese Freundschaft, dass sogar der Leser ein schlechtes Gewissen bekommt. Er beobachtet verunsichert das unedle Treiben des Edelmannes, sieht, wie die Mutter dem Mann immer mehr zugetan ist, die vertrauliche Nähe zum Mann sucht und den Buben abschiebt.

Edgar versteht noch nicht alles, was Männer so von Frauen wollen können, aber trotzdem rastet er plötzlich aus: »Ein Lügner ist er, ein falscher Mensch. Was er tut, ist Berechnung und Gemeinheit. Er hat dich kennenlernen wollen, deshalb war er freundlich zu mir und hat mir einen Hund versprochen. Ich weiß nicht, was er dir versprochen hat und warum er zu dir zu freundlich ist, aber auch von dir will er etwas, ganz bestimmt. Sonst wäre er nicht so höflich und freundlich. Er ist ein schlechter Mensch. Sieh ihn dir nur einmal an, wie falsch er schaut. Mama, du musst es doch selbst bemerkt haben, dass er nichts Gutes will. Er hat dich ganz anders gemacht. Er hat dich aufgehetzt gegen mich, nur um dich alleine zu haben. Sicher will er dich betrügen. Du solltest dich hüten vor ihm. Wer einen belügt, belügt auch den anderen.«

Neid und Eifersucht

In den amerikanischen Narzissmuskriterien heißt es, der Narzisst sei »häufig neidisch auf andere oder glaubt, andere seien neidisch auf ihn«. Neid gilt zudem als eine der sieben Todsünden. Herr D. hält seinen eigenen Sohn nicht aus, weil ihn dieser in vielerlei Hinsicht überflügelt. Sein Fall zeigt, wie sehr Neid Beziehungen zerstören kann.

Fall 14: Die schwere Ehe

Die 50-jährige Franziska D., Universitätsassistentin für Kartografie, kommt in die Praxis, weil sie aus ihrer Sicht eine »*sehr schwere Ehe*« hat. Das ist in Wahrheit der Hauptgrund für das Loch, in dem sie sich seit einem halben Jahr befindet. Sie leidet unter nächtlichen Panikattacken und Weinkrämpfen, die sie nicht mehr kontrollieren kann. »*Ich habe ihm oft nicht gesagt, wie schlecht es mir geht, um ihn zu schonen. Mein Mann Franz ist extrem sensibel und leicht verletzbar.*« Sie kämen gerade von einem recht schönen Urlaub mit der zwölfjährigen Tochter Silvia. Der 19-jährige Sohn Emil wäre auf Wunsch des Vaters nicht dabei gewesen. »*Aber in der Ehe ist alles so leer: Wir reden nicht über Wesentliches.*«

Ihr Mann ist pessimistisch, er sieht das Glas immer halb leer, ist misstrauisch – und vor allem sind immer die anderen schuld. »*In der Ehe ist viel Streit wegen dem Emil, unserem Sohn, an dem der Franz kein gutes Haar lässt.*«

Er – der Ehemann – verweigert die Paartherapie, weil Psychotherapeuten alle Scharlatane seien und nur blöd daherredeten.

»Dass die Ehe schlecht ist, ist eigentlich unnötig, weil er so viele positive Eigenschaften hat und ich ihn gerne als Freund hätte. Er malt großartige Bilder und ist ein toller Künstler.« Da er sich allerdings der Kunstschickeria nicht unterwerfen wolle, sei er nicht »dabei« und werde wenig rezipiert. Auch da seien ausschließlich die anderen schuld, die ihn ob seines großen Talents beneideten. In Wirklichkeit neidet er seinen Kollegen natürlich den Erfolg und lässt an den gefeierten Künstlern kein gutes Haar. Er zieht sich von allen zurück. »Was mich am meisten belastet, ist seine Feindseligkeit gegen Menschen. Er hat keinen echten Freund, nur gemeinsame Bekannte, mit denen er notgedrungen Umgang pflegt. Aber immerhin: Er geht sicher nicht fremd.«

Herr D. will in der Beobachtung seiner Frau ständig wertgeschätzt und gelobt werden. »Er tut sich schwer mit dem Nicht-persönlich-Nehmen, hat sich immer unverstanden gefühlt.« Er sei leicht kränkbar. Plötzlich, scheinbar aus dem Nichts sage er aggressive Sätze wie »Wieso schaust du mir auf den Mund – rede ich undeutlich?« Es ist immer unangenehm in seiner Gegenwart. Er ist nicht teamfähig: Andere sagen, sie seien hilflos, weil sie ihn eh schon so bauchpinseln und er sich noch immer zu wenig beachtet vorkomme. Aus seiner politischen Partei ist er schon dreimal ausgetreten und zweimal wieder eingetreten. »Ich habe das Gefühl, dass mein Mann mit einer anderen Frau besser dran wäre. Wie kann ich ehrlich und klar sein und ihn nicht verletzen? Er jammert immer, ist immer das Opfer. Er hat ein enormes Bedürfnis nach Bewunderung, und es fehlt ihm das Einfühlungsvermögen: Wenn ich am Abend heimkomme und nicht gleich erkenne, dass er Geschirr gespült hat, ist er beleidigt. Aber 90 Prozent des Geschirrs spüle ich – das nimmt er nicht zur Kenntnis.«

Doch das größte Problem ist seine Beziehung zum 19-jährigen Sohn Emil: *»Er ist seit dessen Pubertät so grausig zu ihm, weil er extrem eifersüchtig ist. Wir konnten nie über Kindererziehung reden. Emil bekommt von seinem Vater immer nur harsche Kritik. Ich kann mich nicht erinnern, dass er ihn in den letzten zehn Jahren jemals gelobt hätte. Der Bub hat viele natürliche Eigenschaften, die der Vater gern hätte: ein sanguinisches, gewinnendes Wesen, eine natürliche Fröhlichkeit, viele Freunde, gut aussehend, eine starke Ausstrahlung – aber ist leider in der Zwischenzeit auch zu selbstbewusst und zu frech zum Vater. Mein Mann wirft ihm seit Jahren vor, faul zu sein, oberflächlich, eitel, wenig hilfsbereit, undankbar. Im spöttischem Ton nennt er ihn ›Faulus‹. Da ist schon ein Körnchen Wahrheit dabei, aber der Spott tut mir als Mutter schon sehr weh. Es ist ein Drama, dass der Vater den Sohn so behandelt. Nichts kann Emil seinem Vater recht machen.*

Das Selbstbewusstsein unseres Sohnes ist ihm ein Dorn im Auge. Er würde ihn sehr gern brechen, doch das geht Gott sei Dank nicht mehr. Oft herrscht er ihn an: ›Worauf bildest du dir eigentlich was ein?‹ Unser Sohn antwortete einmal ganz seelenruhig: ›Dass ich ein Mensch bin.‹ Da ist der Franz völlig ausgerastet und hat dem Emil ins Gesicht geschlagen – denn Franz steht überall im Ruf, unmenschlich zu sein. Die Streitereien zwischen den beiden eskalieren oft. Dabei sagt der Vater zum Sohn: ›Du bist nichts wert, du bist ein Versager! Du wirst scheitern.‹ Emil lässt das erstaunlicherweise meistens an sich abtropfen, was den Vater nur noch mehr reizt. Nur manchmal sagt er: ›Ich will nur nicht werden wie du.‹ Das sitzt dann. Franz sieht, dass der Junge im Moment aufgeht wie ein Stern, es scheint ihm alles zu gelingen. Mein Mann

kann aber nicht stolz auf ihn sein. Alle seine Erfolge wertet
er ab und macht sie schlecht und klein. Sie gehen sich gegen-
seitig irrsinnig auf den Nerv.

Ich versuche, auf der Seite meines Mannes zu sein, aber er
macht es mir nicht leicht. Es hat den Franz schwer enttäuscht,
dass Emil mit 14 Jahren alle Instrumente aufgehört hat: ›Du
bringst nie was zu Ende.‹ Für meinen Mann ist immer Emil
schuld, wenn es zum Ehestreit kommt. Er sieht das so, dass er
nur reagiert, weil Emil so frech ist. Ich bin in der Zwickmühle.
Seit der Geburt des Kindes ist er eifersüchtig. Das war bei
unserer Tochter nie so, bis heute. Die kann sich bei ihm alles
erlauben.«

An diesem Beispiel sehen wir ein häufig anzutreffendes Phä-
nomen: Der narzisstische Vater tut sich häufig mit den Söhnen schwer – die Töchter sieht er nicht so sehr als Konkurrenz.
Ganz besonders wenn dieser aufblüht und den Vater zu über-
flügeln scheint, wird die Ablehnung massiv, wie wir bei Franz
D. gesehen haben. Herr D. glaubt sich von anderen beneidet –
neidet aber seinen Kollegen und besonders seinem eigenen
Sohn dessen vielfältige Begabungen. Alfred Adler analysiert:
»In dem Streben nach Macht und Überlegenheit gelangt der
Mensch vielfach zu Charakterzügen des Neides.« Das gilt in
besonderem Maße für den Narzissten: Der Wunsch nach Überlegenheit ist dem Neid psychologisch viel näher, als man land-
läufig denkt.

In den gängigen Narzissmuskriterien der American Psychiatric Association heißt es, der Narzisst zeige »arrogante, hochmütige Verhaltensweisen oder Ansichten«. Die Arroganz des Narzissten leuchtet in fast jedem der bis jetzt gebrachten Fallbeispiele auf, sodass für diesen Punkt auf ein eigenes Beispiel verzichtet wird. »Arrogante, hochmütige Verhaltensweisen« sind die direkte Folge der in Kapitel 4 besprochenen Grandiosität. Wer sich selbst für bedeutender und wichtiger hält als sein Gegenüber, bei dem wird sich das zweifellos auch irgendwann einmal in seinem Verhalten oder den geäußerten Ansichten zeigen.

Interessanter ist, dass der Narzisst in seiner Grandiosität trotzdem unheimlich leicht kränkbar ist. Auf Kritik, Niederlagen, Zurückweisung, Beschämung oder Demütigung reagieren Narzissten blitzschnell mit Entwertung, Entwürdigung, Verachtung, Dysphemismus – oder blanker Aggression. Franz D. schlägt seinem Sohn sogar ins Gesicht, nachdem dieser ihm in spätpubertierender Manier den Spiegel vorhält. Dieser übermäßigen Kränkbarkeit und Überempfindlichkeit gegenüber Kritik hat Sigmund Freud mit dem Begriff »narzisstische Kränkung« ein Denkmal gesetzt. Unverständlicherweise fehlt sie in den amerikanischen DSM-Narzissmuskriterien, und das schon, seitdem die narzisstische Persönlichkeitsstörung in das DSM aufgenommen wurde (das war 1980).

Obwohl der Narzisst nur so von Selbstwertgefühl strotzt, ist er gleichzeitig emotional aufgebracht, wenn jemand Unbefugter an seiner überragenden Königswürde kratzt. Und damit das klar ist: Alle sind unbefugt, absolut niemand ist berechtigt, ihn zu hinterfragen. Das ist Majestätsbeleidigung! Jede Kritik wird als massiver Übergriff erlebt, auf die der Narzisst reflexhaft ganz massiv die Methode der Abwertung »ad hominem« anwendet. Wer es wagt, den Narzissten infrage zu stellen, muss mit einer äußerst schmerzhaften und untergriffigen Replik rechnen – davon können Psychiater ein Lied singen. Der Narzisst hat ein scharfes Auge dafür, was den anderen treffen könnte – und keinerlei Hemmungen, die Beleidigung und Verletzung auch auszusprechen.

Kapitel 6

Fehlende Selbsttranszendenz

Die Selbstidealisierung als erste Fessel des Narzissten hängt innerlich stimmig mit der zweiten Fessel der Beziehungsbremse zusammen, denn wenn das Ich so aufgebläht ist, dann sind die anderen nur Statisten, Publikum, Sprossen auf der Karriereleiter oder lästige Nichtsnutze. Genauso stimmig ist die besagte erste Fessel mit der dritten verknüpft: der Selbstimmanenz – also dem Mangel an Selbsttranszendenz. Je mehr man sich selbst in den Himmel hebt, umso weniger Platz ist dort für Höheres. Dem Narzissten ist der Weg nach oben versperrt. Er bleibt beschränkt durch die eigenen vier Wände. Ihm sind die Flügel gestutzt, er flattert wie eine Henne, obwohl er gleich dem Adler aufsteigen könnte.

Das lateinische Wort *transcendere* heißt wie gesagt »übersteigen«. In der Philosophie sind die »Transzendentalen« das Gute, das Wahre, das Schöne (und eventuell noch weitere). Diese betreffen die Allgemeinheit und übersteigen demnach die besonderen Seinsweisen. Was wahr ist, ist wahr und wird immer wahr bleiben. Der psychologische Terminus »Selbsttranszendenz« wurde analog vom späten Freud-Schüler Victor Frankl geprägt: »Der grundlegende anthropologische Tatbestand, dass Menschsein immer über sich selbst hinaus auf etwas verweist, das nicht wieder es selbst ist – auf etwas oder auf jemanden: auf einen Sinn. Und nur in dem Maße, in dem der Mensch solcherart sich selbst transzendiert, verwirklicht er auch sich selbst: im

Dienst an einer Sache. Ganz er selbst wird er, wo er sich selbst – übersieht und vergisst.«

Immanenz kommt wie gesagt vom lateinischen *immanere*, was »darin bleiben« oder »anhaften« bedeutet. In der Philosophie ist Immanenz der Gegenbegriff zur Transzendenz und bezeichnet das in den Dingen Verbleibende, das die Dinge nicht zu übersteigen vermag. In diesem Sinne soll die Wortneuschöpfung »Selbstimmanenz« in diesem Buch gebraucht werden: Davon betroffen ist der Mensch, der nicht über sich selbst hinauskommt, der nicht zur Selbsttranszendenz findet. Man muss sich selbst aber übersteigen, um Anteil zu haben am größeren Ganzen, dort erst findet man sich auch erst richtig. Selbstimmanenz verhindert somit die Selbstverwirklichung.

In der DSM-Terminologie gesprochen: Grandiosität, grenzenlose Größenfantasien und vermeintliche Einzigartigkeit beschreiben die Fessel der Selbsterhöhung, die den Menschen in sich hineindrücken. Die Gier nach Bewunderung, Anspruchsdenken, Ausbeutung, Empathiemangel, Neid und Arroganz machen die Fessel der Beziehungsdefizite, die den Narzissten isolieren. Interessanterweise hat das DSM für die Selbstimmanenz keine eigene Parameter, obwohl sie so evident ist: Wer sich selbst das Höchste ist, kennt nichts Höheres.

Tief im Inneren spürt der Narzisst etwas Besonderes, etwas Außergewöhnliches, ja, etwas Heiliges. Dieses Besondere überstrahlt alles, was er denkt und tut, überzieht es mit Glanz und Gloria und unterscheidet ihn stark von seinen Mitmenschen – und hebt ihn in seinem Fühlen und Denken unverwechselbar heraus. Je mehr sein innerer Stern aufgeht, umso mehr verblasst jegliche Selbsttranszendenz: weil sie keinen Sinn mehr macht. Das allgemeingültige Gute, Wahre und Schöne verliert im narzisstischen Prozess nach und nach seine Bedeutung. Derjenige, der stark eingenommen ist von Fantasien grenzenlosen Erfolgs, Macht, Brillanz, Schönheit oder idealer Liebe, erkennt mit dem

Fortschreiten seiner Logik immer weniger an, was außerhalb und unabhängig von ihm wahr, gut und schön sein könnte. Der Narzisst geht also durch seine Selbsterhöhung der Transzendenz verlustig. Über ihm ist kein Platz mehr.

Narzissmus als Ersatzreligion

Um 1901 ließ der jüdische Psychiater Wilhelm Stekel sich als Patient von Freud wegen Potenzstörungen behandeln. Von dessen Entdeckungen war er so begeistert, dass er zum bedeutendsten publizistischen Propagandisten der Psychoanalyse wurde. Über den Narzissmus in uns schreibt Stekel 1924: »Wir haben alle unsere heimliche Kapelle, in der wir unsere täglichen Gebete sprechen, wo wir keine Fremden – auch wenn er uns noch so nahesteht – hineinschauen lassen. In dieser Kapelle thront unser Abgott, das majestätische Urbild, unser »Ich«, vor dem wir in demütiger Anbetung niederknien. Nach außen hin geben wir uns ganz anders: dann spielen wir den Niedrigen, den Weltfremden, den Untertänigen. Wir schwören Treue an fremde Götter, wir spotten unserem ›Ich‹ und seinen Fähigkeiten. Wir sind alle Lügner, die sich selbst belügen, wenn sie anderen die Wahrheit sagen.«

Stekel spricht in einer auffallend religiösen Sprache von der narzisstischen Selbstbeweihräucherung und davon, wie der Narzisst nach außen den »Niedrigen« heuchelt und »fremden Göttern« huldigt. Für den frühen Freud-Schüler schließt sich Narzissmus und Religiosität aus.

Der zwanzig Jahre jüngere Psychoanalytiker Ernest Jones war wie Stekel ein persönlicher Freund Freuds – und außerdem sein erster Biograf. Der Brite schrieb bereits 1913 eine detaillierte Ausführung zur narzisstischen Persönlichkeit. Er verknüpfte noch deutlicher als Stekel den Narzissmus mit der religiösen Frage und nennt ihn sogar »Gotteskomplex«. Er schildert Patienten, die die unbewusste Überzeugung hatten, Götter zu sein. Jones betont eine Pathologie, die sich durch Abgehobenheit, Selbstbewunderung, Exhibitionismus sowie Omnipotenz- und Allwissenheitsfantasien auszeichnet: »Der Gegenstand der Religion ist gewöhnlich von größtem Interesse für solche Menschen – sowohl theologisch als auch historisch und psychologisch betrachtet. […] In der Regel sind sie natürlicherweise Atheisten, denn sie können die Existenz irgendeines anderen Gottes nicht ertragen.« Jones beschreibt Merkmale, die auch heute noch mit der narzisstischen Persönlichkeit in Zusammenhang gebracht werden: Dieser Mensch zeigt »eine exzessive Bewunderung für beziehungsweise hohes Vertrauen in die eigenen Kräfte, das eigene Wissen, den Wunsch, die eigene Person oder einen bestimmten Teil der Person zur Schau zu stellen, Omnipotenzfantasien, einen ausgeprägten Wunsch, geliebt zu werden, nach Verehrung und Bewunderung.«

Von Ernest Jones und Wilhelm Stekel gemeint sein könnte der damals recht bekannte deutsche Philosoph Max Stirner, der Mitte des 19. Jahrhunderts versuchte, das narzisstische Denken salonfähig zu machen. Provokant seine These »Mir geht nichts über mich«. Stirner wird als Klassiker des Amoralismus, des Solipsismus und des ethischen Egoismus gehandelt. Die Stadt Berlin hat ihm 1994 immerhin ein Ehrengrab zugesprochen. Max Stirner will den armen, unterjochten Menschen aus einer angeblichen »Unmündigkeit« befreien, indem er das »Jenseits in Uns« (also die Selbsttranszendenz) beseitigt. Den so entstandenen Menschen nennt Stirner den »Eigner« (also den Eigentümer von »Allem«, inklusive seiner selbst), oft auch den »Egoisten«, also den idealen Menschen. Der Eigner akzeptiert »nichts über sich«, nichts »Heiliges« (das Heilige ist Stirners ganz besonderes Feindbild); der Eigner ist frei von jenem erzieherisch erzeugten Über-Ich, von dem die meisten bisherigen Menschen mehr oder weniger »besessen« sind. Stirner gilt als philosophischer Vater von Karl Marx und Friedrich Nietzsche. Ganz in diesem Denkschema bleibt ein Jahrhundert später übrigens der Analytiker Erich Fromm: »Gott, das bin ich, insofern ich menschlich bin.« Wie hätten Ernest Jones oder Wilhelm Stekel diesen Satz wohl interpretiert?

Der jüdische Philosoph und frühe Freud-Schüler Aurel Kolnai, der später von den Nazis verfolgt und vertrieben wurde, schließt sich Jones und Stekel an. Er verfasste 1931 als Schüler von Edmund Husserl einen Essay über den Hochmut, indem er den »Stirner'schen Ichmenschen« als Prototypen des Hochmutes sieht, weil er sich »gar nicht mehr mit anderen auf Grund ichfremder Wertkategorien vergleichen würde«. In der Folge definiert der jüdische Philosoph den Hochmütigen mit der narzisstischen Trias: »Kennzeichen der hochmütigen Intention sind: die Apriorität des Eigenwerts und die durchblitzende Allgemeinverachtung des Nichtichs. Aller Hochmut ist satanisch: er will sein eigener Gott sein.« Der subjektiv engeschätzte Eigenwert ist beim Hochmütigen laut Kolnai a priori vorhanden – das entspricht der Selbstidealisierung. Die Verachtung des Nichtichs ist die Fremdabwertung. Und die Selbstimmanenz besteht darin, dass er sein eigener Gott sein will.

Narzissmus in den Weltreligionen

Der Narzisst bekommt in der Kulturgeschichte der Menschheit keine wirklich guten Noten. Allerdings wird nicht der (neue) medizinische Begriff, sondern die klassische Bezeichnung verwendet, deren auch Aurel Kolnai sich bedient: der Hochmut. Die Religionen stehen dem Hochmütigen (oder auch dem Stolzen) durch die Bank äußerst kritisch gegenüber.

Fangen wir einmal chronologisch bei Laotse an, dem nur legendenhaft fassbaren chinesischen Philosophen und Begründer des Taoismus. Er stellte schon im 6. Jahrhundert v. Chr. fest, dass derjenige, der sich selbst glorifiziert, keine Verdienste hat. Wer auf sich selbst stolz ist, hat nach Laotse keinen Bestand. Berühmt ist sein Satz »Wer sich rühmt, dem traut man nicht. Wer auf sich stolz ist, ist kein Herr.« Laotse soll auch seinem jungen Freund Konfuzius geraten haben, seine politischen Reformbestrebungen aufzugeben, weil diese von Stolz und Ehrgeiz durchdrungen wären. Konfuzius solle lieber an seine Ahnen denken, deren Taten längst vergessen und deren Gebeine zu Staub geworden seien.

Konfuzius nimmt diesen Ratschlag dankend an und schreibt dann Jahrzehnte später, offensichtlich geläutert: »Der sittliche Mensch hat Würde, aber keinen Stolz; der gewöhnliche Mensch hat Stolz, aber keine Würde.« Den sittlichen Menschen, den Konfuzius auch den »Edlen« nennt, zeichnet Mitmenschlichkeit, Gerechtigkeit, kindliche Frömmigkeit aus – also ein Idealtypus, der dem Narzissten ziemlich diametral entgegengesetzt ist. Denn die drei Fesseln – Selbstidealisierung, Abwertung und Selbstimmanenz – sind bei ihm aufgeschnürt. Interessant: Der chinesische Philosoph stellt fest, dass Stolz gewöhnlich ist, das Gegenteil hingegen außergewöhnlich. Laotse wurde übrigens 400 Jahre nach seinem Tod zum »Hochgott« erklärt: Er wurde als einer der »Drei Reinen« in das Pantheon des Taoismus aufgenommen. Ganz so weit hat es Konfuzius zwar nicht gebracht, aber immerhin hat er 77 herausragende Schüler hervorgebracht und den Konfuzianismus begründet, der neben dem Taoismus und dem Buddhismus zu den »Drei Lehren« Chinas gerechnet wird.

Rituelle Verbeugungen, um die Fessel zu lösen

Apropos Buddhismus: Siddhartha Gautama, den wir als Buddha kennen, war in etwa ein Zeitgenosse von Laotse und Konfuzius. Auch für ihn gilt der Stolz als eine gefährliche Fessel, die den Menschen an das vergängliche trügerische »Samsara« – den leidvollen Zyklus des Seins – bindet. Interessant, dass der Narzissmus hier schon als Unfreiheit wahrgenommen wird. Der Ausbruch aus diesem unheilvollen Kreislauf geschieht im Buddhismus auf dem Weg des Loslassens von allen stolzen Bindungen, stolzen Begierden und stolzen Wunschvorstellungen sowie durch Erkenntnis. Dadurch wird der Zustand der »Erlöstheit« erreicht, den die Buddhisten »Nirwana« und die Hindus »Moksha« nennen. Der Buddhist vollführt rituelle Verbeugungen, um sich vom Stolz zu reinigen.

Gendün Rinpoche, ein bekannter Lama der Karma-Kagyü-Linie des tibetischen Buddhismus im 20. Jahrhundert, versuchte 1999, diesen Ritus so zu erklären: »Der Grund dafür, dass wir uns verbeugen, ist, uns von all den vergangenen Situationen zu reinigen, wo wir andere nicht geschätzt haben.« Der Lama spricht hier die zweite Dimension des Charakters nach Cloninger an. »Da wir nur an uns selbst und unserer eigenen Zufriedenheit interessiert waren, haben wir früher viel Negatives getan. Verbeugungen helfen uns zu erkennen, dass es etwas Bedeutenderes als uns selbst gibt.« Und das wäre die dritte Cloninger'sche Dimension, die Selbsttranszendenz. »In dieser Weise reinigen wir den Stolz, den wir über zahllose Leben angesammelt haben, indem wir immer dachten: ›Ich habe recht‹, ›Ich bin besser als andere‹ oder ›Ich bin der Wichtigste‹.« Was jetzt die erste Dimension der Selbsterhöhung wäre. »Über zahllose Leben haben wir Stolz aufgebaut, infolgedessen gehandelt und Karma angesammelt, das die Quelle unserer Leiden und Probleme ist.« In wenigen Sätzen also bewegt sich der buddhistische Lehrer zwanglos über alle drei Dimensionen der neuesten neurowissenschaftlichen Forschung, um den Stolz richtig einzuordnen. Er spricht auch davon, dass religiöse Rituale vom Stolz heilen können.

Im dem Buddhismus eng verwandten Hinduismus sind es die Asuras böser Geister und Dämonen, die von Stolz erfüllt waren, der zu Hochmut wurde und sich schließlich zu Zorn und zu Schamlosigkeit entwickelte. Im Mahabharata, dem bekanntesten indischen Epos aus dem 5. vorchristlichen Jahrhundert, heißt es: »So wurden Glück und Fülle den Göttern zuteil, während die Asuras ins Unglück stürzten. Dem Unglück anheimgefallen und ihr Geist voller Stolz, zerstritten sie sich untereinander, und alsbald erfolgte ihre Zerstörung.«

Während Taoismus und Konfuzianismus noch eher als statisch bezeichnet werden können, sind Buddhismus und Hinduismus dynamisch: Es ist ein Kraut gewachsen gegen diesen Hochmut, der den Menschen verdirbt. Und dieses Kraut ist die Verbeugung als bewusste, wiederholte »Verdemütigung« des Herzens, die dem Stolz zutiefst zuwider ist.

Der Beginn der Gottesbeziehung

Im 4. Jahrhundert v. Chr. beginnen die Juden, ihre Weisheiten und Erkenntnisse zusammenzufassen. Auch hier wird dem Narzissten kein gutes Zeugnis ausgestellt. Ganz an Laotse und Konfuzius erinnert das 29. Kapitel der jüdischen Sprüche: »Hochmut erniedrigt den Menschen, doch der Demütige kommt zu Ehren.« Der bekannteste Satz steht aber in den Sprüchen Salomos: »Wer zugrunde gehen soll, der wird zuvor stolz; und Hochmut kommt vor dem Fall.« Das hebräische Wort für »Hochmut« wird später lateinisch mit superbia und im Deutschen üblicherweise als »Hochmut, Hoffart, Selbstüberhebung, Stolz, Arroganz« übersetzt. Die heiligen Schriften der Juden stellen unmissverständlich klar, dass allein Gott groß ist. Bei Ben Sira etwa heißt es: »Der Anfang der Hoffart des Menschen ist Abfall von Gott: wenn sein Herz von seinem Schöpfer weicht. Und die Hoffart ist der Anfang aller Sünde: Wer darin verharrt, wird mit Fluch überhäuft und zuletzt gestürzt.« Es ist also kein

Zufall, wenn der jüdische Psychoanalytiker Wilhelm Stekel den krassen Gegensatz zeichnet zwischen dem Narzissten, der an sich glaubt, und dem gläubigen Menschen, der an etwas Höheres glaubt. Obwohl erst der Analytiker Ernest Jones den Konnex zwischen Narzissmus und Atheismus postuliert hat. Ein weiteres Zitat aus nämlicher Quelle lautet: »Demütige deinen Stolz ganz tief, denn was den Menschen erwartet, ist die Verwesung.« Die wichtigste Tugend der Juden ist der demütige Gehorsam gegenüber einem allmächtigen Gott – der hochmütige Ungehorsame geht zugrunde.

Wie auch im Taoismus, Konfuzianismus, Buddhismus oder Hinduismus zeigt sich im Judentum eine klare Ablehnung des Stolzes als Auflehnung gegen eine höhere spirituelle Ordnung. Doch im Gegensatz zu den Anhängern Ersterer kann der Jude sich direkt an seinen Gott wenden, wie etwa im Psalm 131. Für eine gesunde Gottesbeziehung ist Demut Voraussetzung, die eine Geborgenheit in Gott bewirkt: »Herr, mein Herz ist nicht stolz, nicht hochmütig blicken meine Augen. Ich gehe nicht um mit Dingen, die mir zu wunderbar und zu hoch sind. Ich ließ meine Seele ruhig werden und still; wie ein kleines Kind bei der Mutter ist meine Seele still in mir.«

Eine kleine jüdische Sekte …

Der gebürtige Jude Jesus von Nazareth ist laut den vorhandenen historischen Quellen nicht auf dem hohen Ross, sondern auf einem billigen Esel in Jerusalem eingeritten – in der Antike für eine Celebrity ein absolutes No-go. Auch im Christentum ist, wie bei allen anderen Religionen, die Demut das Ideal und der Stolz nicht so hilfreich. Wie bei den Juden erschwert der Stolz die Gottesbeziehung, weil er die Selbsttranszendenz unmöglich macht. Petrus, noch geborener Jude wie sein Meister, schreibt ein Kochrezept für das Gebet: »Gott widersteht den Hochmütigen, dem Demütigen gibt er seine Gnade.« Wie im Judentum geht es auch im Christentum um Gottesnähe und Gottesbeziehung.

Der Mann aus Nazareth zeigt das Ideal: »Lernet von mir, denn ich bin sanftmütig und demütig von Herzen.« Das ist bemerkenswert: Demut kann man also lernen. Die ist nicht genetisch fixiert. Ihr Gegenteil, also Hochmut, Stolz oder eben Narzissmus, ist für die christliche Lehre eine Haltung infolge einer Entscheidung, die der Mensch widerrufen kann. Genauso ist das überlieferte Schriftwort »Wer mir nachfolgen will, der verleugne sich selbst« ein klarer Appell, der eine freie Entscheidung voraussetzt. Ebenso ist »wenn das Weizenkorn nicht in die Erde fällt und stirbt« weniger eine Feststellung als eine Aufforderung.

Noch einen interessanten Punkt gibt es im Christentum: die natürliche Neigung zum Stolz, zur ungeordneten Selbstliebe. Das nennt das Christentum Erbsünde: die Geneigtheit zur Sünde, allen voran zum Hochmut. Wer sich nicht anstrengt, der ist eben nicht demütig, sondern kippt in den Stolz – bei Sigmund Freud der primäre und später sekundäre Narzissmus. Demut ist nicht selbstverständlich. Aber man kann sie sich im Sinne eines Lernprozesses und durch asketische Bemühungen aneignen. Narzissmus, Eigenliebe, Selbstverliebtheit und überzogenes Selbstwertgefühl sind nicht schicksalhaft und unveränderlich in den Menschen eingeschrieben, sondern durchaus veränderbar. Aurelius Augustinus von Thagaste schrieb um das Jahr 400 »Der Ursprung aller Sünde ist der Stolz«, weil der Stolze tue, was er wolle, und sich nicht dem Willen Gottes beuge. Er teilt die Menschheit in zwei Gruppen: die eine ist durch die Liebe Gottes motiviert bis zur Geringschätzung des eigenen Ichs, die andere durch die Selbstliebe bis zur Geringschätzung Gottes. Aus Hochmut verweigert sich der Mensch seinem Schöpfer –

und nimmt in äußerster Konsequenz sogar den Selbstausschluss aus der ewigen seligen Gottesschau in Kauf.

Zusammengefasst ist das Christentum hoffnungsvoll: Wer ernsthaft will, kann aus seinem Narzissmus aussteigen. Das ist zwar nicht ganz einfach, aber machbar.

Das Niederwerfen vor Gott

Auch Mohammeds Lehre (um das Jahr 600) ordnet den Hochmut ähnlich negativ ein wie alle andere Weltreligionen: Im Islam ist es die Demut, die zum Paradies führt, während ihr Gegensatz Kibr – etwa »Stolz, Arroganz« – den Menschen in die Hölle bringt. Aus Mohammeds Sicht war es der Stolz, der Satans Vertreibung aus dem Paradies verursachte, als er sich weigerte, Gottes Befehl Folge zu leisten und vor Adam, dem Vater der Menschheit, niederzuknien. Mit diesem Ungehorsam verdammte er sich selbst mitsamt seinen Anhängern zur Hölle. Im Koran lesen wir anschaulich:

> Da warfen sich die Engel allesamt nieder außer Iblis; er weigerte sich, unter den Sich-Niederwerfenden zu sein. Er sprach: »Oh Iblis, was ist mit dir, dass du nicht unter den Sich-Niederwerfenden sein wolltest?«
> Er sprach: »Nimmermehr werde ich mich vor einem Menschen niederwerfen, den du aus trockenem, tönendem Lehm geschaffen hast, aus schwarzem, zu Gestalt gebildetem Schlamm.«

Die Frömmigkeit besteht im Islam in einem Niederwerfen vor Gott im Sinne einer Demutsübung, ähnlich der Verbeugung der Buddhisten. Das Gemeinschaftsgebet wird in Reihen verrichtet, wo alle Menschen gleich vor Gott stehen. Keiner wird hier bevorzugt, vor Gott sind hier alle gleich. Eine Koranstelle spricht sich direkt gegen narzisstisches Gehabe aus, indem sie besagt: »Allah liebt keine eingebildeten Prahler.« Demut entwickelt sich nach der muslimischen Lehre automatisch, wenn man von Gott weiß und seine Größe anerkennt, wenn man ihn verehrt und Ehrfurcht vor ihm besitzt. Dadurch erkennt man sich auch selbst in seiner Fehlerhaftigkeit. Ein Prophetenwort – von Sahieh Muslim überliefert – besagt: »Und keiner erniedrigt sich vor Gott, ohne dass Gott ihn erhöht.« Auch hier – wie im Judentum und Christentum – ist die lebendige Gottesbeziehung das Heilmittel gegen den Hochmut.

Stolz in der abendländischen Kultur

Gregorius der Große, Zeitgenosse Mohammeds und einer der vier großen Kirchenväter des Abendlandes, unterteilte die sieben Todsünden in fünf geistliche (Superbia = Hochmut, Ira = Zorn, Invidia = Neid, Avaritia = Geiz, Acedia = Faulheit) und zwei fleischliche Laster (Gula = Völlerei, Luxuria = Wollust). Er entwickelt die vier Formen des Stolzes, die uns für unser Thema interessieren: erstens das Gute, das man besitzt, sich selbst zuzuschreiben; zweitens es zwar auf Gott zurückführen, aber auf Rechnung der eigenen Verdienste setzen; drittens sich Vorzüge beilegen, die man nicht besitzt; und viertens Vorzüge, die man besitzt, mit Selbstgefälligkeit und Verachtung anderer hervorkehren.

Beachtlich, wie sehr Gregors Analyse da an Aspekte der gängigen Narzissmuskriterien erinnert: die innere Grandiosität (Punkt 1 und 2), das Übertreiben der eigenen Talente und Fähigkeiten (Punkt 3), die Selbsterhöhung und die Abwertung anderer (Punkt 4 und 5).

Gregor lehrte, dass der Stolz die Basis und Grundvoraussetzung der anderen Todsünden sei. Ein stolzer Mensch gerate eher in Zorn, wenn er realisiere, etwas nicht zu erhalten; er neige leichter zu Neid und meine, er habe es nicht nötig, sich zu engagieren (Trägheit). Auch nehme er sich rücksichtslos das Recht heraus, habgierig zu sein, der Völlerei und der Wollust zu frönen. Stolz sei die Sünde Satans gewesen, der als Engel seinen Thron über denjenigen Gottes stellen wollte – wie wir es schon ähnlich von Mohammed kennen.

Nach dem Jahr 1200 erblühen in Europa die Universitäten. Bologna, Paris, Oxford werden kurz hintereinander mit Euphorie gegründet. Wir sind im Hochmittelalter angelangt, Zeit der intellektuellen Hochblüte. Albertus Magnus und Thomas von Aquin ragen als glänzende Universalgelehrte heraus, die es fertigbringen, über ihren Tellerrand zu schauen und die verschiedenen Wissenschaften neu zu verknüpfen. Die Originalität ihrer Arbeit sucht heute vergeblich ihresgleichen. Thomas gräbt Aristoteles wieder aus und ist bekannt für seine treffenden und kurzen Definitionen. Stolz ist für ihn um 1250 »ein ungeordnetes Streben nach eigenem Herausragen«. Brillant. Das enthält explizit sowohl die Dimension der Selbstidealisierung des Narzissten als auch die Abwertung der anderen – und implizit sogar die Selbstimmanenz.

Der bekannteste italienische Dichter Dante Alighieri schreibt kurze Zeit später die *Göttliche Komödie*. Er war 40 Jahre jünger als Thomas und neun Jahre alt, als dieser intellektuelle Gigant starb. Dante beschreibt die auf der »ersten Terrasse« des Fegefeuers vorgesehenen Strafen für die Stolzen: Auf ihr Genick werden schwere Steine geschultert, sodass der Oberkörper bis zu den Knien hinuntergedrückt ist und sie permanent auf den Boden blicken müssen, um zu erkennen, »dass wir nichts sind als Würmer«. Dies soll sie lehren, dass der Stolz Gewicht auf die Seele legt und man ihn deshalb ablegen sollte. Auf dem Boden eingraviert finden sich historische und mythologische Beispiele für Stolz. Durch das Gewicht gebeugt, sind die Sünder gezwungen, diese zu studieren, um von ihnen zu lernen.

Selten findet man über ein Thema so viel Einigkeit in den Texten der großen Religionen wie zur Frage, wie der Stolz einzuschätzen sei. Umso beeindruckender ist es nach diesem kulturhistorischen Rundgang, festzustellen, dass heute viele Autoren die Problematik des Stolzes infrage stellen oder gar nicht mehr erkennen. Solomon Schimmel, Professor für Jüdische Erziehung und Psychologie vom US-amerikanischen Hebrew-College, analysiert den Zeitgeist kritisch und meint, dass der Stolz vom Laster zur Tugend aufgestiegen ist. Manche Autoren wie Anton Bucher behaupten in unseren Tage gar, einen guten vom schlechten Stolz, einen guten vom schlechten Egoismus, eine gute von einer schlechten Eigenliebe und sogar einen guten vom schlechten Narzissmus differenzieren zu können.

Dazu passt die harsche Zeitkritik des US-amerikanischen Historikers und Sozialkritikers Christopher Lasch, der bereits 1980 *Das Zeitalter des Narzissmus* ausrief. Er postulierte provokant, dass ein neuer, dekadenter Ichkult die westlichen Industriegesellschaften lähmt. Liberale Reformer und Sozialingenieure hätten das Charakterbild des narzisstischen Neurotikers zum alles beherrschenden Massentypus der Siebzigerjahre werden lassen. Die 68er-Bewegung, mit der er selbst sympathisiert hatte, deutete er jetzt als eine »narzisstische Kulturrevolution«. Diese sei zunächst im Zeichen der Selbstverwirklichung angetreten, habe sich dann aber – als »therapeutische Gesellschaft« – in die Sackgasse eines durch den Mangel an Bindungsfähigkeit und Generativität gekennzeichneten Hedonismus begeben. Die Ursachen der narzisstischen Deformation der amerikanischen Gesellschaft sah er in der Auflösung der traditionellen Familienbindungen und der damit einhergehenden Kindheitstraumata.

Sein scharfer diagnostischer Blick fällt auf Yoga-Jünger, vertieft in die Nabelschau, auf strampelnde Fitnessfanatiker, Psychogrübler im Selbsterfahrungskurs, weltabgewandte Sektierer und Millionen Jugendliche, die in den Diskotheken allabendlich selbstverliebt und fantasievoll herausgeputzt ihren eigenen Spiegelbildern vortanzen. Aber auch in der Politik, im Wirtschaftsleben oder im Literaturbetrieb grassiert, so Lasch, die Lust an narzisstischer Selbstbespiegelung: Mehr und mehr entscheiden nicht Taten, sondern die ausgefeilten Künste der Imagepflege in Talkshows und Pressekonferenzen über Karrieren – ein weltumspannender, von TV-Kameras ständig reflektierter Jahrmarkt der Eitelkeiten. Laschs Argumentation war eine Kombination aus psychoanalytischen, marxistischen und konservativen Elementen, aus einer auf Freud basierenden Kapitalismus- und Modernismuskritik.

Bezeichnenderweise wurde fast gleichzeitig das Schlagwort *Ellbogengesellschaft* in Deutschland zum Wort des Jahres gewählt. Das Wort ist im ausgehenden 20. Jahrhundert entstanden und bezeichnet eine Gesellschaftsordnung, die auf Egoismus, Konkurrenz, Rücksichtslosigkeit und Eigennutz basiert und bei der also die sozialen Denkweisen und Verhaltensnormen unterentwickelt sind. Um die Jahrtausendwende etabliert sich dann das Modewort *Ego-Gesellschaft*.

Im 21. Jahrhundert schließlich geht es Schlag auf Schlag: Die bereits vorgestellte Narzissmusexpertin Jean Twenge spricht 2010 von der *Narzissmus-Epidemie* und sieht ein Zeitalter des Anspruchsdenkens gekommen. Sie spricht auch von der Generation Me. Der Psychiater und Psychoanalytiker Hans-Joachim Maaz diagnostizierte 2012 eine Narzisstische Gesellschaft. Und die Jugendforscher Bernhard Heinzlmaier und Philipp Ikrath definieren 2013 die Generation Ego und schreiben ein Buch über die fehlenden Werte der Jugend im 21. Jahrhundert. Vorläufiger Endpunkt: der Bestseller *Genera-*

tion Beziehungsunfähig von Michael Nast im Jahr 2016. Narzissmus liegt in der Luft.

Der Vater von Sophie V. hat im folgenden Fallbeispiel – obwohl in einer Funktion als Religionsrepräsentant – deutliche Defizite im Bereich der Selbsttranszendenz.

Fall 15: Der Scheinheilige

Die 24-jährige Mathematikstudentin Sophie V. kommt zum Psychiater, »*um meinen Perfektionismus zu analysieren und um meine Vaterbeziehung aufzuarbeiten*«. Sie kommt aus den Niederlanden und macht in Wien ihr Doktorat. Die Beziehung zum Vater kostet sie in ihrer Wahrnehmung ständig Kraft, obwohl sie zurzeit gar keinen Kontakt mit ihm hat. Sie ist ein Einzelkind, und der 55-jährige Vater sei hauptamtlich Diakon in einer Amsterdamer kirchlichen Gemeinde. »*Er glaubt aber gar nicht mehr an einen Gott. Diakon ist er nur mehr, weil es eine bequeme Art ist, an Geld zu kommen. Er sagt immer: ›Die Kirche will betrogen werden.‹ Ich glaube, bei dem Ego meines Vaters ist für den lieben Gott kein Platz mehr.*«

Er ist vor Kurzem aus dem gemeinsamen Haushalt ausgezogen und lebt von der Mutter getrennt. Es habe sich nach seinem Auszug herausgestellt, dass er seit vier Jahren eine Geliebte hat, wie sie und ihre Mutter erst kürzlich erfahren haben – und der Informant ist der Ehemann der besagten Dame.

»*Aber es kommt noch dicker: Er hat in den letzten Jahren hinter unserem Rücken tatsächlich ein Haus für diese Frau gebaut und wohnt nun mit ihr dort. Aber nicht irgendeine*

Hütte, eine riesige Villa!« Sophie schaut den Psychiater mit großen Augen an.

Dann fährt sie fort: Vor fünf Monaten hat sie die Eltern zuletzt in Amsterdam besucht, und da kam es zum Eklat. Sie habe ihn damit konfrontiert, dass er in der Kirche schön predige und Frau, Tochter und Kirche hintergangen hat. Der Vater habe seine Tochter daraufhin auf das Wüsteste beschimpft und aus dem Elternhaus hinausgeschmissen. Dabei hat er gebrüllt: »Ihr habt euch nie interessiert, was ich beruflich mache, und das geht euch jetzt auch nichts an. Ich bin euch eh egal.« Danach hat sie mehrere Tage geheult.

»Er hat mich immer abgelehnt, hat mir immer prophezeit: ›Aus dir wird nichts, maximal Verkäuferin beim Aldi.‹ Derweil habe ich das Abitur mit Bestnoten bestanden. Er wollte mich nie, schon als Baby nicht.« Als die Mutter ihm am Anfang der Ehe sagte, dass er Vater werde, habe er sie beschimpft, dass sie ihn hintergangen hätte, und eine Abtreibung verlangt. Als praktizierender Diakon! Das hat die Mutter aber verweigert. Als Sophie fünf Wochen alt war, hat er aus Verzweiflung einen Selbstmordversuch unternommen und danach eine jahrelange Psychotherapie in Anspruch genommen.

»Er ist so selbstverliebt: Nach außen hin kann er glänzen, er redet gut, wickelt die Leute ein, sagt auch anderen Leuten, dass er stolz ist auf mich. Kritisieren darf man ihn gar nicht. Er ist auch sehr materialistisch: Er habe so und so viel gezahlt für mich, das und das verdient er: Er definiert sich darüber. Als Diakon arbeitet er nur zehn statt der vorgeschriebenen vierzig Stunden, ist noch mächtig stolz darauf, dass er die Kirche bescheißt, und macht sonst unversteuerte Geschäfte. Andere Leute merken das nicht: Er hat in Amsterdam den besten Ruf, gilt als progressiver Hoffnungsträger der Kirche.

Er wickelt alle ein! Mich hat er immer gezwungen, in die Kirche zu gehen – aber nur, wenn er am Altar gestanden ist. Und dann musste ich ministrieren, und alle waren begeistert von so viel katholischer Familienidylle.«

Ihre Mutter kämpft in der Zwischenzeit nicht mehr um die Ehe. Sie war jahrelang in psychiatrischer Behandlung, weil sie – laut Tochter – der Vater unterdrückt und fertiggemacht hat. Aber Sophie V. ist verunsichert: *»Ich halte schwer aus, dass er mich ablehnt. Alles ist in seinen Augen meine Schuld. Was habe ich falsch gemacht? Vermutlich stört ihn meine bloße Existenz. Ich kann seine Gefühle nicht ändern – und denke trotzdem drüber nach, was ich ändern kann. Warum hasst er mich so? Das ist so schmerzhaft! Ich habe auch Angst, wie er zu werden: Mutter sagt manchmal ›Du bist wie Papa‹, wenn ich jähzornig und impulsiv bin. Es ist ungerecht, dass er immer gut dasteht und ich nicht. Ich fühle mich von ihm belogen, betrogen und hintergangen.«*

Eine Woche später fährt Sophie fort: Der Vater sei neidzerfressen, wenn andere mehr verdienen – oder blickt auf die herab, die weniger verdienen als er. *»Er sieht sich als sehr vielseitig, und deswegen glaubt er sich uns Frauen überlegen.«* Im Gegensatz zu ihm besitzen aber sowohl seine Frau als auch seine Tochter ein abgeschlossenes Studium, während er nicht einmal das Abitur geschafft hat. *»Es ist ihm sehr wichtig, dass er als katholischer Diakon vorne im Altarraum gesehen wird. Er macht nur selbst Wortgottesdienste, bei einer Messe ist er nie dabei: Das ist ihm wichtig, da er niemals die zweite Geige spielen will neben dem Priester. In seinen Gottesdiensten ist Knien streng verboten – er selbst macht auch nur Verbeugungen, niemals die liturgisch vorgesehenen Kniebeugen. Der Pfarrer kann nichts dagegen machen – und* *die Leute finden das super. Wobei: Die anderen kommen halt nicht mehr. Er hat zusätzlich eine Psychotherapieausbildung gemacht, und seine Predigten sind jetzt voll von solchen platten ›Lebensweisheiten‹ – das Wort ›Gott‹ nimmt er nicht mehr in den Mund.«*

Die Familie seiner Frau hat in seinen Augen weniger Bildung – die sind also weniger wert als er.

»Er will, dass alle anerkennen, dass er so viel verdient, so viel aufgebaut hat. Er ist immer auf seinen Vorteil aus, sowohl in der Beziehung mit seiner Frau als auch mit anderen, und redet aber den anderen ein, dass das das Beste für sie ist.

Rückblickend hat der Vater mich benutzt, um bewundert zu werden. Während meines Zeit in der Volksschule hat er jeden Abend in der Küche mit mir über sich und seinen grandiosen Lebensweg gesprochen, wie schwer er es hatte und wie super er es gemeistert hat. Er hat ein Bild eines Wunderwuzzis und Supermans aufgebaut, das ich geglaubt habe. Das habe ich erst in der Pubertät hinterfragt – dann ist die Beziehung total abgekühlt. Er hat mich nie in den Arm genommen, ist nie auf mich eingegangen, das kann er nicht. Als Kind durfte ich nicht laut sein, nicht schmutzig, er wollte, dass ich perfekt bin, um mich herzuzeigen. Ich kann das nicht annehmen: Warum werde ich mit so einem Vater gestraft? Vielleicht hat er recht mit seiner Kritik, mit seiner Verachtung?«

Gegen Ende der zweiten Stunde erklärt der Psychiater die neun Narzissmuskriterien. Der Vater erhält nach der Einschätzung seiner Tochter acht Volltreffer und einen halben. Frau V. ist wirklich beeindruckt, dass es internationale Kriterien gibt, die genau ihrem Vater entsprechen. Dass es überhaupt etwas Schriftliches geben kann, das einen großen Teil ihres Lebens erklärt. Die Stunde ist zu Ende. Die junge Frau wirkt erleichtert.

Drei Woche später kommt Frau V. wieder. Sie zeigt sich fast begeistert: »*Das ist ein Wahnsinn: Narzissmus erklärt einfach alles!!! Ich habe mit meiner Cousine gesprochen, die ist auch in Wien – die kann alles bestätigen! Das ist sooo eine Erleichterung für mich! Er steht da vorne auf der Kanzel und predigt von einer neuen, progressiven Kirche mit verheirateten Priestern. Er will sogar selber geweiht werden – ohne jeden Glauben! Er gibt sich politisch korrekt bis zum Anschlag und ist dabei ein abgrundtiefer Heuchler. Kehrt eitel seine Kompetenz als Psychotherapeut heraus, heuchelt ständig ›Betroffenheit‹ und glaubt, die Weisheit mit dem Löffel gefressen zu haben. Er glaubt wirklich nur an sich. Unfassbar, wie er den Pfarrgemeinderat in seiner Hand hat. Na ja, seine neue Freundin ist ja die Pfarrsekretärin und Vorsitzende des Pfarrgemeinderates. Da traut sich keiner, was dagegen zu sagen. Der Pfarrer wird es nie wagen, irgendwas zu unternehmen. Auch der Bischof ist ein Weichei, der Angst vor den Medien hat.*«

Der Psychiater fragt Frau V., was denn die positiven Aspekte ihres Vaters seien. Sophie V. wird ganz still, setzt mehrfach zu reden an … aber schweigt. Die Stunde endet, und Frau V. verlässt die Praxis nachdenklich.

Eine Woche später kommt sie und sagt als gute Perfektionistin: »*Ich habe lange nachgedacht über Ihre Frage. Das war für mich echt ernüchternd, dass mir gar nichts eingefallen ist. Ich mag nicht gern das verbitterte Opfer sein und habe jetzt doch was gefunden.*« Sophie V. zieht einen Zettel hervor und liest vor: »*1. Er hat mir durch seine*

›Erziehung‹ ermöglicht, dass ich selbstständig geworden bin. 2. Er hat mir ein Dach über dem Kopf gegeben und Nahrung. 3. Er kann sich gut präsentieren. 4. Er wirkt auf den ersten Eindruck sehr anziehend. 5. Er hat nie aufgegeben. 6. Er hat sich hochgearbeitet. 7. Er hat mir eine Ausbildung ermöglicht.« Dann schaut sie den Psychiater gut gelaunt und triumphierend an. »Na? Sieben Punkte! Hätten Sie nicht gedacht!?«

Er liest ihr seine Aufzeichnungen der ersten Stunde vor und fragt: »Was genau raubt Ihnen so viel Kraft in der Beziehung mit Ihrem Vater?«

Sophie antwortet sofort: »Dass ich ihm nicht vergeben kann.«

Der Psychiater erklärt nach einer Pause des Schweigens die neuen Forschungsergebnisse über das Vergeben: Zuerst kommt die *desicional forgiveness* (also die Entscheidung zur Vergebung), dann erst die *emotional forgiveness* (die emotionale Vergebung). Wer auf das Bauchgefühl der Vergebung wartet, ohne eine Herzensentscheidung zu treffen, wartet lange: zuerst die Entscheidung, dann die Emotion. Vergeben heißt aber keinesfalls, das Geschehene zu bagatellisieren – so nach dem Motto »Ist ja nichts passiert«. Leichter ist es natürlich, wenn der Täter um Entschuldigung bittet – aber es geht auch so und entlässt das Opfer aus einer Gefangenschaft.

Sie hört schweigend zu. Nachdenklich sagt sie nach einer langen Stille: »*Meiner Mutter konnte ich verzeihen, dem Vater nicht. Weil ich dem Vater die Schuld für ihre Fehler gegeben habe. Sie war ihm hörig, emotional abhängig.*«

Der Psychiater fragt, welche Gefühle sie augenblicklich gegenüber ihrem Vater habe.

»Wut – Hass – Traurigkeit – Hilflosigkeit – Verbitterung. Es ist schmerzhaft, dass sich Vater wegen mir das Leben nehmen wollte. Er hat sich die Halsschlagader aufgeschlitzt – wegen mir! Er wäre beinah gestorben! Ich habe Angst, dass er mir vorwirft, dass es nicht funktioniert hat.«

Der Arzt erklärt die Dynamik der Selbstverletzungen: Es gibt »Selbstmordversuche«, bei denen der Betroffene gar nicht zu sterben plant, sondern nur Druck auf die Umgebung ausüben will. Sophie V. versteht. Die Stunde ist aus.

Drei Woche später kommt Frau V. wieder in die Praxis. Es ist die fünfte Therapiesitzung mit dem Psychiater, sie eröffnet schwungvoll: »Es war gut, dass ich so lange nicht da war. Es geht mir viel besser! Es ist so viel passiert! Also erstens: Ich habe beschlossen, meinem Vater zu verzeihen. Ich will aber nicht schönreden, was alles passiert ist. Damit geht's mir gut. Die Feuerprobe war das Wochenende, da war ich nämlich daheim in Holland. Ist echt gut gegangen. Ah, und noch was Tolles: Ich habe dort mit meiner Mutter geredet wegen dem Selbstmordversuch. Das war wirklich reines Haschen nach Aufmerksamkeit! Er hat sich nämlich in der Nacht nur am Hals geritzt, und das, nachdem ich als Baby geschrien habe und er wusste, dass meine Mutter jetzt gleich ins Zimmer kommt und ihn finden wird. Nach der Einlieferung ging es in der Ehe viele Jahre nur um ihn, weil er so arm und depressiv ist – wovon der Rest der Welt nichts mitbekommen hat, weil er da den strahlenden Ehemann und Vater gespielt hat. Meine Mutter hat ihn mit 18 Jahren geheiratet und war ihm lange verfallen.

Ja, und das Nächste: In der Pfarre war eine Abstimmung, die gegen ihn ausgegangen ist. Er darf nicht mehr Diakon sein dort. Das hätte er sich nie gedacht – und ich ehrlich gesagt auch nicht. Mit dem Bischof hat er geredet und ihm weiszumachen versucht, dass er seine Geliebte aus einer schrecklichen Ehe gerettet hat. Der wollte auch mit den anderen Beteiligten sprechen – das hat meinen Vater immens gestört. Der Vater will jetzt gegen die Kirche klagen, weil er eine Abfindung verlangt. Er hat den Bischof angelogen, dass die Konkubine schon aus dem Haus ausgezogen sei. Aber der Bischof hat sich nicht täuschen lassen. Die Kirche ist ja doch nicht so blöd, wie ich immer geglaubt habe. Ach ja, und die Geliebte meines Vater schreibt jetzt angeblich so komische E-Mails an ihren Exmann, dass sie zu ihm zurückwill ... Aber dann nimmt sie es wieder zurück ... Komisch! Sie dürfte jetzt auch langsam draufkommen, dass mein Vater nur um sich kreist. Sie ist angeblich nicht die Hellste.«

Ein Aspekt drängt sich bei Vater V. besonders hervor: der Missbrauch der Religiosität für die eigenen Zwecke. Gordon Allport, einer der größten Psychologen des letzten Jahrhunderts und Mitbegründer der Big Five der Persönlichkeitspsychologie, hat 1967 die »religiöse Orientierung« analysiert. Dabei unterscheidet er die intrinsische von der extrinsischen Religiosität: »Die intrinsische Motivation dient der Religion, während die extrinsische sich der Religion bedient«, so lautet seine lapidare Kurzfassung. Damit ist die »religiöse« Motivation von Herrn V. ziemlich auf den Punkt gebracht. Seine Funktion als katholischer Diakon hat wohl mit »Gottesdienst« recht wenig zu tun. Vielmehr bedient er sich des katholischen Settings, um eine Bühne für seine Selbstdarstellung zu haben.

Herr V. erfüllt nicht nur alle Kriterien für den Narzissmus, auch die Termini »Hochmut und Stolz« in der vorher besprochenen Ausprägung treffen für ihn durchaus zu. Die Kriterien Gregor des Großen etwa, wie »sich Vorzüge beilegen, die man nicht besitzt« und ganz besonders »Vorzüge, die man besitzt, mit Selbstgefälligkeit und Verachtung anderer hervorkehren«. Obwohl er Diakon ist, schafft er es nicht, seine Knie vor dem Allerhöchsten zu beugen, sondern lässt sich lieber selbst abfeiern und – von seiner Tochter im Kindesalter – sogar anbeten. Mit Frankl gesprochen, verweist sein Leben nicht über sich selbst hinaus auf einen Sinn. Herr V. transzendiert sich selbst nicht, bleibt in sich hängen; damit verwirklicht er sich selbst auch nicht. Er dient keiner höheren Sache. Er ist unfähig, sich selbst zu übersehen und zu vergessen.

Sein Narzissmus blockiert ihn. Sein Hochmut kommt vor dem Fall, und gegen Ende des Falls wird deutlich, wie sehr er sich selbst ins eigene Knie geschossen hat. Weil er immer nur um sich selbst kreist, kann er das Beste in sich nicht verwirklichen und überspannt den Bogen. Er hat sich selbst die Flügel gestutzt, weswegen er nicht in die Höhe kommt. Er flattert wie eine Henne, obwohl er gleich dem Adler aufsteigen könnte.

Der jüdische Prophet Jesaia verwendete schon vor 2700 Jahren die Metapher des Adlers im Zusammenhang mit der Selbsttranszendenz: »Die aber, die dem Herrn vertrauen, schöpfen neue Kraft, sie bekommen Flügel wie Adler. Sie laufen und werden nicht müde, sie gehen und werden nicht matt.« Herr V. vertraut auf sich selbst und definitiv nicht auf eine höhere Macht. Er lebt ein Leben als Gottesmann, von dem man sagen müsste: Er fürchtet Gott nicht.

Herr V. kniet aus dem Blickwinkel des jüdischen Psychoanalytikers Stekel in seiner inneren Kapelle nur vor seinem Abgott nieder: dem majestätische Urbild, seinem »Ich«. Und seinen Kollegen Ernest Jones würde es gar nicht wundern, dass Herr V. sich ausgerechnet das Amt des Diakons erschlich, weil Jones festgestellt hat, dass der Gegenstand der Religion gewöhnlich von größtem Interesse für Narzissten ist. Allerdings eben nur theoretisch, weil – wie Jones fortführt – sie natürlicherweise Atheisten sind, da sie die Existenz irgendeines anderen Gottes nicht ertragen.

Teil III
Die Fesseln abstreifen

Kapitel 7

Über die Liebe

Was ist genau die Liebe? Unser junger Freund Werther schwärmt schmachtend von der – übrigens bereits vergebenen – Lotte und versteht die Welt nicht: »Ich begreife nicht, wie sie ein andrer liebhaben kann, liebhaben darf, da ich sie so ganz allein, so innig, so voll liebe, nichts anderes kenne noch weiß noch habe als sie.« Verliebt ist er allemal, der Werther, aber ist das wirklich Liebe? Die Philosophen sagen Ja. Es ist eine begehrende oder bedürftige Form der Liebe, des Namens Eros. Sie gibt der Egozentrik noch weiten Raum und hat noch viel Platz nach oben. Aber immerhin: Das ist schon eine echte Liebe.

Die Bauchgefühle: Venus und Eros

Die begehrende Liebe, der Eros, ist genau die Verliebtheit, in der sich der junge Werther befindet. Er veredelt den Sexualtrieb, der vom bekannten irischen Schriftsteller und Literaturwissenschaftler C. S. Lewis gern »Venus« genannt wird. Eros wie Venus basieren auf dem Bauchgefühl, das intensiv, aber äußerst flüchtig ist. Eros ist per definitionem personal, was Venus nicht notwendigerweise ist. Eros braucht ein Du (als Objekt), Venus hingegen nur einen weiblichen Körper. Eros ist der sinnliche Moment der Liebe zwischen zwei Menschen, und es macht die Beziehung angenehm, wenn ihr der Pep des Eros innewohnt.

Aber Konstanz, Verlässlichkeit und Treue sind weder die Sache der Venus noch des Eros. Beide werden bei Sigmund Freud eher fantasielos mit dem Wort »Libido« abgedeckt. Eigentlich schade, denn Eros kann ohne Venus sein, wie Lewis plausibel herausarbeitet: »Meistens ist man am Anfang ganz einfach eingenommen von der Geliebten, und zwar von ihrer ganzen Person und auf eine allgemeine, unbestimmte Weise. Ein Mann in diesem Zustand hat gar keine Zeit, an Sex zu denken. Er ist viel zu sehr damit beschäftigt, an die eine Person zu denken. Dass sie eine Frau ist, ist weniger wichtig, als dass sie sie selbst ist. Er ist voller Verlangen; aber dieses Verlangen muss nicht sexuell gefärbt sein.«

Eros personalisiert also den Sexualtrieb. Er weckt in Werther das Verlangen nicht nach irgendeiner Frau, sondern nur und unbedingt nach Lotte – im Gegensatz zu Venus, der es um die apersonalen Triebbefriedigung geht. Ohne Eros ist sexuelles Verlangen wie jedes andere Verlangen eine Tatsache, die nur uns selbst betrifft. Mit Eros ist der Verliebte auf die geliebte Person konzentriert. Es kommt zur emotionalen Verschmelzung des Liebenden mit der Geliebten: Lewis sagt, es ist eine der ersten Wirkungen des Eros, dass er den Unterschied zwischen Geben und Nehmen des Liebespaares verwischt.

Eros kann schon mal die Logik durcheinanderbringen. Der 65-jährige Schlagersänger Peter Maffay führt uns das vor: Er lässt sich von seiner vierten Ehefrau Tania wegen einer fast vierzig Jahre jüngeren Sportlehrerin scheiden. Aus einer Begegnung entstand nach seiner Schilderung tiefe Zuneigung, »die ich und meine neue Lebensgefährtin sehr ernst nehmen. Wir haben beschlossen zusammenzubleiben. Auch wenn wir wissen, dass links und rechts einige Scherben liegen. Wenn so etwas passiert, darf man nicht mit einer Lüge durchs Leben gehen. Das wäre allen anderen gegenüber unfair.“

Wie gesagt: Eros personalisiert auf der Ebene des Bauches,

aber ohne die vernünftige Kontrolle und Steuerung durch den Kopf. Das ist irgendwie sympathisch, weil er so authentisch, echt und spontan ist und nichts Berechnendes an sich hat. Eros würde sich – so führt Lewis aus – niemals von der Geliebten trennen lassen, auch wenn die Verbindung mit ihr sein sicheres Unglück wäre: »Viele unglückliche – voraussehbar unglückliche – Ehen sind Liebesehen.« Lewis wird noch deutlicher: »In der Ehe wird Eros allein nie genügen – ja, er kann nur lebendig bleiben, wenn er ständig durch übergeordnete Grundsätze korrigiert und unterstützt wird.«

Der spitzzüngige Journalist Markus Günther hat in der FAZ vom 25. September 2014 ein scharfsinniges »Plädoyer gegen die Liebe« verfasst: Er ortet eine Ersatzreligion Liebe, sieht ihren Mythos als den Leitstern unserer Zeit an. Das einzige Ziel des Lebens sei es für die meisten, Mr. oder Mrs. Right zu finden. Was für ein Irrtum: Zweisamkeit sei nichts anderes als die Fortsetzung der Ich-Bezogenheit mit anderen Mitteln. Dabei geht es weniger darum, die Geliebte zu vergöttern, als den Eros selbst:

Von Liebe als Ersatzreligion zu sprechen ist keine augenzwinkernde Übertreibung, sondern Ergebnis nüchterner Beobachtung. Denn der Mythos Liebe erfüllt ausnahmslos alle Kriterien einer Pseudoreligion: Diese höhere Macht verlangt Unterwerfung und verspricht im Gegenzug Erlösung und Heil. Sie duldet keine anderen Götter, verspricht den (siebten) Himmel und droht mit der Hölle des Alleinseins. Die höchsten Feiertage dieser Religion heißen Valentinstag, Hochzeitstag, Geburtstag. Wer sie nicht angemessen würdigt, wird mit Liebesentzug bestraft. Die Grundgebete: Ich liebe dich. Du bist mein Ein und Alles. Ich bin total verrückt nach dir. Die Sakramente: Zungenküsse, Sex. Das sakrale Erkennungszeichen: rotes Herz. Die Ikonen: Fotos von UNS. Der Altar, der Ort der Erlösung: das Bett. Die Hymnen: UNSERE Songs. Die Heilige Schrift:

UNSERE Liebesbriefe. Und außerdem jedes herzerweichende Zitat, das dem Gott Liebe huldigt, vom kleinen Prinzen über Elton John bis zum Apostel Paulus. Man muss Tomaten auf den Augen haben, um den religiösen Charakter dieses Kultes zu übersehen: Das Herz als Symbol ist in der westlichen Welt längst präsenter als das Kreuz – und wird in seiner Bedeutung sicherlich besser verstanden. In vielen Wohnungen hängen heute genau an den Stellen, wo früher religiöse Symbole, also Kreuz, Madonna oder Weihwasserbecken, hingen, Fotos der eigenen Zweisamkeit in endlosen Variationen, Bilder vom großen WIR, von UNSEREM GLÜCK, Bilder, die es laut herausschreien: Wir haben es geschafft, wir lieben uns, wir sind jetzt glücklich!!!

Überraschend gleichlautend C. S. Lewis: »Wo echter Eros zugegen ist, wird der Widerstand gegen seine Gebote als Glaubensabfall empfunden.« Daraus kann eine Brutalität und Rücksichtslosigkeit anderen gegenüber entstehen, die nur mehr für die Verliebten schlüssig sind. Paartherapeuten können ein Lied davon singen, wie schnell Eros vergeht, wie rasch Paare, die von Markus Günther so treffend gezeichnet werden, keine »Gefühle« mehr in sich entdecken und in die Krise geraten. Die falsche Vergöttlichung des Eros beraubt den Menschen seiner Würde und entmenschlicht ihn. Weil der Mensch nicht nur aus Bauch besteht, sondern auch Kopf und Herz hat.

Auf diese wilde, endliche und unvernünftige Art kann man übrigens auch in sein Kind verknallt sein: Gott sei Dank denkt man da normalerweise nicht gleich an Sex! Aber wenn man seinen Nachwuchs mit der bedürftigen (!) Liebe liebt, dann hat man nicht mehr die erzieherischen Notwendigkeiten des Sprosses im Sinn, sondern in erster Linie seine eigene Befindlichkeit. Hier schließt sich der Kreis zum dritten Kapitel.

Eros ist bedürftige Liebe. Sein Bedürfnis ist das Stillen des

Hungers nach Nähe zu einer konkreten Person. Doch Lewis sieht ihn gleichzeitig als die sterblichste von allen Liebesarten, im krassen Gegensatz zu der Sicherheit, die er suggeriert. Das kann reife Paare nicht erschüttern – wohl aber jene, die Eros vergöttert haben. Sie glaubten, das bloße Gefühl werde ihnen genügen und sie durch alle Klippen und Untiefen des Lebens lotsen. Irrtum! Eros kann die Versprechen aus sich heraus nicht halten, die er im Überschwang gegeben hat. Dazu braucht es mehr als die bedürftige Liebe. Das Bauchgefühl wird im Herzen befestigt.

Aus der Tiefe des Herzens: Philia und Agape

Die Veredelung und Weiterentwicklung der kurzfristigen begehrenden Liebe ist die langfristige schenkende Liebe. Aus *amor concupiscentiae* wird amor benevolentiae. Im Gegensatz zu Venus und Eros will diese – sie hört auf die Namen »Philia« und »Agape« – primär nichts für sich. Hier kommt es zur Wende: vom gierigen »Ich will (dich)« zum selbstlosen »Ich sehe dich: Du bist (wunderbar)«. Das Ich verschwindet. Und das kann es nur, wenn Kopf und Herz eingeschaltet werden. Der Schritt vom Eros hin zu den höheren Formen des Liebens gelingt, wenn sich die Bauchgefühle vom Kopf kritisch hinterfragen und korrigieren lassen und das Herz dann in seiner Freiheit eine bedachte, vernünftige und verbindliche Entscheidung trifft – »bis dass der Tod uns scheide«. Beziehungen scheitern heute vielfach, weil das Gefühl gesucht wird und Kopf und Herz außen vor bleiben.

Die erste schenkende Liebe ist die Philia, die Freundschaft: Sie will dem anderen Gutes. Mit ihr hat sich Marcus Tullius Cicero sehr beschäftigt, ein vorchristlicher römischer Staatsmann und Philosoph. Basis der Freundschaft ist für ihn die

Harmonie des Kopfes: »Freundschaft ist die Übereinstimmung in allen göttlichen und menschlichen Dingen.« Aber es bedarf auch einer bewussten Herzensentscheidung: »Aus bloßem Vorteilsdenken erwächst keine Freundschaft. Nicht äußerer Zwang um irgendwelcher Vorteile willen, sondern freier Wille ist die Grundlage der Freundschaft.« Das Augenmerk ist das Du als eigenständiges Subjekt, nicht mehr als Objekt der Begierde wie beim Eros: »Ein Freund ist ein anderes Ich.« Werther würde nachdenken, was denn für die verheiratete Lotte das Beste ist, und nicht selbstmitleidig bei seinem eigenen Schmachten hängen bleiben. Danach würde er die Herzensentscheidung treffen, sie in Ruhe zu lassen.

Die Agape wiederum – zu Latein *caritas* – ist noch radikaler die Selbsthingabe an den geliebten Menschen (oder an Gott) mit ganzem Herzen. Die Agape gibt sich bedingungslos hin, ohne zu rechnen, ob sie etwas zurückbekommt. Sie ist eine Bewegung der Liebe, die dorthin zielt, wo noch nichts ist: Der Mystiker Johannes vom Kreuz schrieb im 16. Jahrhundert: »Lege Liebe hinein, wo keine Liebe ist, und du wirst Liebe ernten.« Die Agape kann Menschen verändern – auch Narzissten. Es geht ihr nicht um permanente Gefühle, sondern um eine Grundhaltung des Lebens. Sie hat ein für alle Mal Ja zum Du gesagt und wird es nicht mehr zurücknehmen. Wenn Eros ein helles Strohfeuer ist, so ist die Agape eine stabile Glut. Narzissmus ist ein Konzept, das der Agape entgegengesetzt ist. Der Narzisst, der wahrhaft liebt (ein Du), löst sich von seinem Narzissmus ab.

Hermann Hesse zeichnet in *Der Lateinschüler* ein zauberhaftes Bild des 16-jährigen Karl Bauer, der sich so richtig in die Magd Tine verguckt. Es beginnt mehr als holprig, dann bringt er kaum ein Wort heraus und beginnt schließlich einen tollpatschigen, vergeblichen Minnedienst – kurz: Sie kann ihn nicht wirklich ernst nehmen. Dann kommt ein fescher, reifer Zimmermannsgeselle, und Tine verlobt sich. Für den kleinen Karl stürzt eine Welt ein, und er wird ernsthaft liebeskrank. Er ist ganz im Eros, der ihm fast den Verstand raubt. In dieser Situation hat Goethes Werther Schluss gemacht. Doch Karl überlebt.

In weiterer Folge verunglückt Tines Bräutigam, und sie bleibt bei ihm, obwohl er wahrscheinlich ein Rollstuhlfahrer mit besonderen Bedürfnissen bleiben wird. Karl ist tief beeindruckt: »Was er jetzt empfand, war nicht mehr das einstige Liebesweh, es war eingeschlossen und umhüllt von einem viel weiteren, größeren Fühlen und Erleben.« Er beginnt die beiden Liebenden selbstlos zu betreuen. Die Geschichte endet mit der Szene des Abschieds: »Er nahm nur ihre Hand und dankte ihr ohne Worte, und sie nickte ihm unter Tränen zu. Er wünschte ihr Gutes und hatte selbst keinen besseren Wunsch, als dass auch er einmal auf die heilige Art lieben und Liebe empfangen möchte wie das arme Mädchen und ihr Verlobter.« Der naive Lateinschüler hat seine Lektion gelernt. Er darf Tine am Übergang vom Eros zur Agape beobachten – aber ist selbst schon ganz in der Agape, ohne es zu merken.

Die Agape blickt nicht auf sich selbst, lässt sich von Enttäuschung nicht erschüttern, ist trotz heftiger Anfechtungen treu und konstant. Sie kann dem süßen Söhnchen auch einmal (ihm zuliebe) Nein sagen – auf die Gefahr hin, sich kurzfristig unbeliebt zu machen. Anders als der Eros bleibt die Agape auf Kurs, selbst wenn die Gefühle kurzfristig aus der anderen Richtung wehen. Sie ist im Gegensatz zum Eros unspektakulär und wird oft übersehen. Sie kann über den Dingen und den Emotionen stehen und verzeihen – selbst wenn nicht um Verzeihung gebeten wird. Für die Agape steht das Du ganz und gar im Mittelpunkt, sie ist der reinste Aspekt der Liebe, sie ist in der Idealform Wohlwollen ohne egoistische Komponente.

Sie vertraut trotz Enttäuschung, sie hält am Geliebten in Treue fest, selbst wider die Erfahrung. Sie hat die Fähigkeit, auf eigene Macht zu verzichten, um sich mit den Schwächen des geliebten Menschen zu verbinden. Sie ist da, wenn sie gebraucht wird, aber braucht keinen Applaus, keinen Ruhm. Sie kann sich selbst zurücknehmen. Während der Eros in den schnell wandelbaren Bauchgefühlen verhaftet ist, ist die Agape im Herzen – der Entscheidungsmitte des Menschen – verankert. Verlieben passiert; Lieben hingegen ist die Folge einer Entscheidung.

Fall 16: Der Gefühlskalte – Teil 1

Die 65-jährige Herta Q. will einfach einmal abladen. »*Wissen Sie, wenn ich das meinen Freundinnen erzähle, dann geht das weiter und weiter. Das will ich nicht. Ich möchte das einmal jemandem erzählen, aber ich habe noch nie den Mut dazu gehabt.*«

Ihre Ehe sei für sie sehr belastend. Ihr Mann, ein 72-jähriger Diabetiker, will keine Therapie und stopft die Kuchenstücke nur so in sich hinein.

»*Seit Jahren will er nicht mit mir essen, er macht sich das Essen sogar selbst, obwohl ich es ihm gern machen würde. Er isst nicht, was ich ihm gekocht habe, nur um mich zu verletzen. Er wollte vor vielen Jahren Priester werden, dann hat er das Priesterseminar wieder verlassen, mich vor 40 Jahren geheiratet und später den Glauben ganz verloren. Seit 25 Jahren haben wir keine Intimität mehr, Sie wissen schon, im Bett. Er ist unheimlich aggressiv gegen mich. Seit seiner Pension sitzt er den ganzen Tag nur mehr vor dem Computer. Ich weiß nicht, was er macht, aber ich sehe, dass er sich auch viel Pornografie ansieht. Daraus macht er auch keinen Hehl.*«

Frau Q. seufzt laut auf. Dann fährt sie fort: »*Mein Mann hatte viele Affären. Ich habe das immer gespürt, aber erst jetzt habe ich Belege dafür entdeckt. Er hat diese Frauen mit Geld versorgt, das unserer Familie dann gefehlt hat. Na ja ... Unser Intimleben hat eigentlich nie geklappt, wenn man ehrlich ist: Es war meistens eine Qual. Er war im Bett brutal und unbeholfen, aber meine sanften Hinweise haben ihn sehr gekränkt und ganz aggressiv gemacht. Dann habe ich es wohl oder übel über mich ergehen lassen. Als ich einmal ernstlich krank war, Schmerzen im Unterleib und Ausfluss hatte, habe ich erstmals meine ehelichen Pflichten verweigert – das gebe ich zu. Mein Mann wurde ganz kalt und sagte: ›Du wirst schon sehen, was passiert.‹ Das war vor 25 Jahren ... Er hat es durchgezogen: Von dem Tag an hat er mich total ignoriert. Wir leben jahrzehntelang im kalten Schweigen. Er kommt nach Hause und geht wortlos ins Zimmer. Wo er war, weiß ich nicht, was er treibt, ist mir unbekannt. Wahrscheinlich hatte er vorher schon Affären, aber seither ist er anscheinend ausschließlich in denen aufgeblüht.«*

Dann verstummt sie. Der Psychiater frage sie, wie sie das alles ertragen kann.

»Ach, wissen Sie«, sagt sie lächelnd, »unser Herr Jesus hat noch viel mehr gelitten. Mein Mann ist mein Kreuz. Es kommt der Tag, an dem er mich brauchen wird. Dann werde ich da sein. Auf das freue ich mich schon.«

Frau Q. zeigt uns durch ihr Lebenszeugnis, wozu selbstlose, schenkende Liebe imstande ist. Sie ist ein beredtes Beispiel der Agape. Herr Q. hingegen behandelt seine Frau herzlos, gefühlskalt, teilnahmslos und unmenschlich. Die Liebe seiner Frau kann er in keiner Weise erwidern.

Der Narzisst und die Liebe

Zur Agape ist der Narzissmus nicht fähig. Präziser formuliert: Die Agape ist sogar sein Gegenentwurf. Ein Narzisst, der sich zur Agape durchringt, hat in dem Moment aufgehört, Narzisst zu sein. Der Mensch, der im Narzissmus gefangen ist, hängt viel zu sehr an sich selbst, um sich hingeben zu können. Paulus von Tarsus, der im 1. Jahrhundert lebte, hat das weltbewegende »Hohelied der Liebe« (1. Korinther 13) verfasst, das die Agape meisterhaft beschreibt: »Die Liebe ist langmütig, die Liebe ist gütig. Sie ereifert sich nicht, sie prahlt nicht, sie bläht sich nicht auf. Sie handelt nicht ungehörig, sucht nicht ihren Vorteil, lässt sich nicht zum Zorn reizen, trägt das Böse nicht nach. Sie freut sich nicht über das Unrecht, sondern freut sich an der Wahrheit. Sie erträgt alles, glaubt alles, hofft alles, hält allem stand. Die Liebe hört niemals auf.«

Analog dazu könnte man nach all dem, was wir schon über den Narzissmus wissen, problemlos dichten: »Narzissmus ist nicht wirklich langmütig, Narzissmus ist kein bisschen gütig. Er ereifert sich ständig und prahlt ununterbrochen, er bläht sich ständig auf. Er handelt ungehörig, sucht immer seinen Vorteil, lässt sich schnell zum Zorn reizen, trägt das Böse lange nach. Er freut sich über das Unrecht, wenn es ihm nützt, aber nicht an der Wahrheit. Er erträgt wenig, glaubt nichts, hofft nicht, hält nichts stand. Narzissmus isoliert sich selbst.«

Der Narzisst als solcher ist zur Herzensliebe nicht fähig, das bestätigen alle Frauen, die mit ihm verheiratet sind oder waren. Wenn er liebt, dann ist es die bedürftige Liebe: Eros. Oder gar nur die unpersönliche Venus (Pornografie, Bordell, Affären und Ähnliches mehr). Aber die Philia bleibt ihm fremd, und er erklimmt niemals die Höhen der Agape – es sei denn, er legt seinen Narzissmus ab. Die Liebe zwischen zwei Menschen ist jeweils ein ungeschuldetes Geschenk. In einer glücklichen, harmonischen Liebebeziehung ist das ein Geben und Nehmen – wobei der Geber beim Geben nicht berechnend ans Nehmen denkt und so beide Partner in der engen Bindung trotzdem erfrischend frei bleiben.

Für den im Narzissmus gefangenen Mann ist es selbstverständlich, dass seine Frau ihn liebt. Das kann er wirklich gut nachvollziehen. Er tut es ja auch. Aber er geht aufgrund der Asymmetrie seines kranken Herzens davon aus, ihre Liebe zu verdienen. Geliebt zu werden ist für ihn angenehm und stimmig, aber keinesfalls Grund, seine Frau wiederzulieben. Denn zwischen ihm und seiner Frau ist eben doch ein beträchtlicher Abstand. Ein Bekannter erzählte mir, dass er vor vielen Jahren seiner damals zukünftigen Schwiegermutter gesagt habe: »Ich habe immer schon die Frau beneidet, die mich später einmal heiraten darf.« Nachdem in der Runde erstaunte Sprachlosigkeit eingetreten war, wandte er sich zu seiner damaligen Verlobten und fragte kokett schmunzelnd: »Stimmt's etwa nicht?« Die beiden sind übrigens seit bald vierzig Jahren glücklich verheiratet. Liebe kann den Narzissmus schmelzen lassen.

Die ungesunde Eigenliebe

Freud entdeckte, dass der Narzissmus seine Liebesfähigkeit dem Gegenüber vorenthält und an sich selbst vergeudet, so wie Narcissus sich der Liebe der armen Echo verweigert und sich in sein eigenes Spiegelbild verliebt. Das war schon zu seiner Zeit nicht ganz neu: Bereits bei Plato ist die »übergroße Selbstliebe das größte aller Übel, das jedermann sich selbst verzeiht und daher nicht auf Mittel sinnt, diesem Übel zu entrinnen«. Der große Philosoph, der vor circa 2400 Jahren gelebt hat, sah schon damals die überzogene Selbstliebe als »Ursache aller Fehltritte«

und steht damit in einer Reihe mit den modernen Narzissmusforschern. Platon präzisiert, wie wenn er von Narcissus sprechen würde: »Denn der Liebende wird blind für das, was er liebt, sodass er das Gerechte, das Gute und das Schöne falsch beurteilt, weil er das Seine stets höher als das Wahre schätzen zu müssen meint; denn nicht sich selbst noch das Seine muss derjenige lieben, der ein großer Mann werden will, sondern das Gerechte, mag es nun bei ihm selbst oder bei einem anderen mehr geübt werden.«

Der Selbstverliebte sieht vor lauter Ich nicht mehr klar, was ihn transzendiert: was gerecht, wahr, gut und schön ist. Gerecht ist für ihn das, was ihn verteidigt, gut ist das, was ihm nutzt, wahr ist seine Meinung, und schön ist alles, was mit ihm im Zusammenhang steht.

Auch Jean-Jacques Rousseau, prominenter Denker der Aufklärung, stößt ins platonische Horn, nimmt aber eine interessante Differenzierung vor: Er sieht den Menschen genauso wie Platon selbstsüchtig, unwahrhaftig und eitel und erkennt die Ursache in der *amour propre* – der Eigenliebe. Diese grenzt er aber scharf von der harmlosen und normalen *amour de soi* ab – der Selbstliebe. Eigenliebe ist also übergroße, überzogene, pathologische Selbstliebe. Sie bezeichnet die Verfassung des Menschen, der sich selbst als Mittelpunkt des Universums versteht, der also sich selbst über alles liebt.

Die Neigung zur Eigenliebe, die sich selbst über die anderen stellt, ist – wie es Rousseau richtig gesehen hat – jedem Menschen natürlich eigen. Dazu muss man sich nicht anstrengen. Die Tendenz sieht man schon bei zwei- bis dreijährigen Kleinkindern, die irgendwann beginnen, die anderen Kinder schlechter zu behandeln, als sie selbst behandelt werden wollen. Das ist das, was Sigmund Freud »primären Narzissmus« nennt. Ein Teamplayer zu sein muss man lernen, Ego-Schwein ist man von selbst. Deswegen ist die Erziehung zur Selbstlosigkeit so wichtig (siehe 3. Kapitel). Freud erfährt unerwartete Unterstützung von Augustinus, der den primären Narzissmus schon bestätigt hatte: »Dilectio unicuique cum se ipso incipit.« – »Ein jeder ist sich selbst der erste Gegenstand der Liebe.«

Im antiken Schreiben des Paulus von Tarsus an seinen Freund Timotheus beschreibt dieser die Eigenliebe: Homines amentes se ipsos, die Menschen, die sich selbst lieben, werden »habgierig, prahlerisch, überheblich, bösartig, ungehorsam gegen die Eltern, undankbar, ohne Ehrfurcht, lieblos, unversöhnlich, verleumderisch, unbeherrscht, rücksichtslos, roh, heimtückisch, verwegen, mehr dem Vergnügen als Gott zugewandt« sein. Das sind die Eigenschaften des Narzissten, wie wir ihn heute kennen.

Die gesunde Selbstliebe

Die gesunde Selbstliebe als Gegensatz zur pathologischen Eigenliebe ist bei Rousseau der unschuldige Teil des Menschen, der sich in ein größeres Ganzes einordnen kann und – mit Frankl gesprochen – ganz er selbst wird, wo er sich im Dienst einer größeren Sache selbst übersieht und vergisst. Auch Thomas von Aquin sieht die Natur des Menschen auf etwas hingeordnet, sie geht im Sinne der Selbsttranszendenz über sich selbst hinaus. Thomas bringt das Bild der Lunge, der es nicht um sich selbst geht, sondern um den Leib, der durch Atmung am Leben gehalten wird. Dem Teil geht es um das Ganze. Darum liebt für Thomas der Mensch von Natur aus Gott mehr als sich selbst, ganz im Sinne der Selbsttranszendenz.

Wenn Platon von der ungesunden, überzogenen Selbstliebe spricht, so sieht offensichtlich auch er noch eine gesunde, maßvolle Selbstliebe. In der Tat spricht Platon hier von »Selbstsorge«. Diese gesunde Hinwendung zu sich beruht für Platon – wie der Sprachwissenschaftler Peter Schulz in seiner Habilitationsschrift hervorragend ausführt – aber nicht in einer ausschließlichen Introspektion. »Die Selbstzuwendung erfolgt vielmehr im Dienst der Tugend, die ebenso eine Vorzüglichkeit des eigenen Lebens erwirkt, wie sie dem Zusammenleben mit anderen Menschen dient.«

Mit anderen Worten: Der sich selbst liebende Mensch stellt sich so weit zurück, dass Kooperationsfähigkeit und Selbsttranszendenz aufblühen können. Mitnichten besteht die Selbstliebe also ausschließlich darin, dass man sich mal was Gutes gönnt, sich oft ein warmes Bad einlässt und zuerst auf sich und seine Bedürfnisse schaut – sondern im Gegenteil darin, die von Platon eingeforderten Tugenden zu erwerben, die die rücksichtslose, narzisstische Eigenliebe reduzieren: Klugheit, Gerechtigkeit, Tapferkeit und Maß.

Es ist das Verdienst des US-amerikanischen Psychologen und Bestsellerautors Martin Seligman, diese Tugenden für die Psychologie und Psychotherapie als Weg zum Glück wiederentdeckt zu haben. Diese »Stärken und Tugenden« führen auf den Weg zur Erlangung des langfristigen Glücks, des geglückten Lebens schlechthin, der sogenannten *Eudaimonie*. Dabei beruft er sich in erster Linie auf Platons wichtigsten Schüler Aristoteles. Tugend ist bei Aristoteles eine dauerhafte innere Lebenshaltung (Habitus) – im Gegensatz zu einer einzelnen isolierten Handlung. Eine Schwalbe allein macht noch keinen Sommer, ein Baum keinen Wald. Aber wenn man einen Wald will, muss man einen Baum nach dem anderen pflanzen: Eine innere Haltung erwirbt man sich durch immer wieder neues und mühevolles Einüben der gewünschten Handlung (Baum pflanzen) – bis es zur Haltung wird (Wald).

Der Narzisst kann durch den gezielten Erwerb von Tugenden seine Defizite (in der Selbstkontrolle, Kooperationsfähigkeit und Selbsttranszendenz) auffüllen und eine neue, menschenfreundliche Haltung einüben. So skurril das klingt: Die gesunde Selbstliebe besteht also darin, durch konstantes Praktizieren der Tugenden die Eigenliebe abzulegen.

Liebe ist bei Aristoteles präzise »ein Akt des Willens, der sich einem Gut zuwendet«. Man erkennt immer nur das Gute als erstrebenswert, ausschließlich das ist anziehend. Jeder Mensch hat als Träger der menschlichen Würde einen unschätzbaren Wert, ist also im aristotelischen Sinn ein Gut. Also ist es gut, natürlich und nützlich, wenn sich der Mensch auch selbst liebt. Das ist die gesunde Selbstliebe. Sie wird erst zum Problem, wenn er sich selbst über andere stellt – das ist dann die Eigenliebe oder mit seinem Lehrer Platon die übergroße Selbstliebe. So kann man seine eigenen Talente bewundern und zur Schau stellen (krankhafte Eigenliebe) – oder aber dafür dankbar sein (gesunde Selbstliebe). Aus dieser Sicht heraus ist die Selbstliebe am ehesten eine Selbstannahme: sich selbst annehmen können in seiner Fehlerhaftigkeit, Durchschnittlichkeit und Gewöhnlichkeit. Und sich nicht größer machen, als man ist.

Um bei der Liebe zu bleiben: Das brennende Bauchgefühl des Eros bedarf der Tugend der *Klugheit*, um zu wissen, wo sein Strohfeuer hinführt. Das brennende Bauchgefühl des Eros bedarf der Tugend der *Gerechtigkeit*, um jedem das Seine zu geben. So fühlt man sich auf lange Sicht am wohlsten! Das brennende Bauchgefühl des Eros bedarf der Tugend der *Tapferkeit*, um die falsche Angst zu überwinden und das Richtige zu tun. Das brennende Bauchgefühl des Eros bedarf auch der Tugend des *Maßes*, der Reinigung durch das Herz, um den Menschen nicht den flüchtigen Genuss eines Augenblicks, sondern in der Agape einen gewissen Vorgeschmack der Höhe der Existenz zu schenken. Die Liebe der Menschen ist untrennbar verbunden mit dem Transzendenten. Für Josef Ratzinger, einen großen Platon-Kenner, ist auf diese Weise die menschliche Liebe etwas Himmlisches auf Erden.

Der folgenreiche Irrtum des Erich Fromm

Die Frage nach der Notwendigkeit der Selbstliebe ist bis heute eine ganz wichtige Diskussion in der Psychologie, obwohl sie in der Philosophie durch Platon und spätestens Rousseau geklärt wurde. Aber Erich Fromm, der US-amerikanische Psychoanalytiker, hat im schroffen Gegensatz zur Philosophie in seinem Longseller *Die Kunst des Liebens* aus dem Jahr 1956 die Liebe zu sich selbst als Grundlage dafür gesehen, überhaupt andere Menschen lieben zu können. Leider kennt Fromm die Unterscheidung zwischen Eigenliebe und Selbstliebe nicht. Auch kennt er weder ein Zuviel, noch macht er die Selbst-/Eigenliebe an den Tugenden, der Gerechtigkeit oder der Wahrheit fest. Das ist ein enormes methodisches Problem.

Um seine Theorie zu festigen, widerspricht der Psychoanalytiker Fromm den Beobachtungen seines Lehrmeisters Sigmund Freud: »Oberflächlich betrachtet scheinen Narzissten in sich selbst verliebt zu sein; in Wirklichkeit aber können sie sich nicht leiden, und mit ihrem Narzissmus und ihrer Selbstsucht kompensieren sie einen grundlegenden Mangel an Selbstliebe. Sigmund Freud hat betont, dass der Narzisst seine Liebe vom anderen zurückzieht und auf die eigene Person richtet. Der erste Teil dieser Behauptung ist richtig, der zweite ein Trugschluss. Er liebt weder die anderen noch sich selbst.«

Es gibt keine empirischen Studien, die Fromms These stützen. Trotzdem haben sich seine Ideen im Alltagsdenken festgesetzt: mit fatalen Folgen. Menschen haben ernsthaft geglaubt, dass alle ihre Eheprobleme verschwinden würden, wenn sie sich selbst nur genug liebten. Selbstverwirklichung, Selbsterfahrung und Selbstfindung gehörten zu den Schlagwörtern dieser Generation, die lange Zeit keine kritische Hinterfragung mehr zuließ.

Fromm bezieht in diesem Zusammenhang das biblische Gebot »Liebe deinen Nächsten wie dich selbst« interessanterweise allein auf die Selbst- beziehungsweise Eigenliebe. Das Gebot wird seiner Meinung nach häufig falsch ausgelegt: »Liebe deinen Nächsten« im Sinne von »Du musst dich um deinen Nächsten kümmern und sorgen, seinen Wert höher setzen als deinen«. Die im Gebot enthaltene Selbstliebe wandele sich auf Kosten der Nächstenliebe angeblich zum Gegenteil, statt »Liebe dich selbst« werde es zu »Liebe die anderen, dich selbst zu lieben wäre egoistisch und steht dir nicht zu«.

Das ist eine Interpretation am Originaltext vorbei. Erstens geht dem Gebot der Nächstenliebe im Kontext das absolute Gebot der Gottesliebe direkt voraus (»aus all deinen Kräften …«), also die Betonung der Selbsttranszendenz für die Beziehungsfähigkeit. Diese Tatsache blendet Fromm aus. Und zweitens: Die Aussage des biblischen Satzes ist semantisch eindeutig: »Liebe deinen Nächsten wie dich selbst« heißt weder »Liebe zuerst einmal dich« (wie Fromm vorschlägt) noch »Liebe deinen Nächsten mehr als dich selbst« (wie Fromm anderen unterstellt). Die Hauptaussage und der Appell ist »Liebe deinen Nächsten«, weil das nicht in der Eigenliebe enthalten ist. Hingegen ist der Zusatz »wie dich selbst« als Richtschnur und Vergleich formuliert – weil es eben etwas Selbstverständliches ist.

Die Selbstliebe ist psychologisch gefährdet, in Eigenliebe umzukippen, wenn sie nicht von der Nächstenliebe begrenzt, relativiert und eingebettet wird. Sie ist nicht Voraussetzung für die Nächstenliebe, sie benötigt dieselbe, damit sie nicht aus den Fugen gerät. Derjenige, der seine natürliche und angeborene Neigung zur Eigenliebe – bei Freud der primäre Narzissmus – durch Selbsterkenntnis, Liebesbeziehung und/oder Selbsttranszendenz auf das gesunde Maß der Selbstliebe herunterbringen kann, lebt ein glückliches Leben mit glücklichen Beziehungen. Der, dem das (noch) nicht gelingt, kippt in die Narzissmusfalle.

Eigenliebe wird schnell blind für die Bedürfnisse seiner Umgebung. Der Verhaltensforscher Konrad Lorenz schreibt im Jahr 1963 den vielzitierten Bestseller *Das sogenannte Böse*. Er behandelt darin den Ursprung von Aggression, den »auf den Artgenossen gerichteten Kampftrieb von Tier und Mensch«. Das Buch beschreibt die Revierkämpfe der Korallenfische, die Moral sozialer Tiere, das Liebesleben der Nachtreiher, die Massenkämpfe der Wanderratten »und viele andere merkwürdige Verhaltensweisen der Tiere«. Am Ende schickt er einen extraterrestrischen Verhaltensforscher zu uns auf die Erde, der aus dem Staunen nicht herauskommt, wie blöd sich die Menschheit aufführe. Lorenz attestiert dem Menschen schlussendlich Rücksichtslosigkeit, Ellbogentechnik und hochmütige Überbewertung seiner selbst und verschreibt ihm »Humilitas«, also Demut.

Aber Narcissus ist sich selbst der Nächste. Daraus folgt sehr schnell, dass er sich selbst übermäßig wertschätzt, damit schätzt er logischerweise alle anderen weniger als sich selbst – was letztlich die Geringschätzung anderer zur Folge hat. Rücksicht ist nicht sein Ding. Die klassische goldene Regel »Was du nicht willst, dass man dir tu, das füg auch keinem anderen zu«, auf die sich die meisten ethischen Philosophen berufen haben, ist durch das Selbstverständnis des Narzissten für ihn selbst außer Kraft gesetzt.

Ähnliches, wenn auch nicht ganz sinnident, hat der Großmeister der deutschen Philosophie Immanuel Kant formuliert. Bei ihm freilich klingt sein kategorischer Imperativ ungleich komplizierter als die goldene Regel: »Handle nur nach derjenigen Maxime, durch die du zugleich wollen kannst, dass sie ein allgemeines Gesetz werde.« Dieses Prinzip ist dem Narzissmus fremd: Er behandelt Mitmenschen so, wie er selbst nicht behandelt werden möchte. Er will sich in den anderen nicht hineindenken, weil dieser eben nur ein anderer ist. Und nicht auf derselben Stufe wie er selbst. Das hat dramatische Folgen.

Fall 17: Aber … ich bin doch ein Mann!

Alfons H., ein 35-jähriger Versicherungsmakler, kommt zur Therapie wegen einer akuten Beziehungskrise. Seine Exfreundin habe ihn bis aufs Blut gereizt, und dann passierten schon mal Sachen, die problematische rechtliche Konsequenzen zur Folge hätten …

»Stellen Sie sich vor, Herr Doktor, ich komme erschöpft nach Hause und nehme eine Dusche. Sie sitzt bequem auf dem Sofa, statt mir ein Abendessen herzurichten; und als ich aus der Dusche komme, erzählt sie mir so beiläufig, dass sie ihren Kollegen geküsst hat. Eigentlich hat sie gesagt, dass er sie geküsst und sie ihn ›zurückgeküsst‹ habe. Dann habe ich rotgesehen und diese provokante Schlampe aus meiner Wohnung geworfen. Zu ihrem Pech hatte sie nur einen Slip und einen BH an.« Es war gerade Winter … *»Sie hat daraufhin wie wahnsinnig an die Tür geschlagen und laut geschrien, um mich wegen der Nachbarn unter Druck zu setzen. Na, da ist sie aber an den Falschen geraten. Es ist mir scheißegal, was die Nachbarn denken. Das hätte sie wissen müssen. Nicht mit mir! Erpressen kann sie wen anderen! Irgendwann hat sie aufgehört und ist abgezogen. Und jetzt habe ich diese lächerliche Anzeige von ihr …«*

Der Psychiater teilt Herrn H. fragend mit, dass er nicht versteht, wie seine Exfreundin motiviert war. Das sagt doch eine Frau nicht einfach so. Ob da vorher noch was anderes abgelaufen sei …?

Herr H.: *»Na ja, während ich in der Dusche war, hat sie mit meinem Handy gespielt und blöderweise eine SMS von der Susi gelesen. Das ist gerade in der Zeit neu gekommen, alle anderen hatte ich eh gelöscht.«*

Der Arzt fragt nach dem Inhalt der *SMS*.

»Na ja, sie hat sich für den Sex bedankt und sich ein weiteres Meeting gewünscht. Blöd gelaufen.«

Der Psychiater wendet erstaunt ein, dass das Vergehen seiner Ex dann aber wohl weniger schwerwiegend gewesen wäre als das seine.

Daraufhin Herr H., wirklich empört: *»Aber Herr Doktor, ich bin doch ein Mann! Das ist ganz was anderes, das kann man nicht vergleichen …«*

Alfons H. ist wohlgemerkt keine vierzig, also kein aussterbender chauvinistischer Dinosaurier aus dem 20. Jahrhundert. Herr H. ist einfach Narzisst, der Immanuel Kant einen guten Mann sein lässt. H. ist der Meinung, was sich ein Mann in einer Beziehung leisten könne, sei für die Frau noch lange nicht erlaubt. Natürlich würde er das ganz anders sehen, wäre er eine Frau. Er ist so ichzentriert, dass er die Tragweite seiner Logik nicht überdenkt. Wer den kategorischen Imperativ ablehnt, der öffnet sich damit zugleich folgerichtig für unethisches und gar unmoralisches Handeln. Der Narzisst kippt aus seiner inneren Unordnung des »Das Hemd ist mir näher als der Rock« beziehungsweise »Jeder ist sich selbst der Nächste« leicht in Entsolidarisierung, Rücksichtslosigkeit, Manipulation und das Fremdausbeuten.

Das kann radikal werden: Kernberg schuf den Begriff »bösartiger Narzissmus«, immer wieder auch »maligner Narzissmus« genannt. Ein antikes Exempel dafür ist der römische Kaiser Nero, der Neffe des bereits erwähnten Caligula. Nero hat gewütet wie ein Irrer: Allein sein engstes Familienleben war ein Schlachtfeld: Er ließ seine eigene Mutter Agrippina in ihrer Villa ermorden, vergiftete seinen Stiefbruder Britannicus und verleumdete seine beim Volk beliebte Frau Octavia, verbannte sie auf eine Insel, um ihr wenig später geheim die Pulsadern aufzuschneiden und sie in heißem Dampf zu ersticken, weil er sich in Poppaea verliebt hatte. Diese wiederum tötete er später aus Verärgerung durch einen Fußtritt in den Unterleib, als sie schwanger war. Er hatte nämlich damals schon ein Verhältnis mit Statilia Messalina, deren Ehemann er bei einem Gastmahl wiederum zum Selbstmord zwang, um Statilia zu heiraten. Später ließ er seinen Lustknaben Sporus kastrieren, um ihm danach Frauenkleider anzuziehen und ihn schließlich zu ehelichen.

Nero ließ halb Rom abfackeln, um Platz für seinen riesigen Palast, die »Domus Aurea«, zu schaffen. Danach beschuldigte er die Christen der Brandstiftung und ließ sie zum Gaudium des Volkes verbrennen, kreuzigen oder in Felle stecken und so im Kolosseum den hungrigen Raubtieren vorwerfen. Nero führte auch zahlreiche Hochverratsprozesse gegen reiche Römer durch und zog skrupellos ihr Vermögen ein. Für seine sexuelle Befriedigung ließ er sich Neugeborene bringen. Nero trieb es so doll, dass es irgendwann auch den Römern reichte: Er wurde abgesetzt, Galba als neuer Kaiser ausgerufen. Nero entzog sich seiner Verantwortung durch Suizid. Dabei soll er Sporus vorgejammert haben: »Welch Künstler geht mit mir zugrunde!«

Ganz allgemein assoziiert man Narzissmus nicht unbedingt mit moralisch hochstehenden Verhaltensweisen: »Begibt man sich auf die Suche nach dem psychologisch-psychiatrischen

Korrelat des sogenannten ›Bösen‹, landet man nicht bei Wahnerkrankungen und Manie, nicht bei Dissozialität und Hysterie, sondern beim Narzissmus«, konstatiert der bekannte Gerichtspsychiater Reinhard Haller. Die Schurken und Bösewichte der James-Bond-Filme zum Beispiel haben durch die Bank einen narzisstischen Zug. In *Spectre* etwa, dem James Bond 007 aus dem Jahr 2015, spielt der zweifache Oscar-Preisträger Christoph Waltz den narzisstischen Bösewicht Ernst Stavro Blofeld alias Franz Oberhauser, bei dessen selbstverliebt-sadistischem Auftritt einem das Gruseln kommt.

Ist der Narzisst also krank oder böse? Unfrei oder verantwortlich? Getrieben oder schuldig? Opfer oder Halunke? Also: Kann er was für sein schamloses Treiben oder ist er bloßes Produkt seiner Erziehung, der Gesellschaft, der Umstände? Ein Frankenstein'sches Monster? Auf diese Frage gibt es keine Antwort, die jeder Psychiater mittragen würde.

Wahrscheinlich ist das von Fall zu Fall verschieden mit einem Kontinuum von … bis … Von ganz frei und nicht krank bis sehr unfrei und schwer veränderlich. Es gibt sicherlich Menschen, die aufgrund ihrer Kindheit eine so schwere Persönlichkeitsstörung aufweisen, dass ihre Freiheit minimiert ist. Aber ein gewisses Quantum an freiem Willen (Herz) hat jeder Mensch. Umgangssprachlich gilt Narzissmus ja als Charakterproblem – und das ist eine interessante Behauptung des Volksmundes. Denn im Terminus »Charakterproblem« schwingt die Möglichkeit mit, sich auch anders zu entscheiden, anders handeln zu können, als die narzisstischen Impulse uns vorgeben. Dafür gibt es hier die Kategorie Gut und Böse, mit der sich die Psychotherapie aus methodischen Gründen schwertut.

Im Begriff »Krankheit« dagegen schwingt so ein »Kann nicht anders« mit. Wo bleibt da die Freiheit des Menschen? Wenn sie beim Narzissten ganz erlischt, dann hat Psychotherapie auch keinen Sinn. Denn Psychotherapie kann nur dort Fesseln abstreifen und Entscheidungen und Handlungen erleichtern, wo prinzipiell noch Freiheit vorhanden ist.

Jedenfalls kann sich der Narzisst der Liebe öffnen, solange er Mensch ist und ein Herz hat – und sowohl die bedürftige als auch im besonderen Maß die schenkende Liebe hat das Potenzial, seine drei Fesseln zu sprengen.

Kapitel 8

Wie Narcissus zum Ritter wird

Wie wir bereits im Kapitel 1 gesehen haben, weist die Psyche des Mannes viel stärker in Richtung des Narzissmus als das Seelenleben der Frau. Männer neigen in allen empirischen Studien eher zur Aggression, haben mehr Durchsetzungskraft, sind weniger empathisch, weisen eine schlechtere Gefühlserkennung und eine niedrigere soziale Sensibilität auf, sind zudem aktiver, kompetitiver, selbstbewusster und verüben weitaus mehr Verbrechen als Frauen. Nur 4 Prozent der weltweiten Gefängnisinsassen sind weiblich. Das alles – egal, wo es herkommt – ist eine klare Erklärung dafür, warum Männer häufiger in die Narzissmusfalle tappen. Damit stellt sich die Frage, wie der Mann mit seiner Männlichkeit umgehen soll, um diesem Fehltritt zu entgehen.

Dass der männliche Narzisst männlich ist, ist keine Nebensächlichkeit. Seine Männlichkeit prägt seinen Narzissmus; und die narzisstische Trias – Selbstidealisierung, Fremdabwertung und Selbstimmanenz – prägt wiederum seine Männlichkeit. Damit prägt sein Narzissmus gleichzeitig den Umgang mit dem anderen Geschlecht. Und die Frau hat als »die ganz Andere« über seine Männlichkeit oft einen mildernden Einfluss auf seinen Narzissmus. Im klinischen Setting ist die Frau oft das erste Opfer und die letzte Bezugsperson, die ihm noch bleibt. Deswegen ist die Frau des Narzissten häufiger Gast beim Psychiater – viel häufiger als der Göttergatte selbst.

Die Romantik vom Bauern und der Hirtin

Die Wissenschaftlerin Amber Ruigrok von der University of Cambridge fasste 2014 in einer spektakulären Metaanalyse die Forschungsergebnisse der 167 besten Magnetresonanztomografie-(MRT-)Studien des Gehirns zusammen: Die zerebralen Unterschiede zwischen Mann und Frau umfassen praktische jede Hirnregion! Dieser unbestrittene biologische Geschlechtsunterschied des Gehirns (Fachleute sprechen vom »Sexualdimorphismus«) und die daraus resultierenden unterschiedlichen Denk- und Verhaltensmuster haben eine wahrnehmbare Unterschiedlichkeit der Geschlechter zur Folge. Kurz: Männer und Frauen sind verschieden, denken verschieden, fühlen verschieden, verhalten sich verschieden. Nietzsches »Alles am Weibe ist ein Rätsel« könnte positiv gedeutet werden: Das Rätselhafte ist geheimnisvoll – und wer ein Geheimnis hat, weiß irgendwie mehr …

Richard Lippa, Professor für Psychologie an der California State University, hat in seinen hochkarätigen weltumspannenden Studien die Interessen und Berufswahl von über 200 000 Männern und Frauen aus 53 Ländern untersucht und kommt zu ganz präzisen Ergebnissen: Männer sind sachorientiert und suchen sich auf der ganze Welt entsprechende Berufe, während Frauen personenorientiert sind. Keine Kultur auf diesem Planeten war hier eine Ausnahme. Aus seiner Sicht ist das soziologisch und statistisch so eindeutig, dass es eine stabile biologische Grundlage beweist. Gesellschaftliche Komponenten sind aus seiner Sicht bei diesen hochsignifikanten Neigungen vernachlässigbar.

Evolutionsbiologen betonen, dass der Sexualdimorphismus des Gehirns und die daraus folgenden Interessen- und Begabungsunterschiede für beide Geschlechter ein Vorteil sind – dass Mann und Frau gerade deswegen so gut zusammenpassen.

Wenn zwei Seiten Unterschiedliches zusammentragen, entsteht für beide ein Mehrwert. Falls etwa eine Viehzüchterin das zarte Kalbfleisch und der benachbarte Gemüsebauer die köstlichen Kartoffeln und den frischen Blattsalat beitragen, können beide zusammen gemütlich ein ausgezeichnetes Wiener Schnitzel mit Pommes frites essen. Mit einem leckeren Salat dazu. Was will man mehr? Der eine ergänzt den anderen und vervollkommnet ihn.

Ein narzisstischer Bauer aber würde die Wichtigkeit und Köstlichkeit seiner Kartoffel überschätzen und deswegen über die Gebühr loben. Außerdem würde er unzufrieden feststellen, dass die Hirtin seine Kartoffel nicht über den Klee lobt. Gleichzeitig würde er das Kalbsfleisch abwerten, weil es nicht von ihm kommt. Und sich vielleicht sogar ausgenutzt fühlen. Dadurch würde Unfriede in die friedliche Situation hineinkommen, eine Spaltung würde sich auftun. Das Mahl wäre plötzlich belastet und mühsam. Entweder würden sich beide Seiten über den Tisch gezogen fühlen, oder die Hirtin gäbe immer weiter nach – bis es ihr reicht. Statt Kooperation ist jedenfalls durch den männlichen Narzissmus Konkurrenz entstanden, statt eines gemütlichen Miteinanders ein mühsamer Streit. Und jeder zieht sich unzufrieden auf sich selbst zurück.

Paradoxes würde passieren, wenn die Viehzüchterin die bäuerlichen Abwertungen verinnerlichte und mit einer Änderung ihrer Produktionslinie reagierte. Dann würden beide Kartoffeln produzieren und traurige Veganer werden. Bauer und Hirtin würden einander nicht mehr benötigen, beide auf die Kunst der Viehzucht abschätzig herabblicken. Es gäbe dann zu viele Kartoffeln und zu wenig Kalbsfleisch. Das Menüangebot würde verarmen und die Lebensqualität beider Seiten deutlich sinken. Man stelle sich ein Leben ohne Wiener Schnitzel vor! Wieder würde Konkurrenz entstehen, diesmal aber zuungunsten der Viehzüchterin; denn sie hat einerseits unbenutzte Kuhställe und leere Weiden, es fehlen ihr aber die Traktoren und Geräte, um den Acker zu bestellen und Kartoffeln anzubauen. Bei dieser Konstellation nutzt die Hirtin ihre persönlichen Ressourcen nicht mehr und versucht, auf fremdem Gebiet Fuß zu fassen. Der Gemüsebauer steht so im Wettbewerbsvorteil und die umgeschulte Hirtin müsste durch staatliche Quotenregelungen abgesichert werden. Noch dazu kann sie den Bauern mit nichts mehr beeindrucken und aus dem elfenbeinernen Turm locken. Die Beziehung ist verbockt.

Die Viehzüchterin könnte aber auch – trotz des männlichen Narzissmus – auf ihre Ressourcen setzen: Sie könnte über seine Borniertheit hinwegsehen, seine Kartoffeln bewundern und ihn charmant von der Qualität eines Wiener Schnitzels überzeugen. Der dumme Bauer, der bekanntlich die größten Kartoffeln erntet, würde zwar anfangs gönnerhaft am Schnitzel kauen, aber langsam würde er die Wiener Schnitzelkultur wahrlich schätzen lernen. Da ihr Beitrag – das zarte Kalbsfleisch – in keinerlei Konkurrenz zu seinen unbestritten grandiosen Kartoffeln steht, könnte er diese Ergänzung mit der Zeit sogar vorsichtig wertschätzen.

Die Stereotype von Mars und Venus

Wie wir bereits im ersten Kapitel gesehen haben, verfügen Frauen in den modernen empirischen Studien statistisch gesehen über umfangreicheres Vokabular, besseres sprachliches Ausdrucksvermögen, mehr Empathie, schnellere Auffassungsgabe, größeres Vorstellungsvermögen, bessere Gefühlserkennung, höhere soziale Sensibilität und eine diffizilere Feinmotorik. Frauen sind Männern überlegen. Ein männlicher Narzisst wird das nicht gern hören.

Männer hingegen haben eine ausgeprägtere Aggressivität, bessere visuell-räumliche Fähigkeiten, mehr Durchsetzungskraft, können besser systematisieren, besser 3-D-Rotationen nachvollziehen. Männer können nach aufwendigen Studien (und nicht nur dümmlichen Vorurteilen) besser Landkarten lesen und besser eine Form in einem größeren Design finden. Männer sind also den Frauen überlegen. Das hat der männliche Narzisst schon immer gewusst.

Dabei verteilen sich alle Eigenschaften unter einem Geschlecht natürlich wie bei einer Gauß'schen Verteilung, sodass Überschneidungen zwischen den Geschlechtern sehr wohl stattfinden. Woher diese Unterschiede kommen, ist noch Gegenstand einer emotionalen Diskussion – die leider nicht immer wissenschaftlich-sachlich geführt wird. Diese Debatte interessiert uns für die Narzissmusfrage nur am Rande, weil die Unterschiede unabhängig von ihrer Genese ohnehin feststehen.

Bücher wie etwa *Männer sind anders. Frauen auch. Männer sind vom Mars. Frauen von der Venus*, mit dem 1992 der US-amerikanische Paartherapeut John Gray weltberühmt wurde, basieren auf solchen Forschungsergebnissen. Sie bringen diese ganz einfach und griffig (und damit natürlich auch angreifbar) auf den Punkt und ermuntern die Geschlechter zur gegenseitigen Akzeptanz. Später haben prominente akademische Lehrer in dieses Horn gestoßen, natürlich mit einem ganz anderen wissenschaftlichen Background: so etwa die Neurowissenschaftlerin und Psychiaterin Louann Brizendine mit ihrem gefällig lesbaren Buch *Das weibliche Gehirn* sowie *Das männliche Gehirn* und der renommierte Cambridge-Wissenschaftler und Autismusforscher Simon Baron-Cohen mit seinem Bestseller *Vom ersten Tag an anders*.

Baron-Cohen zeigt mit seiner Mitarbeiterin Jennifer Connellan, dass sich Mädchen und Buben bereits unmittelbar nach der Geburt anders verhalten. Schon weibliche Neugeborene reagieren in Studien mehr personenbezogen, männliche hingegen mehr sachbezogen: Das weibliche Geschlecht zeigte signifikant größeres Interesse an Gesichtern, männliche Neugeborene an Gegenständen. Das bedeutet, dass der genetische und hirnanatomische Unterschied sich von Anfang an auf das Verhalten auswirkt – also wiederum: keinesfalls gesellschaftlich geprägt sein kann. Aus seiner Forschungsarbeit mit Erwachsenen folgert Baron-Cohen, dass der Autist, den ein massiver Mangel an Empathie auszeichnet, ein »extrem männliches Gehirn« hat, weswegen nachweislich neun von zehn Autisten männlich sind. Er kann überzeugend darstellen, dass sich männliche und weibliche Begabungen signifikant unterscheiden: Nach dem Cambridge-Forscher sind Frauen mehr empathiebegabt, während Männer in der »Systematisierungsfähigkeit« die Nase vorn haben.

Wenn sich der Yang der Yin verweigert

Insgesamt sind die Begabungen unter den Geschlechtern also gerecht – aber asymmetrisch – verteilt: sie Empathie, er Systematisierungsfähigkeit. Die ideale Partnerschaft kann diese Unterschiede nutzen, indem der eine respektvoll die Begabungen des anderen wahrnimmt, die dieser in die Ehe einbringt. Dafür mag ein Begriff der chinesischen Philosophie ein gutes Bild sein: Yin und Yang. Sie stehen für polar einander entgegengesetzte und dennoch aufeinander bezogene Prinzipien. Im Tai-Chi-Symbol werden das männliche Yang (hell, hart, heiß, aktiv) und das weibliche Yin (dunkel, weich, kalt, passiv) gegenüberstehend und sich ergänzend dargestellt. Allein unvollkommen, zu zweit komplett. Yin und Yang sind nach chinesischer Auffassung eben nicht antagonistisch, sondern komplementär. Kurz: Mann und Frau sind füreinander geschaffen, aufeinander hin. Männlichkeit und Weiblichkeit können einander ergänzen.

Die Unterschiedlichkeit der Geschlechter kann zu gegenseitiger Bewunderung oder zu gegenseitiger Verachtung führen, wie wir zum Beispiel bei Bauer und Hirtin gesehen haben. Narzisstisches Denken – also die Selbstidealisierung unter Abwertung des anderen – führt immer zur Vergiftung dieser respektvollen Partnerschaftlichkeit. Männliche Narzissten können oder wollen die weiblichen Begabungen nicht wertschätzen – sie kommen gar nicht auf die Idee! – und betonen ihre dominante Hälfte unter brutalem Negieren der eigenen Schwächen. Natürlich handeln weibliche Narzissten ebenso – aber das ist nicht unser Thema. Narzissmus spaltet. Er bewirkt bei Männern, dass sie sich von ihrer Frau nicht mehr erden, nicht mehr emotional korrigieren und beziehungstechnisch coachen lassen. Narzissmus zerstört also die biologische Harmonie zwischen den Geschlechtern: Er bringt egozentrische Begierde und Herrschsucht in die Beziehung hinein.

Fall 18: Der Superapotheker

Der 40-jährige höchst erfolgreiche Apotheker Friedrich J. kommt zum Psychiater, weil seine Partnerschaften immer in die Brüche gingen. *»In der jetzigen ist auch der Wurm drin. Gut – da ist auch ein großer Altersunterschied: Kristina ist 14 Jahre jünger. Aber wir haben uns trotzdem sehr gerne. Irgendwie muss ich mich immer auf die falschen Frauen einlassen. Ich bin sehr schnell mit allem: Denken, Karriere. Habe mir aus dem Nichts in wenigen Jahren ein Imperium von vielen Apotheken aufgebaut. Sie können mich gern googeln. Abgelehnt werden ist ganz hart für mich. Meine Freundin ist eine Schwedin, sie ist Perfektionistin und von ihren Eltern noch nicht ganz abgenabelt. Es gab wegen einer Kleinigkeit Streit. Ich habe ihr das erklärt, aber sie versteht es nicht. Ich* hätte es auch als Bevormundung empfunden, wenn mir einer Grenzen zieht. Ich gebe ihr Karrieretipps, aber das hat sie gestört. Sie nennt mich ›benevolenter Diktator‹.«

Der Psychiater fragt, was sie an ihm kritisiere. Es dauert lange, aber dann kommt einiges: *»Was sie mir vorwirft: beratungsresistent, arrogant, kompromisslos bis zur Ruchlosigkeit, Ungeduld, Gerechtigkeitsfanatiker, Härte, Schwarz-Weiß-Denken, zu wenig loving, manipulativ, misstrauisch, von oben herab, besserwisserisch, und dieses ewige Gesülze: ›Du willst gar nicht bei mir sein‹, wenn ich einmal allein sein will, ›Ich bin die Zweite hinter deinem Job‹; sie will nicht bevormundet werden. Was ich jetzt verstanden habe: Es fehlt mir tatsächlich an Herzenswärme.«*

Immerhin! Das war überraschend viel. So viel Selbstkritik, wenn auch indirekt über seine Freundin, hätte man ihm aufs Erste gar nicht zugetraut. Der Psychiater fragt, ob er mit seiner Freundin auf gleicher Augenhöhe ist.

»Natürlich nicht. Ich weiß mehr und habe mehr Erfahrung. Ich möchte sie fördern, möchte, dass sie ihr Potenzial ausschöpft. Ich kenn mich in der Wirtschaft aus: Das muss man ganz anders machen. Aber sie will nicht auf mich hören. Das belastet die Beziehung schon sehr. Wissen Sie, wie unangenehm das ist, wenn man ganz genau weiß: Mädel, jetzt läufst du ins Verderben – aber es nicht sagen kann? Ich wollte lieber ihr Coach sein. Sie soll Erfolg haben. Ich will mich nicht blamieren.«

Der Psychiater frage ihn, was eine Frau sein/können/ haben müsse, damit sie ihn anspreche.

»Zuerst intelligent. Ich will mit ihr in einen interessanten Diskurs treten können: politisch, gesellschaftspolitisch, literarisch, philosophisch. Zweitens erfolgreich: Sie muss ihr Poten-

zial ausreizen. Ich will mich nicht mit so einer Hausfrau bla-
mieren. Drittens: schön und schlank. Sie muss zu mir passend
aussehen, wenn wir mal in die Oper gehen oder ins Theater.
Sie wissen eh, wie die Wiener Gesellschaft ist.«

Nachdenklich redet er weiter: »Kristina will mehr Gemein-
samkeit – das ist ein Problem, ich habe schon gerne viel
Platz für mich selbst. Ich arbeite unter der Woche hart – am
Wochenende will ich meine Bildung vertiefen und schon mal
einen Cervantes lesen oder einen Habermas. Sie hat tief
innen drinnen einen Kinderwunsch, das weiß ich – aber das
sagt sie nicht, weil ich Ansprüche an ihre Karriere habe. Das
kommt jetzt auch gar nicht infrage. Meine Arroganz: Ich bin
bei Diskussionen sehr bossy. Wenn einer intellektuell nicht
ebenbürtig ist, ist er schnell uninteressant für mich. Ich bin
unverwundbar, wenn ich die anderen intellektuell dominieren
kann.«

Die Frauenbeziehungen des Friedrich J. klappen nicht, deswegen kommt er zum Psychiater. Das Hauptproblem neben einer
narzisstischen Grundstruktur ist, dass er eine Frau nicht ernst
nehmen kann, die nicht seinen Erfolg, seine Bildung und seine
Intelligenz besitzt. Sie sind nicht auf gleicher Augenhöhe, weil
sie nicht das leistet, was er zu leisten vermeint. Herr J. kann die
Begabungen seiner Freundin nicht wahrnehmen und schätzen.
Im Grunde hat er eine stark reduzierte Sicht auf die Frau: Sie ist
einem Mann gleich und muss Gleiches leisten, damit er sie ernst
nehmen kann. Dabei begegnet er ihr durchaus wohlwollend, wie
ein Coach, aber nicht wie ein Lebenspartner. Er will dominieren,
souverän sein – das ist für eine Partnerschaft zu wenig. Er verachtet in seiner narzisstischen Sicht ihre Weiblichkeit, die eine

empathische Ergänzung seiner Grobheit darstellen könnte und die er eigentlich braucht wie die Pflanze das Licht. Im Gegenteil, er wünscht eine ebenbürtige, gleich intelligente, gleich erfolgreiche Person, die halt zufällig ein anderes Geschlecht hat – mit der er sich nicht blamiert. Ihren Kinderwunsch, ihre Sehnsucht nach Nähe und ihre Häuslichkeit wertet er ab. Er wünscht sich eine Karrierefrau, wie er ein Karrieremann ist. Superman meets Supergirl. Die Ergänzung, die sie ihm sein könnte, sieht er nicht, weil er sich gar nicht als ergänzungsbedürftig wahrnimmt. Er kann das Yin in ihr nicht wahrnehmen und wertschätzen – deswegen bleibt sein Yang allein.

Parzival und das Kraut gegen die männliche Neigung

Machen wir uns nichts vor: Frauen sind physisch schwächer als Männer. Frauen besitzen im Durchschnitt etwa nur zwei Drittel der körperlichen Leistungsfähigkeit von Männern, haben im Durchschnitt 55 Prozent der Muskelkraft und 67 Prozent der Ausdauerleistungsfähigkeit von Männern. Das ist wie alles nach der Gauß'schen Verteilungskurve aufgeteilt: Die besten 20 Prozent der Frauen haben dieselbe körperliche Leistungsfähigkeit wie die schlechtesten 20 Prozent der männlichen Bevölkerung. Zu Recht kann man medizinisch sagen, Frauen seien das schwächere Geschlecht. Das bedeutet nicht, dass sie weniger wert sind, weniger Würde haben. Ganz im Gegenteil: Deswegen muss der Mann Rücksicht lernen. Wenn er das nicht lernt, dann passiert das Folgende.

Fall 19: Die Idealistin

Seit dem Herbst 2015 arbeitet Franziska R. hauptberuflich und fest angestellt in einer Hamburger Erstaufnahmestelle für Flüchtlinge. Der Welt am Sonntag berichtete sie im Januar 2016, sie hätte sich explizit auf diesen Job beworben, er sei genau das, was sie immer habe machen wollen. Als jedoch die ersten Flüchtlinge in das Büro gekommen seien, in dem sie die Sozialberatung abhalten wollte, habe sie gemerkt, dass ihre positive und idealistische Vorstellung von den Flüchtlingen und deren Verhalten sich deutlich von der Realität unterscheiden. Natürlich dürfe man auf keinen Fall pauschal über alle Flüchtlinge urteilen, es gäbe unter ihnen viele, die sehr freundlich seien, sehr dankbar, sehr integrationswillig, sehr froh, hier zu sein. Aber wenn sie ehrlich sei, dann sei die Zusammenarbeit mit 90 Prozent von denen, die sie treffe, eher unangenehm und leider nicht so, wie sie sich das vorher gedacht habe.

Erstens seien viele von ihnen extrem fordernd. Sie kämen zu Frau R. und verlangten, dass sie ihnen jetzt sofort eine Wohnung und ein schickes Auto und am besten auch gleich noch einen richtig guten Job beschaffe, weil sie das ja müsse, dafür sitze sie ja da, und sie seien ja nun mal hier angekommen. Wenn Franziska R. das dann ablehne und stattdessen versuche, ihnen zu erklären, dass das nicht geht, dann würden sie oftmals laut werden oder auch mal richtig aggressiv. Ein Afghane habe erst letztens gedroht, er werde sich umbringen. Und ein paar Syrer und eine Gruppe Afghanen hätten erklärt, sie würden in den Hungerstreik treten, bis Frau R. ihnen helfe, an einen anderen Ort zu ziehen. Eine ursprünglich aus dem arabischen

Raum stammende Kollegin von Franziska R. hätten sie mal richtiggehend angeschrien: ›Wir köpfen dich!‹ Wegen solcher und anderer Sachen sei die Polizei mehrmals in der Woche vor Ort.

Was für Franziska R. das Schlimmste ist: Einige der Flüchtlinge würden sich den betreuenden Frauen gegenüber »indiskutabel« verhalten. Es sei ja bekannt, dass es vor allem alleinstehende Männer sind, die nach Deutschland kommen, etwa 65 Prozent oder vielleicht sogar 70 Prozent, schätzt Franziska R. Die seien alle noch jung, erst so um die 20, höchstens 25 Jahre alt.

Und ein Teil davon achte die Betreuerinnen als Frauen überhaupt nicht. »Sie nehmen es hin, dass wir da sind, das müssen sie ja auch, aber sie nehmen uns überhaupt nicht ernst. Wenn ich als Frau ihnen etwas sage oder ihnen eine Anweisung geben will, dann hören sie mir kaum zu, tun es sofort als unwichtig ab und wenden sich danach einfach noch einmal an einen der männlichen Kollegen. Für uns Frauen haben sie oft nur verächtliche Blicke übrig – oder eben aufdringliche.« Die Männer würden den Betreuerinnen laut hinterher pfeifen, etwas in einer fremden Sprache nachrufen, was Franziska R. und die meisten ihrer Kolleginnen nicht verstehen, und würden lachen. Das sei wirklich sehr unangenehm. Es passiere sogar, dass sie eine der Betreuerinnen mit dem Smartphone fotografieren. Einfach so, ungefragt, auch wenn die Betroffene protestiert hätte. Und letztens sei Franziska R. eine etwas steilere Treppe hinaufgegangen. Da seien ihr einige von den Männern hinterhergelaufen, hinter ihr die Stufen hochgegangen, und sie hätten die ganze Zeit gelacht und – vermute Frau R. – über sie geredet und ihr etwas zugerufen.

Kolleginnen hätten Franziska R. erzählt, dass ihnen Ähnliches auch schon zugestoßen sei. Sie hätten aber gesagt, dass man nichts dagegen machen könne. Dass es halt zu diesem Job dazugehöre. Das komme so oft vor, wenn man da jedes Mal jemanden anzeigen oder gleich verlegen würde, wäre die Einrichtung deutlich leerer. Also ignorieren sie es und versuchen, die Sache nicht weiter an sich rankommen zu lassen – und so habe Franziska R. es dann eben auch gemacht. Sie sei mit nach vorn gerichtetem Blick weitergegangen, wenn die Männer ihr hinterhergepfiffen oder ihr etwas nachgerufen hätten. Habe nichts gesagt und das Gesicht nicht verzogen, um die Männer nicht darin zu bestärken, um ihnen nicht das Gefühl zu geben, dass sie ihr damit wehtun oder sie beeinflussen könnten.

Doch das habe nicht geholfen, es sei sogar schlimmer geworden – besonders in den letzten Wochen, als immer mehr Männer aus Nordafrika, aus Marokko, Tunesien oder Libyen in die Einrichtung gekommen seien. Die seien noch aggressiver gewesen. Da konnte Franziska R. es nicht mehr ignorieren und habe reagiert, um sich dem nicht weiter auszusetzen.

Das heißt konkret: Sie habe begonnen, sich anders anzuziehen. Sie sei eigentlich jemand, der gern auch mal etwas engere Sachen trägt, aber jetzt nicht mehr. Sie ziehe ausschließlich weit geschnittene Hosen und hochgeschlossene Oberteile an. Schminke benutze sie sowieso immer schon sehr wenig, höchstens mal einen Abdeckstift. Und nicht nur äußerlich habe sie sich verändert, um sich etwas vor dieser Belästigung zu schützen. Sie verhalte sich auch anders. So vermeide sie es zum Beispiel, auf dem Gelände des Flüchtlingsheims an diejenigen Orte zu gehen, an denen sich die alleinstehenden Männer oft aufhalten. Und wenn sie es doch mal müsse, dann versuche sie, sehr schnell durchzukommen und niemanden anzulächeln, damit die Männer das nicht falsch verstünden. Aber meist bleibe sie in ihrem kleinen Büro, wenn möglich sogar den ganzen Tag über. Und sie fahre nicht mehr mit der Bahn zur Arbeit, denn letztens sei eine Kollegin von einigen der jungen Männer bis zur U-Bahn-Station verfolgt und sogar noch in der Bahn belästigt worden. Das möchte Frau R. sich ersparen und komme daher mit dem eigenen Auto.

Von offizieller Seite habe Franziska R., so ihre Sicht, keine große Hilfe zu erwarten: »Weder bei dieser Sache noch bei den anderen Problemen, die es bei uns gibt, weder bei der Innenbehörde noch beim hiesigen Bundesamt für Migration und Flüchtlinge. Wenn man bei denen anruft, gehen die oft gar nicht mehr ans Telefon. Mir bleibt also eigentlich wirklich nur noch die Kündigung.«

Deswegen hat unsere Kultur auch schon vor vielen Jahrhunderten einen ganz konkreten Verhaltenskodex für das aggressive, starke Geschlecht hervorgebracht, der zu einem wertschätzenden Miteinander beiträgt: die Ritterlichkeit. Sie besteht in einem gerechten, rücksichtsvollen und höflich-zuvorkommenden Handeln gegenüber der Dame als dem physisch schwächeren, schützenswerten Geschlecht. Das Phänomen der heutigen Frauenparkplätze funktioniert nach diesem Prinzip. Diese Rücksichtnahme wird von der Damenwelt sehr geschätzt, mit ganz wenigen Ausnahmen: Die »Sexismus-Expertin« Julia Becker postuliert einen verwerflichen wohlwollenden Sexismus, »der eher im Gewand der Ritterlichkeit oder des Kavaliertums erscheint. Wohlwollende Sexisten sind der Überzeugung, dass Männer Frauen beschützen … sollten.«

Der männliche Verhaltenskodex ist keine Erfindung der Genderbeauftragten des 21. Jahrhunderts, nein, das gehörte schon im Mittelalter zu den Pflichten eines Ritters am Hofe. Und er hat sich bewährt. Wolfram von Eschenbach erzählt vor mehr als 800 Jahren die legendäre Geschichte vom hübschen Jüngling Parzival. Der wächst vaterlos auf und wird von seiner alleinerziehenden Helikoptermutter Herzeloyde vor der bösen Welt bewahrt. Trotzdem will der Bengel nichts lieber als Ritter werden. Herzeloyde stattet ihren ahnungslosen Sohn mit Narrenkleidung aus, damit der sich ordentlich blamiert und bald wieder zur tröstenden Mutti heimkommt. Aber der vergewaltigt und beraubt schnell einmal die arme Jeschute und erschlägt gleich danach noch den »roten Ritter«, um in dessen Rüstung zu schlüpfen. Der weise Gurnemanz schließlich nimmt ihn kopfschüttelnd auf und unterweist den rohen, ignoranten Jugendlichen in den Normen ritterlicher Lebensführung, Frömmigkeit, ritterlichen Tugenden und Kampftechniken.

Eschenbach zeichnet die Entwicklung des verwöhnten Egomanen Parzival von seiner Selbstbezogenheit zur Empathiebereitschaft, von der Lustmaximierung zur Tugend und zum Ausbruch aus der engen Dyade mit seiner Mutter. Faszinierend sind aber Gurnemanz' Unterweisungen: Nach der Gunst einer Dame zu streben ist für den Ritter eine Ehre. Die nimmt man sich nicht einfach so, wenn einem danach ist! Parzival staunt. Ja, und die höfischen Damen kommen dem Wunsch nach Erhörung und Minne nicht automatisch nach. In der Tat: Die damalige Aufwertung der Frau durch die Kultur des Minnedienstes ist in der Welt unvergleichlich. Bis heute können beträchtliche Teile der Welt von dem Kult um die Dame nur träumen; mancherorts ist die Frau noch heute Privatbesitz und hat sich zu verhüllen.

Parzival vermasselt es zunächst ordentlich: Auf der Grals-burg schweigt er angesichts des Leidens seines Onkels Anfortas. Damit hätte er den siechen König erlösen können. Na ja, Empa-thie ist nicht so seins. Da er die mitfühlende Frage nicht stellt, wird er von der hässlichen Gralsbotin Cundrie la Surziere vor der ganzen Gralsgemeinschaft verflucht. Nach weiteren Aben-teuern und einer Reihe von Ungeschicklichkeiten jedenfalls wird Parzival trotz aller Fauxpas in die Tafelrunde des edlen König Artus aufgenommen. Aber es fehlt noch was: Sein Onkel, der Einsiedler Trevrizent, bringt vier Jahre später seine ritter-liche Erziehung zum Abschluss und versöhnt ihn mit Gott. Er hilft so seinem Neffen, die dritte Fessel der Selbstimmanenz abzustreifen.

Die Ritterlichkeit – also die kultivierte Männlichkeit – besteht im Mittelalter aus folgenden zwölf Tugenden. Die sechs ersten mit einem persönlichen Schwerpunkt zum Zerreißen der ersten Fessel der Selbstidealisierung: Hochgemutheit, Würde, Bestän-digkeit (Festigkeit), Ehre (also ritterliches Ansehen), Zucht (also Erziehung nach festen Regeln, Anstand) und Maß. Die sechs weiteren mit sozialem Schwerpunkt zum Abstreifen der zwei-ten Fessel der Fremdabwertung: Mannhaftigkeit (das heißt Tap-ferkeit), Milde (das heißt Freigebigkeit, Großzügigkeit), Treue, Demut (ein realistisches Selbstbild), Güte und Höfischkeit (also stilvolle Höflichkeit).

Hier lernt der Narzisst Parzival also mit konkreten Prinzi-pien, wie er sich aller drei Fesseln entledigen kann. Die männ-lichen, ritterlichen Tugenden stehen dem Narzissten zum Kor-rektiv zur Verfügung, ohne dass sie aus ihm eine Frau machen. Natürlich muss er sie mit vollem Herzen wollen und annehmen. Danach folgt das verstandesmäßige Durchdringen mit dem Kopf. Dann kann es zum bewussten, immer wieder schmerz-haft wiederholten Antrainieren kommen, das dem Bauchgefühl am Anfang so gar keinen Spaß macht. Aber steter Tropfen höhlt den Stein, und so entsteht eine innere Haltung – ein Habitus, der sich letztendlich auch in den Bauchgefühlen verfestigt. Die Tugend ist zuletzt die Leichtigkeit im Tun des Guten. Wenn der Narzisst schließlich zum Ritter wird, hat er die drei Fesseln abgestreift und ist frei. Das Trockentraining zahlt sich (für Parzival) aus: Nach weiteren komplizierten Verwicklungen wird Parzival schließlich sogar Gralskönig.

Der Charme des Psychopathen

Viel ist schon geschrieben worden über den »Charme des Psychopathen«. Der männliche Narzisst ist ein Meister der Selbstdarstellung: Er tritt selbstbewusst auf, ist extravertiert, charmant und liefert, wenn es ihm nutzt, hohe Leistungen. Er blüht auf der Bühne der weiblichen Bewunderung richtiggehend auf. Er ist – bei entsprechendem Publikum – eine schillernde Persönlichkeit mit beachtlichem Charisma. Er gehört auf Partys – seinem natürlichen Jagdrevier – zu den gern gesehenen Gästen. Sein einnehmendes Wesen macht ihn nicht nur durchsetzungsstark, sondern lässt ihn für die Damenwelt oft auch als glänzenden Unterhalter erscheinen. Diese Wirkung auf Frauen setzt der Narzisst auch ganz gezielt ein: Er ist der Meister der Manipulation. Er wertet seine weibliche Beute erst mal »ritterlich« auf, lobt und umgarnt sie.

Dabei beweist sein Minnegesang ein unheimliches Einfühlungsvermögen, eine berechnende Höflichkeit, denn er kann die Frauen bei ihrer Schwäche und Eitelkeit packen und ihnen dadurch sehr effektiv schmeicheln. Wenn er sie aber nicht mehr braucht, lässt er sie blitzschnell fallen oder wertet sie sogar ab – oft gesehen beim jeweiligen Bösewicht, der gegen den Hero James Bond antritt. Bond, der kampferprobte Gutmensch, rettet die Schöne dann meistens spektakulär. In diesen Filmen verkörpert der Geheimagent 007 des MI6 seit 1957 die echte Ritterlichkeit. Der narzisstische Böse hingegen gibt diese Ritterlichkeit lediglich vor. Selbst seine Ehefrau ist ihm nur eine Art Trophäe; sobald sie ihm lästig fällt, geht er auf Distanz.

Die Kombination zwischen dem narzisstischen Charisma und seiner Unfähigkeit und/oder seinem Unwillen, andere bei der Stange zu halten, erklärt, warum der Narzisst meistens eine Gruppe spaltet. Einerseits finden sich immer lautstarke Befürworter und Fans, aber auch erbitterte – und mitunter enttäuschte – Gegner. Der Narzisst lässt niemanden kalt. Er kann damit leben: »Viel Feind, viel Ehr!« – so das Motto des ritterlichen Feldherrn Georg von Frundsberg in kaiserlich-habsburgischen Diensten.

Was macht den männlichen Narzissten für Frauen so anziehend? Es ist auffällig, dass er im krassen Gegensatz zum Perfektionisten eine maskuline Ausstrahlung, ein starkes Charisma, eine beeindruckende Überzeugungskraft hat. Er signalisiert Durchschlagskraft und eine starke Schulter, an der frau sich ausweinen kann. Der Narzisst zieht Frauen in den Bann und hat natürlicherweise das Potenzial, einen weiblichen Fanclub um sich zu scharen. Das hat der männliche Perfektionist gar nicht, obwohl der genauso um sich selbst kreist – aber im Gegensatz zum Narzissten eben angstvoll. Der Grund ist, dass der Narzisst eine Tugend imitiert, die oft genug mit Hochmut verwechselt wird: die Hochgemutheit, eine der zwölf ritterlichen Eigenschaften.

Mimikry der Ritterlichkeit

Eine der zentralen Eigenschaften des ritterlichen Ideals ist die Hochgemutheit. Aber die wurde nicht erst im Mittelalter erfunden, die findet sich schon bei den alten Griechen. Bereits Aristoteles beschrieb die »Megalopsychia«, lateinisch bei Cicero und Thomas von Aquin »Magnanimitas«, zu Deutsch auch oft »Hochsinn, Großgesinntheit, Großherzigkeit, Seelengröße« genannt. Für Aristoteles bildet sie die Mitte zwischen Kleinmut und narzisstischer Aufgeblasenheit: »Hochsinnig scheint zu sein, wer sich selbst großer Dinge für würdig hält und es auch ist. Denn wer es unbilligerweise tut, ist ein Tor, kein tugendhafter Mann.« Der Ritter ist kein Schrebergärtner, kein Kleinkrämer. Er ist hoch zu Pferd, er hat einen weiten Horizont, eine Mission – und einen König, dem er dient. Der innere Narzisst hingegen, den der Ritter in sich bekämpft, will niemandem dienen.

In der legendären Filmkomödie »Blues Brothers« aus dem Jahr 1980 mit dem Who's Who der damaligen Musikszene sind Jake und Elwood Blues »im Auftrag des Herrn unterwegs«, um viel Geld für ein Waisenhaus zu sammeln, in dem sie selbst groß geworden sind. Der innere Narzissmus hingegen hat die Tendenz, immer nur für sich selbst unterwegs zu sein, aber gern den Gutmenschen zu spielen. Aristoteles entlarvt dieses narzisstische Gehabe: »Die Aufgeblasenen sind töricht und der Selbsterkenntnis bar, und dies in augenscheinlicher Weise. Sie machen sich an rühmliche und hohe Dinge, als wären sie ihnen gewachsen, und offenbaren dann nur ihr Unvermögen. Sie zieren sich auch in Kleidung und Haltung und dergleichen, tragen ihre Glücksgüter zur Schau und reden von der eigenen Person, als ob sie sich damit in Ansehen brächten.«

Die ritterliche Tugend der Seelengröße ist enger mit der Demut verbunden, als man meint. Der Hochgemute ist prinzipiengeleitet und somit wählerisch, denn er lässt sich vom Nebensächlichen nicht aus der Reserve locken und beeindrucken, sondern nur vom Großen, das ihm gemäß ist. Der Hochgemute ist – im schroffen Gegensatz zum Narzissmus – nicht »stolz« auf seine vielen Vorzüge. Er ist zu stark mit dem Schönen, Wahren und Guten beschäftigt und mit seiner Verwirklichung, als dass ihm für eine narzisstische Selbstbespiegelung noch Zeit bliebe.

Die Magnanimitas will das Ehrbare. Der Ritter nimmt durchaus auch – doch erst in zweiter Linie – die ritterliche Ehre in Anspruch, die damit verbunden ist. Thomas von Aquin, der selbst aus einer adeligen Ritterfamilie stammt, stellte fest: »Der Hochgemute spannt sich auf das, was der höchsten Ehre wert ist.« Und: »Wenn einer auf solche Weise die Ehre verachtete, dass er sich nicht darum sorgte, zu tun, was Ehre verdient, so wäre das zu tadeln.« Der ideale Ritter würde jedoch eher das Ehrbare ohne Bewunderung machen als das Bewunderte, aber unehrenhaft. Die innere narzisstische Versuchung hingegen geht in die umgekehrte Richtung: Sie ist skrupellos und will bewundert werden; die Sache dahinter ist nebensächlich. Ehre ist nicht dasselbe wie Bewunderung.

Der hochgemute Ritter verbiegt sich nicht, passt sich nicht der Mittelmäßigkeit an, zieht sogar ein Leben in Armut einer Prostitution seines Talentes vor, wenn das die Alternative sein sollte. Die Kunstgeschichte kennt einige Genies, die beim spießigen Establishment angeeckt sind. Sie sind trotzdem unbeirrt ihren Weg weitergegangen, wenn auch unter Schwierigkeiten – und konnten sich so nur ganz langsam oder wie van Gogh erst post mortem durchsetzen.

Der Ritter ist unerschrocken und unbestechlich: »Niemals vermöchte der Hochgemute einen anderen Menschen so hoch zu schätzen, dass er um seinetwillen etwas Ungeziemendes täte«, beschreibt der Philosoph Josef Pieper diese große Seele. Für die narzisstische Versuchung hingegen heiligt der Zweck die Mittel: Sie will zum Ziel gelangen, auch mit Ellbogen und, wenn nötig, über Leichen – Hauptsache, das Ergebnis stimmt. Für sie gibt es eben kein Kriterium außer sich selbst. Deswegen definiert der Narzisst das Ungeziemende nach seinem Gutdünken – seiner eigenen momentanen Notwendigkeit. Keinesfalls ist er bereit, für ein ethisches Prinzip Blut zu lassen oder nur einen kleinen Nachteil in Kauf zu nehmen.

Ganz anders beschreibt Pieper den Hochgemuten: »Unerschrockene Aufrichtigkeit ist das Kenn-Mal der Hochgemutheit; nichts ist ihr so fremd wie dies: aus Furcht zu verschweigen, was wahr ist. Schmeichelworte und Verstellung, die beide aus einem kleinen Herzen ihren Ursprung nehmen, meidet der Hochgemute ganz und gar. Der Hochgemute unterwirft sich nicht der Verwirrung des Gemütes, nicht irgendeinem Menschen, nicht dem Schicksal – nur Gott.«

Hier haben wir den schlagenden Unterschied zwischen den beiden Haltungen: Die Hochgemutheit ist zur Selbsttranszendenz nicht nur fähig, sie holt auch ihre ganze Kraft aus ihr. Der Narzissmus hingegen unterwirft sich niemandem – auch nicht einem göttlichen Prinzip. Er kann durchaus unerschrocken aufrichtig sein, aber aus Selbstsucht und Fremdverachtung, nicht aus Liebe zur Wahrheit. Denn eine Wahrheit, auf die er keinen Einfluss hat, kann der Narzissmus gar nicht anerkennen.

Der ritterliche General Johann Friedrich Adolf von der Marwitz verweigerte während des Siebenjährigen Krieges die befohlene Plünderung des eroberten sächsischen Schlosses Hubertusburg bei Leipzig. Er antwortete seinem König Friedrich II.: »Das würde sich allenfalls für den Offizier eines Freibataillons schicken, nicht aber für einen preußischen General!«, und ersuchte um Abschied aus der Armee. Sein ritterlicher Auftritt hat ihm karrieretechnisch schwer geschadet. Auf seinen Grabstein ließ sein Neffe folgende Worte setzen: »Sah Friedrichs Heldenzeit und kämpfte mit ihm in all seinen Kriegen. Wählte Ungnade, wo Gehorsam nicht Ehre brachte.« Der Hochgemute lässt sich nicht verbiegen. Der Narzissmus auch nicht – aber dieser ist schon innerlich verbogen.

Der Narzissmus verführt den Menschen zum unabsichtlichen Bluff: Er tritt mit dem Selbstbewusstsein des Hochgemuten auf, ohne es zu sein. Er gibt vor, Ritter zu sein, und ist keiner. Im Sinne der Mimikry imitiert er den äußeren Schein ritterlicher Tugenden, solange sie ihm nutzen. Und das ist für die Damenwelt extrem anziehend: die ritterlichen, männlichen Tugenden. Ein starker Mann, der sich selbst in der Hand und das Herz am rechten Fleck hat. Nur das Gute zieht an. Der Narzissmus imitiert Prinzipientreue und Werte, während er für den bewunderten Ehrenplatz noch seine Großmutter verkaufen würde. Der Ritter ist wie General Marwitz bereit, Opfer auf sich zu nehmen, die niemand sieht. Das würde der Narzisst niemals dulden. Der Ritter verfügt über eine ganz klare innere Ordnung, über Beziehungsfähigkeit und Selbsttranszendenz – all das, was dem inneren Narzissmus abgeht.

Nicht vergessen: Auch der Ritter verspürt den Narzissmus in sich. Doch er kann ihn reiten, er hat ihn gezähmt und seine Kraft für den guten Dienst nutzbar gemacht. Der Ritter ist ein geläuterter Narzisst.

Tabuisierte Väterlichkeit

Da der Narzissmus die Tendenz im Mann ist, ständig selbstverliebt in den Spiegel zu blicken und die anderen zu übersehen, tut sich der Narzisst auch schwer, Verantwortung zu übernehmen. Und die größte Verantwortung, die ein Mann wohl übernehmen kann, ist die für eigene Kinder. Aus dieser Verantwortung schraubt sich der Narzisst gern heraus. Es geht ihm um seine Bedürfnisse, seine Befriedigung – auch durch das Kind. Der Psychoanalytiker Alexander Mitscherlich hat uns bereits 1963 *Auf dem Weg zur vaterlosen Gesellschaft* diagnostiziert. Darin sah er die Ursache des allgegenwärtigen Konformismus. Der Vater habe – so Mitscherlich – an Autorität dermaßen verloren, dass er seinen Söhnen keine Identitätsfigur und seinen Töchtern kein Halt mehr sein kann. Der Vater fördere nicht mehr geistige Fähigkeiten und auch nicht die Fähigkeit zur andauernden Arbeit.

Mitscherlich sieht die »Entväterlichung« an dem mangelnden Sozialisations- und Erziehungsgeschehen und an der verringerten innerfamiliären Machtposition. Diese spiegle sich wider in der »Entleerung der auctoritas (lat. Vorbild) und in der Verringerung der innerfamiliären potestas (lat. Macht) des Vaters«. Heute werden die Männer dafür kritisiert, dass sie keine rechten Männer mehr sind. Aber das hindert sie nicht daran, narzisstisch zu agieren, wie wir bei Herrn O. beobachten können.

Fall 20: Der selbstverliebte Softie

Die 35-jährige Akademikerin Rotraud O. kommt wegen einer Ehekrise zum Psychiater. Frau O. wirkt sehr korrekt, ein bisschen förmlich, aber durchaus freundlich und zugewandt. Sie und ihr Mann Richard kennen einander schon eine halbe Ewigkeit, bereits beim Abitur waren sie ein Paar gewesen. Seit der Geburt der Tochter Tesi vor sechs Jahren hat sich aber leider vieles verändert. Ihr Mann äußert sich seit zwei Jahren sehr unzufrieden über die Ehe. Genauso lange macht er übrigens schon eine Psychotherapie, und Frau O. hat den Eindruck, die Therapeutin habe keinen guten Einfluss auf Richard. Sein Vorwurf lautet: Du planst mir das ganze Leben und nimmst mir das Kind weg.

»Seit zwei Jahren intensiviert er seine Beziehung zu Tesi ganz systematisch. Samstag ist jetzt ›sein‹ Tag, an dem er mit Tesi was unternimmt und ich ausgeschlossen bin. Er stellt mich als Tyrannin hin: Ich entscheide angeblich alles, was die Familie angeht. Das ist leicht erklärlich, weil er chaotisch ist, unverlässlich und langsam in Entscheidungen, und ich bin halt ruck, zuck, wenn es notwendig ist.«

Vor 15 Monaten hat sich Richard in seine Sekretärin Sigrid verliebt. »Das hat er mir damals auch völlig ungeniert mitgeteilt. Er hat zu mir seither immer mehr Abstand gesucht. Er hat sich irgendwann sogar den Ehering abgezogen – ich in der Folge auch. Er wollte nicht mehr, dass ich in seine Praxis komme, und hat immer häufiger dort alleine übernachtet – bis er gänzlich in die Praxisräume umgezogen ist und sich auch umgemeldet hat. Nur ab und zu kommt er noch vorbei. Vor acht Monaten haben wir eine Paartherapie versucht, die er nach drei Sitzungen abgebrochen hat, weil er die beiden Therapeuten nicht sympathisch fand. Aber immerhin ist er damit herausgerückt, dass er sich in der Ehe angeblich von Anfang an nichts zu sagen getraut hat aus Angst, mich zu verlieren. Seine Liebe zu seiner Praxisgehilfin habe ich mich damals nicht anzusprechen getraut.«

Mehrere Male hatte Frau O. im letzten Jahr versucht, auf ihn zuzugehen und Krisengespräche zu führen. Sie hätte damals auch die Bereitschaft zu einem weiteren Kind formuliert, um die Ehe zu retten. Ihre Eltern hätten während dieser Stunden das Kind übernommen. »*In diesem Rahmen hat er mir wortwörtlich gesagt: Wenn du schwanger grinsend in die Ordination kommst, kündigt Sigrid. Ich glaube, er will mich hinausekeln. Er hofft anscheinend, dass ich mich scheiden lasse.*

Er ist irgendwie so scheinheilig: Er verwendet immer streng politisch korrekt das Binnen-I und behandelt mich als Frau wie den letzten Dreck. Er setzt sich – verbal, wohlgemerkt – für Flüchtlinge ein, ist empört darüber, dass die Leute nicht mehr solidarisch sind, und fühlt sich allen ›homophoben‹ Bürgerlichen moralisch meilenweit überlegen. Damit meint er meine Eltern, die konservativ sind und einmal etwas gegen die Homo-Adoption gesagt haben. Er will mir da nur weh-tun.«

Der Psychiater fragt, ob sie glaube, dass der Mann ein sexuelles Verhältnis mit Sigrid hat. Sie antwortet sehr sachlich: »Das weiß ich nicht.« Das letzte Jahr war von Lieblosigkeiten und aggressiven Vorwürfen des Mannes gegen seine Frau geprägt. »Aus seiner Sicht ist mein Leben viel glücklicher als seines: ich hätte einen sicheren Job, hätte unsere Tesi, viele Freundinnen und Spaß beim Weggehen. Seit dem letzten Krisengespräch versucht er nun plötzlich, mich zurückzugewinnen – wahrscheinlich, weil er den Eindruck bekommen hat, ich wäre in der Zwischenzeit weniger verletzlich, kränkbar und abhängig von ihm.«

Sein Selbstmitleid kenne keine Grenzen: Aus seiner Sicht habe keiner gesehen, wie schlecht es ihm gehe – außer der besagten Sigrid. »Nachdem Sigrid vor sechzehn Monaten von ihrem Lebensgefährten Franz verlassen worden ist, hat Richard ihr ein ›Firmenauto‹ gekauft. Bei einer gemeinsamen Fortbildung hat er in ihrem Haus im Salzkammergut übernachtet. Franz, mit dem Sigrid drei Kinder hat, hat später Richard schwere Vorwürfe gemacht. Meinem Mann hingegen tut Sigrid leid, weil sich Franz angeblich zu wenig um sie und die Kinder kümmere. Das erzählt er mir alles, und ich soll ihn dann bemitleiden: Ist das nicht absurd?«

Der Psychiater nickt.

»Richard zieht Tesi immer mehr als emotionalen Ersatz heran. Eine Sechsjährige! Schrecklich! Es fehlt uns eine gemeinsame erzieherische Linie. Er erzieht das Kind gar nicht, sondern tut, was das Mädchen will. Er kauft ihr unkritisch alles, was sie sich wünscht, denn er braucht ihre

Liebe. Ich bin die Blöde, wenn ich was verbiete – denn sie weiß genau, dass er mir in den Rücken fällt und es augenblicklich erlaubt.

Ich war seine erste Freundin, ich hingegen hatte vorher schon Männer – das habe ich ihm leider erzählt. Das hat ihn immer gestört, und das wirft er mir in jedem Konflikt vor. Er behauptet, seine ›Vorgänger‹ waren besser im Bett. Er dreht den Spieß um und sagt mir: Such dir doch jemanden, der dich besser befriedigt! Er hat es als großes Manko empfunden, nur mit einer Frau geschlafen zu haben. Manchmal sagt er auch aus dem Blauen: Wenn ich ausziehe, hast du schnell einen Neuen. Das macht ihn rasend, da steigert er sich richtig hinein.

Vor 15 Jahren kam es zu einem Vorfall: Er hatte sich in eine Frau verliebt und bei einer Feier öffentlich ihre Hand zärtlich gestreichelt. Daraufhin machte ich ihm Vorhaltungen. Seit damals kommen die Vorwürfe, ich würde sein Leben bestimmen und dass ich sexuelle Vorerfahrungen in die Ehe mitgebracht hätte und er nicht. Und jetzt dürfe er nicht einmal Händchen halten ...«

Seit elf Monaten ist es nicht mehr zur sexuellen Begegnung gekommen. Da er aber schlecht schlafe, fordere er Sexualität, wenn er gerade da sei, weil er dann besser schlafen könne, und empfinde es als große seelische Grausamkeit, dass sie ihm da nicht willfährig sei. So schreie er sie oft mitten in der Nacht an: »Du siehst ja, dass es mir schlecht geht: Ich brauche Hautkontakt!

»Jetzt kommt er ab und zu vor der Tochter und will kuscheln – und Tesi sieht dann meine Abweisung. Das tut er, um dem Kind zu zeigen, dass die Mama die Ehe kaputtmacht.«

Herr O. ist kein Vater, sondern bestenfalls ein Kumpel für seine sechsjährige Tochter. In seiner Vaterrolle geht es ihm nur darum, sich von der minderjährigen Tochter geliebt und angenommen zu wissen –Verantwortung ist für ihn ein Fremdwort. In dieser Hinsicht ist Herr O. ein typisches – narzisstisches – Kind unserer Zeit. Er ist bei Gott kein frauenfeindlicher Macho, sondern in seinem Selbstmitleid seinem Narzissmus auf den Leim gegangen. Er kreist um seine Gefühle und spielt mit den Menschen um ihn. Er benutzt seine Tochter für seine emotionale Befriedigung – das kann man nur mehr emotionalen Missbrauch nennen. Er manipuliert seine Praxisgehilfin Sigrid und behandelt seine Frau katastrophal. An seinem Verhalten ist keinerlei Ritterlichkeit zu finden. Er ist ein »moderner« Mann – und agiert daher seinen Narzissmus weicher und wehleidiger aus.

Der Männerforscher Matthias Stiehler beschreibt den »unväterlichen Vater« als ein zentrales Merkmal der Wohlstandsgesellschaft. Er ist der Meinung, dass Väterlichkeit heute richtiggehend tabuisiert wird. Werte wie Prinzipienfestigkeit, Begrenzung, Partnerschaftsfähigkeit, Ehrlichkeit und Verantwortung gingen dadurch verloren. Das kann man durchaus bei Herrn O. beobachten. Nachdem ab den Achtzigerjahren tendenziell die Geschlechterunterschiede wegerzogen werden, rutschen immer mehr Männer in eine Identitätskrise. Denn die drei Jahrzehnte, in denen das Selbstverständnis der Frau im Mittelpunkt des Interesses stand, haben auch das Männerbild neu definiert: Männer sollten empfindsamer, berechenbarer, kommunikativer sein und zu ihren weiblichen Seiten stehen. Der wohl bekannteste deutschsprachige Paartherapeut Jürg Willi sieht die Entwicklung kritisch: »Es ist, als ob beide Geschlechter Mühe hätten, die psychologischen, biologischen und anatomischen Unterschiede in der sexuellen Begegnung voll zur Entfaltung zu bringen.«

Stiehler plädiert dafür, Väterlichkeit als komplementäres Gegenstück zu Mütterlichkeit neu zu entwickeln. »Heutzutage wird die Rolle der Väter fast ausschließlich in der Übernahme mütterlicher Aufgaben gesehen. Diese bestehen vor allem in Versorgung und Pflege der Kinder.« Dadurch komme es laut Stiehler schnell zu einer Konkurrenzsituation um die Zuneigung des Kindes – wie wir es deutlich auch bei Familie O. sehen. Wenn sich die gewünschte aktive Vaterschaft als Mutterersatz beziehungsweise Mutterentlastung versteht (manchmal noch angereichert durch den »Spielkameraden Papa«), dann entwickele sich eine Einseitigkeit elterlichen Handelns, die das vermissen lässt, was herkömmlich als »Väterlichkeit« verstanden wird: Führung, Begrenzung, Strukturierung, Halt. Kinder werden in Stiehlers Analyse als gleichberechtigte Familienmitglieder gesehen, die mitentscheiden können und mit denen mehr diskutiert wird, als dass ihnen klare und eindeutige Vorgaben gegeben werden. Dadurch werden sie aber überfordert. Seine Ergebnisse erinnern frappant an die Zeitdiagnose des Psychoanalytikers Winterhoff (siehe Kapitel 3).

Der Bestsellerautor John Eldredge erarbeitet in seinen Büchern die Ursachen für die Krise des männlichen Selbstverständnisses in der westlichen Gesellschaft. Und er zeigt konkrete Wege, wie echte Männlichkeit zu finden und wiederzugewinnen ist. »Der Mann ist für ein abenteuerliches Leben geschaffen. Ein Mann wird erst dann wirklich glücklich sein können, wenn in seiner Arbeit, in seiner Liebe und in seinem spirituellen Leben das Abenteuer Einzug hält.« Eldredge unterscheidet vier Archetypen des Mannes: Krieger, König, Prophet und Liebhaber. Der Krieger ist einer, der für die gute Sache, für den guten König sein Leben wagt. Das ist Selbsttranszendenz. Würde der Narzisst in ihm nie machen. Der König ist bei Eldredge einer, der gerecht herrschen kann, nicht selbstsüchtig, sondern selbstlos. Ist nicht so das Ding des Narzissten. Der Prophet sagt die Wahrheit, auch wenn sie ihn den Kopf kosten kann. Definitiv doppelt uninteressant für den Narzissten: weder Wahrheit noch Kopf. Und dann der Liebhaber: Er liebt, achtet und ehrt seine Frau ritterlich. Das ist schwierig, dieser Platz im Herzen des Narzissten ist schon anderweitig vergeben: an ihn selbst.

Die vier Archetypen des Mannes – Krieger, König, Prophet und Liebhaber – als Leitfigur im Auge, die Ritterlichkeit als Richtschnur für eine neue Haltung und die Väterlichkeit als transzendente Aufgabe, um über sich selbst hinauszuwachsen – das sind Ziele des Mannes, bei denen er seinen Narzissmus überwinden kann.

Kapitel 9

Der geläuterte Narzisst

Der Narzissmus ist eine Fessel, die aus drei Stricken besteht: der Selbstidealisierung, der Fremdabwertung und der Selbstimmanenz. Wenn der Mensch diese Fesseln zu zerreißen vermag, ist er frei.

Die erste Fessel, die Selbstidealisierung, ist eine pfauenartige Selbstzufriedenheit und Selbsterhöhung, die sich aus der Eigenliebe entwickelt und sich in einem überzogenen Selbstwertgefühl und einer libidinös anmutenden Selbstgefälligkeit äußert. Der Narzissmus weist einen blinden Fleck auf, der all die Gebiete umfasst, in denen er nicht grandios ist. Dazu gehören vor allem persönliches Scheitern, seine Fehler und Schuld. Solange er aber alles Negative ausblendet, ist er beratungsresistent und damit untherapierbar. Die Schmeichler hört er gnädig an, die Kritiker entwertet er. Irgendetwas muss im Menschen oder mit ihm passieren, damit er sich realistisch sehen kann. Ein realistisches Selbstbild im Herzen bringt den ganzen Turm zu Babel zum Einsturz.

Die zweite Fessel, die Abwertung der anderen, folgt ganz logisch aus der ersten Fessel. Da der Narzissmus sich selbst erhöht, ist der Rest der Menschheit in seinen Augen natürlich niedriger. Die anderen sind nur eine Sprosse auf dem Weg zu seiner Befriedigung. Er sieht sich letztlich nicht auf gleicher Augenhöhe mit seinem Nächsten. Er erwartet aufgrund seiner inneren Logik, ohne entsprechende Leistungen als überlegen

anerkannt zu werden. Der Narzissmus nimmt die bedingungslose Liebe, die Menschen ihm schenken, als selbstverständlich –
ohne dass er den Impuls verspürt wiederzulieben. Wenn der
Mensch seinen Narzissmus abzustreifen vermag, wird er liebes-
fähig – und liebenswert.

Die dritte Fessel knüpft sich auch aus der ersten: Je mehr man
sich selbst in den Himmel hebt, umso weniger Platz ist dort für
Höheres. Es ist ein Teufelskreis: Die Selbstidealisierung verhindert die Selbsttranszendenz, und durch deren Fehlen kann sie
nicht korrigiert werden. Der Narzisst versperrt sich den Weg
nach oben. Er bleibt beschränkt auf die eigenen vier Wände. Er
hat sich die Flügel gestutzt und kann deswegen nicht gleich dem
Adler aufsteigen. Er dreht sich nur um sich selbst, ist unfähig
oder unwillig, über den eigenen Tellerrand hinauszublicken
und etwa die klassischen Transzendentalen wie das Schöne,
Wahre und Gute wahrzunehmen.

Die erste Fessel abstreifen: Auf Selbstidealisierung verzichten

Wie wir gesehen haben, ist die erste Fessel die wichtigste, been-
gendste und stärkste. Wenn der Mensch diese lösen kann,
lockern sich die anderen beiden wie von selbst. Ein Mensch, der
sich nicht mehr idealisiert, sieht sich ganz schnell auf gleicher
Augenhöhe mit seinen Mitmenschen und ist offen für Werte
und Ziele, die über sich selbst hinausgehen.

Die narzisstische Selbstidealisierung ist aber hartnäckig,
denn sie nistet sich in der Schaltzentrale des Menschen ein:
im Herzen. Das narzisstische Herz ist verkrümmt, wie wir im
zweiten Kapitel gesehen haben. Es blickt verliebt und entzückt
auf sein eigenes Spiegelbild, wie im siebten Kapitel ausgeführt
wurde. Es hat sich selbstgefällig für sich selbst entschieden.
Diese Herzensverkrümmung hat unmittelbare Auswirkungen

auf Kopf und Bauch: Die Prioritätenliste wird um- und die Lustmaximierung großgeschrieben. So wird nach und nach der ganze Mensch befallen.

Deswegen ist das Herz auch der zentrale Ort für die Vertreibung des Narzissmus. Wie auch immer es berührt wird, es muss berührt werden, um sich zu ändern: durch eine Krise, durch die menschliche Liebe, durch eine Lektüre, durch Erkenntnis, durch eine Weltanschauung, die dem Narzissmus entgegengesetzt ist, oder durch die Religion. Wenn das passiert ist, gerät der Stein ins Rollen. Dabei steht aus psychotherapeutischer Sicht die Technik der »Externalisierung« zur Verfügung.

Als Externalisierung wird in der Psychologie die Verlagerung innerer Einstellungen, die prinzipiell nur Individuen zugänglich sind, nach außen bezeichnet. Der Mensch ist also im ersten Schritt kein Narzisst mehr, er ist nur vom Narzissmus befallen. Er distanziert sich vom Narzissmus als Identität, findet außerhalb desselben eine tiefere Identität, schafft so persönliche Distanz zu ihm. Dadurch gewinnt er Spielraum in seinem Herzen. Er kann plötzlich Stellung beziehen zu diesem mächtigen narzisstischen Denken, Fühlen und Wollen in ihm, das durch die Gewohnheit schon wie von selbst abläuft. Der Mensch ist dann gespalten, hat eine narzisstische Seele und eine antinarzisstische Seele in seiner Brust. Aber das entmachtet auf Dauer die innere Selbstidealisierung. Der vom Narzissmus befallene Faust schreit in dieser Zerrissenheit auf:

Zwei Seelen wohnen, ach! in meiner Brust,
Die eine will sich von der andern trennen;
Die eine hält in derber Liebeslust
Sich an die Welt mit klammernden Organen;
Die andere hebt gewaltsam sich vom Dust
Zu den Gefilden hoher Ahnen.

So komisch das klingt: Das Herz heilt sich selbst, wenn es will. Münchhausen zieht sich am eigenen Schopf aus dem Sumpf. Kopf und Bauch folgen – der Kopf schnell, der Bauch träge.

Wenn alles wegbricht, ist guter Rat teuer. Dann muss der Mensch aus seinem narzisstischen Trott heraus, aus seiner Selbstverständlichkeit. Gustav E. fällt in eine seelische Not, als seine Frau eine unerfreuliche Entdeckung macht. Aber er nutzt die narzisstische Krise als Tür zur Freiheit.

Fall 21: Gustav 1 und Gustav 2

Der 60-jährige Banker Dr. Gustav E. kommt mit abgelebtem Gesicht und gebeugter Haltung zum Psychiater. Seine vitalen blauen Augen, die sich scheinbar im Gegensatz zu seiner schlaffen Körperspannung befinden, fixieren sein Gegenüber lebendig funkelnd. *»Ich möchte Ihnen mein Leben erzählen und Sie bitten, mir nachher zu sagen, ob ich geheilt bin. Das habe ich so mit Laura vereinbart, meiner Frau. Ich war bis vor einem Jahr sexsüchtig; seither bin ich clean.«* Kein Herumgerede, direkt zum Thema, so unangenehm es auch sei, wie es für erfolgreiche Männer typisch ist.

»Mit neun habe ich meine ersten sexuellen Erfahrungen mit dem drei Jahre älteren Nachbarsmädchen gemacht. Die habe ich wunderschön in Erinnerung. Mit zwölf habe ich dann begonnen, nackt zu baden und mich an FKK-Stränden zu bewegen. Die nackten Körper der Frauen habe ich genossen und das Bewusstsein, selbst nackt zu sein. Ich hatte mein Leben lang den Drang, was Verbotenes zu machen. In meiner Jugend hatte ich so fünfzehn bis zwanzig sexuelle Beziehungen, die ich nach ein paar Wochen wie-

der beendet habe.« Ganz leicht erzählt Herr Dr. E. bis dahin, den Blick fest und selbstbewusst auf den Arzt geheftet, während der mitschreibt und nur ab und an zu ihm hinsehen kann.

»Mit 33 Jahren habe ich dann meine Frau kennengelernt, sie ist vierzehn Jahre jünger. Wir haben nach drei Monaten geheiratet, aber ich habe sie schon vor der Hochzeit betrogen. Ich wollte meine Freiheit nicht verlieren. Meine Vorgeschichten habe ich ihr nicht erzählt, damals habe ich mir eingeredet, ich will sie nicht belasten. In den 27 Jahren Ehe war ich oft in Peepshows und Bordellen – übrigens immer nüchtern, das ist ein erschwerendes Zeichen, wie ich jetzt weiß. Das hat meine Frau nie mitbekommen. Außerdem habe ich exzessiv masturbiert, besonders wenn in der Bank eine Krise war. Wenn ich nervös und verletzlich war, war ich besonders anfällig. Bei meiner Frau habe ich zu manchen Zeiten auf zwei- bis dreimal Sex pro Tag bestanden, auch wenn ich beim dritten Mal schon impotent war. Sex war mein Leben, und Rücksicht kannte ich nicht. Ich habe nur mich selbst gesehen, nur meine Befriedigung gesucht. Auf die anderen habe ich heruntergeschaut.

Bis vor einem Jahr hatte ich vier Jahre lang eine Nebenbeziehung mit einer kranken Nymphomanin. Sie war 22 Jahre jünger und potthässlich – eine ehemalige Drogensüchtige, die ständig die Männer gewechselt hat. Damals hatte ich viel Stress, war seelisch grau und kalt, meine Frau hat nach jedem Mal Sex geweint. Wir hatten damals extrem selten Geschlechtsverkehr. Im Stress schalte ich auf eine andere Persönlichkeit um: Das ist wie Gustav 1 und Gustav 2. Dann bin ich kalt, gefühllos, rücksichtslos und innerlich leer. Die Nebenbeziehung brachte mir zwar Lust, aber wenig Freude –

im Grunde war das eine Selbstqual. Von beiden Seiten war da totale Gefühlskälte. So nach dem Motto ›Narzisst trifft Narzisstin‹.

Schließlich – Gott sei Dank – entdeckte meine Frau diese Nebenbeziehung anhand meiner SMS. Sie beschimpfte mich, sie weinte und war beleidigt – und bestand schließlich auf einer Paartherapie. Ich habe zuerst geblockt, mich gewunden, die Fehler bei meiner Frau gesucht; aber schließlich Laura nach der fünften Therapiestunde alles erzählt. Alles, ausnahmslos, mein ganzes schäbiges Leben. Und zwar auf den Knien. Laura wollte, dass ich aufstehe, aber mir war es ein Bedürfnis, zu knien. Ich musste mich erniedrigen, vor der wunderbaren Frau, die das alles ertragen hat. Ich habe sie tränenreich um Verzeihung gebeten. Herr Doktor, ich habe mich in 27 Jahren Ehe vorher noch nie entschuldigt. Sie war bestürzt, aber sie hat mir vergeben …«

Herr E. schweigt. Während der letzten zwanzig Minuten hat er sich hoch aufgerichtet und sprudelnd und schnell seine Taten bekannt, sorgfältig darauf bedacht, kein schuldhaftes Detail auszulassen.

»Ich war mein ganzes Leben ein Lügner, habe nie gerne Schuld zugegeben, habe in der Bank immer gelogen, wenn es knapp wurde und ein Fehler aufgetreten ist. Ich habe sogar ein paar Kündigungen auf dem Gewissen, denen ich meine Schuld zugeschanzt habe. Ich war skrupellos.« Es ist, als hätte er hochenergetisch den Gipfel erstiegen und als gehe es ab jetzt leicht bergab. Die Spannung fällt ab.

»Die Ehe ist nun wieder gut. Eigentlich so gut wie nie – weil ich das erste Mal keine Geheimnisse habe. Herr Doktor, das erste Mal in all den Jahren, in denen ich mit Laura verheiratet bin! Meine Frau hat anfangs zwei bis zehn Stunden pro Tag

über mein Verhalten sprechen wollen, um mein Doppelleben
zu verarbeiten – jetzt sind das nur mehr paar Minuten pro
Woche. Ich habe mich auch bei meinen Söhnen entschuldigt.
Für meine Abwesenheit als Vater, für die emotionale Kälte
und die Schläge. Jetzt ist die Beziehung zu ihnen ganz, ganz
anders.

Unsere Sexualität ist auch ganz anders: etwa drei- bis
fünfmal pro Woche. Früher habe ich beim Sex kein Vorspiel
zugelassen, kein Küssen – jetzt genieße ich es. Ich denke nicht
mehr an das dreckige Bordell, an diese bescheuerte, sinnlose
Masturbation oder die schreckliche Nebenbeziehung. Ach ja:
Ich habe begonnen, mit meiner Frau einen Tanzkurs für Se-
nioren zu besuchen. Ich freue mich darüber, wie sie sich freut.
Was meinen Sie, bin ich geheilt?«

Gustav E. war lange im narzisstischen Trott und betrog halt seine Frau, wenn ihm gerade danach war. Er dachte sich nichts dabei, keine große Sache, keine Gewissensbisse, er fürchtete auch keinen Gott. Schließlich lieferte sie ihm wenig Sex, und den brauchte er. Dann kommt seine Frau drauf – und er ist plötzlich der Getriebene. Lügen, Abstreiten, Schadensbegrenzung, Gegenangriff – das ist alles noch aus dem Waffenarsenal des Narzissten. Doch dann die Herzensbewegung: »… aber schließlich Laura nach der fünften Therapiestunde alles erzählt. Alles, ausnahmslos, mein ganzes schäbiges Leben. Und zwar auf den Knien.« Der Narzisst fällt vor seiner gedemütigten Frau auf die Knie und bittet sie um Verzeihung. Er braucht dieses körperliche Zeichen der Demütigung, um der Selbstidealisierung abzusagen. Noch nie zuvor hat er seine Knie gebeugt. Und damit ist er frei. Damit ändert er seine

Herzenseinstellung. Er steigt vom hohen Ross, zertrümmert seine unmenschliche Grandiosität, die er wie ein Monument der Beton-Gefangenschaft in seinem Herzen errichtet hatte. Er verzichtet auf Anspruchsdenken, schaut nicht mehr auf seine Frau hinab, sondern liebt, achtet und ehrt sie – kurz: Er hört auf, Narzisst zu sein. Er ist geheilt. Natürlich behält er narzisstische Anteile in seinem Herzen wie jeder andere auch, aber er kennt sie und hält sie in Schach.

Je weniger man an sich selbst hängt, desto eher kann man auch eigene Schuld erkennen und um Verzeihung bitten – es ist der Schritt zurück zum Du, von dem man sich durch die Schuld entfernt hat. Der prominente Sozialpsychologe Philip Zimbardo empfiehlt: »Sagen Sie die Zauberworte ›Es tut mir leid‹, ›Ich entschuldige mich‹, ›Verzeih mir‹. Nehmen Sie sich vor, aus Ihren Fehlern zu lernen, ein besserer Mensch zu werden.«

Das ist beachtlich. Wenn einer der prominentesten Psychologen, nach dessen Lehrbücher die meisten Studenten weltweit Psychologie lernen, auf diese Weise erklärt, wie man ein besserer Mensch wird – dann hat die von Martin Seligmann eingeleitete kopernikanische Wende von der Defektepsychologie hin zur positiven Psychologie wirklich gegriffen.

Zimbardo legt noch eins drauf: »Wenn wir das oft tun, schwindet die Notwendigkeit, Fehler zu rechtfertigen oder zu rationalisieren und dadurch weiterhin für schlechtes oder unmoralisches Verhalten einzutreten.« Hier spricht er recht direkt narzisstische Verhaltensweisen an – und den Weg hinaus.

Fall 16: Der Gefühlskalte – Teil 2

Herta Q. kam in unregelmäßigen Abständen zum Psychiater, um mit jemandem ihre schwere Ehe zu besprechen. Die
Situation ihres Mannes wurde immer schwieriger, weil er –
obwohl Diabetiker – tat und aß, was er wollte. Er ignorierte
seine Frau weiterhin völlig und aß aus dem Kühlschrank,
was sie von ihrer niedrigen Rente besorgte. Nach vier Jahren erlitt der nunmehr 76-Jährige einen schweren Schlaganfall. Auf der Intensivstation wich sie nicht von seiner Seite.
Er döste meist scheinbar teilnahmslos dahin, war halbseitig
gelähmt und konnte zu den Ärzten nur mehr unverständlich
lallen. Auf seine Frau reagierte er gar nicht. Tagelang ging
das so.

Plötzlich nahm er ihre Hand, schaute ihr hellwach tief
in die Augen und sagte klar und deutlich: »Danke.« Sie sah
Reue in seinen Augen. Das hatte er jahrzehntelang nicht
mehr getan. Sie verstand, wie tief dieses Wort bei ihm ging.
Und sie konnte ihm wortlos verzeihen.

Herr Q. kann sich nach einigen Jahrzehnten von der Grausamkeit seiner Frau gegenüber distanzieren. Spät, aber dennoch.
Seine narzisstische Krise wurde durch den Schlaganfall ausgelöst, der ihn hilflos und ohnmächtig gemacht hatte. Offensichtlich hat er auf der Intensivstation tagelang über sein Leben
und Verhalten nachgedacht und mit sich gerungen – seine treue
Ehefrau immer neben sich wahrnehmend.

Der Ausgangspunkt für die Vertreibung des Narzissmus liegt
im Herzen. Will ich wissen, wer ich wirklich bin? Es ist der Verzicht auf das grandiose Selbstbild, ein Verzicht auf die narzisstisch

konstruierte Wirklichkeitswahrnehmung. Die Gretchenfrage, die sich im Herzen entscheidet, ist: Bin ich offen für die Wahrheit über mich? Bin ich willens, der Realität ins Auge zu blicken? Bin ich bereit, anzunehmen, dass ich gar nicht so toll bin? Ein wichtiger Schritt zur Normalisierung des Narzissten ist die Selbstannahme nach einer geerdeten Selbsterkenntnis, die Josef Pieper Demut nennt: »Demut gründet darin, dass der Mensch sich so einschätzt, wie es der Wahrheit entspricht.« Demut ist danach, sich nicht wichtiger machen, als man ist, sich richtig in die Gesellschaft einzuordnen, sich keine Privilegien herauszunehmen. Nicht hervorragen, sondern der Gesellschaft dienen wollen.

Der Demütige hat es nicht mehr nötig, vor sich und den anderen seine Großartigkeit zu zelebrieren: Er kann seine Defekte sehen und darüber lächeln. Er sieht seine Normalität, seine Durchschnittlichkeit und seine Fehlerhaftigkeit und hat Frieden damit geschlossen. Das macht ihn menschlich nah, nicht mehr so abgehoben. Das ermöglicht ihm stimmigere Begegnungen mit dem Du, auf gleicher Augenhöhe. Die US-Psychologin Brené Brown zeigt in ihrer Forschung, dass Verletzlichkeit – eine Folge der demütigen Offenheit – stark macht. Diese Verletzlichkeit ist ganz etwas anderes als die narzisstische Kränkung und die Voraussetzung dafür, dass Liebe, Zugehörigkeit, Freude und Kreativität entstehen können.

Die zweite Fessel lösen – den anderen hoch schätzen

Eine antike Quelle nennt ein radikales Heilmittel gegen die zweite Fessel des Narzissmus: »In Demut schätze einer den andern höher ein als sich selbst.« Es ist der Rat des römischen Bürgers Paulus an seine Freunde in Makedonien. Er weiß um den primären Narzissmus des Menschen, der immer wieder hochkommt. Denn der Narzisst hat ein Symmetrieproblem:

Seine Sicht auf die anderen ist asymmetrisch. Er ist oben, der Rest ist unten. Deswegen ist dieser klassische Rat der beste Weg, um auszugleichen und auf gleiche Augenhöhe zu gelangen. Die zeitgeistige Erziehung (siehe Kapitel 3) geht ganz andere Wege und würde sich fürchterlich pädagogisch entrüsten, würde sie den Satz kennen. Denn der innere Narzissmus rebelliert bei diesem Satz, er will ihn entwerten und ungültig machen.

Narzissmus ist primär ein Problem des Selbstverständnisses, aber bemerkbar macht er sich am schnellsten im Umgang mit anderen. Für sich allein ist solch ein Mensch nicht wirklich auffällig. Robinson Crusoe hatte auf der berühmten Insel keinen Raum, um seinen Narzissmus auszuagieren. Vorher schon: Crusoe wird bekanntlich auf einer Schiffsfahrt vor der Küste Nordafrikas von Piraten überfallen und versklavt. Nach zwei Jahren flieht er mit dem Mitgefangenen Xury und wird auf hoher See von einem portugiesischen Kapitän aufgenommen. Dem verkauft Robinson kurzerhand seinen Fluchtgefährten Xury und kauft sich in Brasilien eine Zuckerplantage. Das mit der einsamen karibischen Insel im Mündungsgebiet des Orinoco kam erst viel später.

Aber dort konnte er niemanden mehr manipulieren, verkaufen, verraten, von oben herab behandeln, beneiden, entwerten, sich vergleichen, Bewunderung erheischen, Ansprüche stellen, Bevorzugung erwarten, Empathie verweigern, arrogant sein. So kennen wir Robinson Crusoe ohne diese narzisstischen Züge, und so bewundern wir seine Überlebenstechnik. Normalerweise jedoch ist der Mensch nie allein, er ist ein Beziehungswesen. Der Narzisst wird erst in der sozialen Dimension auffällig: Er möchte dort auftreten, wo er auch die ihm gebührende höchstmögliche Sichtbarkeit und viel Bewunderung hat.

Hier – in den menschlichen Beziehungen – ist das narzisstische System verletzlich. Hier an der Nahtstelle zwischen narzisstischer Welterklärung und Realität. Die betrogene Frau kann auch mal gehen. Der unsterbliche Held kann auch mal krank werden, gekündigt werden, Misserfolg haben. Mitarbeiter und sogar Untertanen können aufbegehren, wie es bei Caligula und Nero passiert ist. Oder der unterschätzte Feind kann gewinnen – wie es James Bond gegen alle narzisstischen Bösewichte der letzten Jahrzehnte im letzten Moment doch noch schaffte. Die soziale Vernetzung ist eine Bedrohung für den Narzissmus – aber eine Chance für den Menschen, der von ihm gefangen gehalten wird.

Weil der Narzissmus in sich stimmig ist, ist dem Menschen eine Hebelwirkung von außen – durch eine Beziehung – unheimlich hilfreich. Ein im Narzissmus verstrickter Mensch hat also Glück, wenn er noch halbwegs funktionierende Beziehungen – am besten eine Partnerschaft – zur Verfügung hat. Die Liebe und die Krise schwächen den Narzissmus, stellen ihn auf den Prüfstand und geben ihm die Freiheit zurück, die er sich selbst mit der Zeit verspielt hat.

Im französischen Volksmärchen *Die Schöne und das Biest* in seiner ältesten Version wird ein Prinz durch seine narzisstische Rücksichtslosigkeit von einer Zauberin in eine schreckliche Bestie verwandelt. Nur wahre Liebe, die sich nicht von seiner Hässlichkeit abschrecken lasse, könne den Fluch brechen. Das Monster erpresst den Vater der Schönheit, ihm das Mädchen zu überlassen, und nur deswegen zieht die Holde in das verwunschene Schloss ein. Nach langem und geduldigem Werben, großem Respekt vor dem Mädchen und natürlich ohne Gewalt schafft es das Ungeheuer – wider Erwarten –, dass sich die junge Frau doch noch in es verliebt. Das Tier verwandelt sich daraufhin in den schönen Prinzen, und das Ende ist happy. Das Märchen ist uralt und zeigt sehr klar die Macht der Weiblichkeit über den Mann.

Das Bild ist hilfreich: Der Narzissmus macht aus dem Menschen ein beziehungsunfähiges Monster. Wenn dieses Monster nun auf jemanden trifft, den es aus irgendeinem Grund wirklich respektiert und seine Freiheit achtet – also jemandem auf gleicher Augenhöhe begegnet –, kann der Mensch unter Umständen die bestialische Fratze ablegen. Zwei Fallbeispiele dienen der Illustration.

Fall 5: Die neuen Leiden des jungen W. – Teil 10

Der inzwischen 27-jährige Hieronymus W. ist seit etwa einem halben Jahr in Therapie. Er vernascht eine Frau nach der anderen, weil er ein gewisses Gefühl sucht, das sich nicht einstellen will (siehe Kapitel 2). Eines Tages kommt Hieronymus W. ganz aufgeregt in die Praxis: »Es ist wieder was passiert: Ich habe eine Frau kennengelernt!« Aus der Art, wie er das Wort »Frau« betont, ist zu entnehmen, dass etwas ganz Neues in sein Leben eingebrochen ist.

»Amparo. Sie ist 19 Jahre alt, eine spanische Erasmusstudentin, und studiert Jus. Sie sieht fantastisch aus. Wir haben denselben Humor.« Gut, das hatten wir alles schon. »Sie nimmt keine Drogen, weil sie religiös ist bei der Bewegung Neokatechumenat. Das mit den Drogen find ich super, das mit der Religion stört mich nicht – Amparo ist sehr tolerant. Sie gibt mir genau, was ich brauche, das war bei den vorigen Mädchen nicht so. Ich kann so sein, wie ich bin! Ich merke, dass ich Amparo schon sehr mag – ich habe Angst, zu klammern und sie nur für mich zu beanspruchen. Ich merke, dass ich eifersüchtig werde. Ich habe nur Angst, dass ich es wieder vermassle. Und wissen Sie, was komisch ist: Ich denke im Moment gar nicht an Sex. Und das ist auch besser so: Amparo will bis zur Ehe warten … So was habe ich noch nie gehört.«

Dem Psychiater fällt auf, wie oft der Patient ihren – zugegebenermaßen außergewöhnlichen – Namen verwendet, ganz im Gegensatz zu seinen letzten Beziehungen, die er kaum namentlich genannt hat. So hat er noch nie von einer Frau gesprochen.

Zwei Wochen später: »*Herr Doktor, mit der Amparo läuft es toll! Die Beziehung wird immer besser. Es geht mir um sie, als Person. Wir sind ein Team! Sie kann auch den Ton angeben: Sie will mit mir nicht in die Bar gehen, nicht zu viel Alkohol trinken, nicht bei mir übernachten. Ich finde sie wunderbar, wie von einem anderen Stern. Nächste Woche treffe ich ihre Eltern. Sie hat mich vor ihrem Vater gewarnt: Der soll recht konservativ sein.*

Ich entdecke alte Muster meiner Frauenbeziehungen. Aber ich kämpfe dagegen: Das führt zu nichts. Ich darf es nicht vermasseln. Bei Amparo nicht. Sie ist so ... wertvoll! Ich will sie nicht verletzen. Ich darf sie nicht verletzen. Das Problem ist im Moment nur: Die Uni hat jetzt bei mir Stillstand. Ich habe sie ehrlich gesagt letzte Woche komplett vergessen. Aber Amparo hat das gemerkt und mich darauf angesprochen. Sie merkt alles. Sie ist so feinfühlig, so sensibel. Jetzt normalisiert sich wieder alles: Ich habe zu lernen begonnen.«

Drei Wochen später: »*Das Treffen mit den Eltern war super. Die Mutter hat mich sofort geliebt und den Vater hab ich rumgekriegt. Amparo hat mich gut vorbereitet. Wir haben Englisch geredet, und das kann ich viel besser als ihre Eltern, auf Native-Speaker-Niveau. Mein Vater hat immer Englisch mit mir gesprochen, obwohl er Südtiroler ist, die Mama Deutsch. Das hat mir jetzt echt geholfen ... Amparos Eltern lieben mich. Der Vater ist locker, obwohl er weiß, dass ich rauche und er selber fanatischer Nichtraucher ist. Amparo hat das selbst nicht gepackt. Aber ich habe Amparo gesagt: ›Ich halte nicht viel vom Versteckspielen, das soll er ruhig wissen.‹ Recht hab ich gehabt! Im Studium hab ich mich stabilisiert: Ich bin zwar nicht überragend, aber es geht.«*

Sechs Wochen später: »Ich bin morgen drei Monate mit Amparo zusammen. Ich fasse es nicht. Sie hat mich zu einem anderen Menschen gemacht. Ich bin ruhiger, ausgeglichener, kann auch Ruhe ertragen. Sie hat mich in ihre Bewegung mitgenommen: nette Leute, nicht so krank, falsch und pervers wie meine Gesellschaft. Niemand redet schlecht über einen anderen, das kenn ich gar nicht. Ich habe Amparo meinen Eltern vorgestellt. Meine Mutter hatte Tränen in den Augen. Na ja, ich habe ihr noch nie ein Mädel vorgestellt. Ich hab ihr gesagt: Mama, das ist was Ernstes. Dann hat sie noch mehr geflennt. Nur mein Studium krieg ich noch nicht auf die Reihe. Und ob ich mit dem Sex bis zur Ehe warten kann, das kann ich mir noch nicht vorstellen. Amparo meint, ich schaff das ... Sie ist das Beste, was mir je passiert ist. Ich bin so ... dankbar.«

Der junge W. hat sich in einen Prinzen verwandelt. Er ist plötzlich aus seinem alten Schema ausgebrochen, hat eine klassische »Musterunterbrechung« im psychotherapeutischen Sinn durchgeführt. Plötzlich kann er lieben, sich selbst vergessen, den anderen sehen. Martin Buber hat richtigerweise beobachtet, dass der Mensch nur am Du zum Ich wird. Das ist Hieronymus W. gelungen, er hat Amparo als Du und nicht mehr als reines Objekt angenommen. Sein Eros ist zur Agape aufgestiegen. Er begegnet ihr mit Hochachtung, mit Dankbarkeit, plötzlich kann er das. Natürlich ist er nicht »geheilt«, aber seine Entwicklung ist hoffnungsvoll.

Der Weg zur psychischen Gesundung führt über fundamentale Krisen hinweg zum inneren und äußeren Wachstum. Der Berliner Individualpsychologe Fritz Künkel schreibt: »Nur wer den Tiefpunkt seiner neurotischen Verirrungen erreicht hat, ist wahrhaft bereit, sich grundlegend umzustellen. So muss der Mensch erst ein gerütteltes Maß an Not, Leid und Schicksalsschlägen hinnehmen, bis ihm die Bedeutung der Hingabe an das Leben und der echten Wahrhaftigkeit aufgeht.« Diesen Satz hätte er vom jungen W. schreiben können. Hieronymus W. ist intelligent und offen genug, um sich selbst klarzumachen, was ihm sein Narzissmus alles verbockt hat. Er will so einfach nicht mehr weiterleben, es reicht ihm. Was laut Fritz Künkel in der Psychotherapie wirklich heilt, ist diese Wandlung im Werthorizont eines Menschen, wobei immer tief greifende Änderungen in der Grundstimmung, in der Verfassung des Geistes und der Motivationsbasis des Patienten zustande kommen.

Bei der Begegnung zwischen Hieronymus W. und der Spanierin Amparo stehen sich zwei Welten gegenüber, wie sie gegensätzlicher nicht sein könnten. Sie ist für ihn so exotisch, so anders, dass er, ohne viel nachzudenken, seinen Schild der Souveränität aus der Hand gegeben hat. Ihre selbstverständliche Selbsttranszendenz rüttelt ihn aus seiner Stumpfheit. Hier ist eine, die mehr draufhat. Sein Respekt vor der Weiblichkeit Amparos, die er bei anderen Frauen so oft mit Füßen getreten hat, rettet ihn.

Dass eine Frau nicht sofort sexuell für alles bereit ist, wenn er als James Bond mit den Fingern schnippt, verschlägt ihm die Sprache. Er erkennt, dass sie mehr ist als ein zu erobernder Körper. Als Antwort auf die 68er hat ihre Enkelgeneration die Bewegung »True love waits« entwickelt, bei der seit den frühen Neunzigerjahren etwa drei Millionen Jugendliche weltweit (Amparo ist wahrscheinlich eine davon) folgende *Commitment Card* unterschrieben haben: »In dem Glauben, dass wahre Liebe wartet, verpflichte ich mich vor Gott, gegenüber mir selbst, meiner Familie, meinen Freunden, meinem zukünftigen Ehepartner und meinen künftigen Kindern, von diesem Tag an sexuell enthaltsam zu leben bis zum Tag meiner Heirat.«

Aus der Sicht der drei Fesseln gesprochen, ist bei Hieronymus W. die erste Fessel der Selbstidealisierung durch die Psychotherapie gelöst worden: Er erkennt sein narzisstisches Verhalten und will es nicht mehr aufrechterhalten. Aber der wirkliche Durchbruch ist die wahre Liebe zu einer Frau, durch die die zweite Fessel der Fremdabwertung wie von selbst abgegangen ist. Auch die dritte Fessel liegt nur noch lose an seinem Handgelenk; schließlich ist sie eine religiöse Frau, und er respektiert ihr Tun und geht mit ihr zum Gottesdienst.

Hieronymus W. hat aus seiner Erkenntnis heraus gehandelt. Er ist lange genug die neun DSM-5-Kriterien des Narzissmus in seinem Geist durchgegangen und hat mit Erschaudern festgestellt, dass er das ist. Oder besser: dass er das hat. Er hat es geschafft, den Narzissmus als Virus zu benennen, der sich in sein Selbst eingeschlichen hat. Er ist kein Narzisst mehr, sondern ein vom Narzissmus Befallener. Durch dieses Externalisieren – manche Therapeuten lassen dem Problem einen Vornamen geben und als Fratze zeichnen – rückt der Narzissmus ein Stück weit weg, und Hieronymus kann sich plötzlich neu entscheiden, ob er solch ein Mensch sein will.

Jetzt haben wir noch eine ganz anders gelagerte Schöne mit einem ganz anders gearteten Biest, das im folgenden Fallbeispiel beschrieben wird.

Fall 22: Das System ändern

Eine 62-jährige Dame aus den besseren Kreisen, Frau W., kommt zum Psychiater. Sie leidet nach eigenen Aussagen in erster Linie an ihrem Mann. Sie sind nun seit 38 Jahren verheiratet und haben zusammen zwei Söhne. Die Angriffe und Demütigungen ihres Mannes ihr gegenüber würden immer stärker. Er betrügt sie und leugnet es ab, er dreht ihr das Wort im Mund um und wird laut, wenn das Gespräch nicht nach seinem Willen läuft. Er glaubt, wenn er lauter ist als andere, hat er damit schon recht. Der Mann hat ein Schloss geerbt und viel Grundbesitz; auch sie selbst kommt aus einer vermögenden Familie. Deswegen wäre eine Scheidung eine mühsame, kostspielige Angelegenheit.

»Meine Nerven sind blank. Er lässt mich gar nicht gelten. Er hat einen der beiden Söhne und dessen Frau auf seine Seite gezogen – mit der Ankündigung der Erbschaft bestochen –, und sie mobben und verspotten den anderen Sohn und mich.

Wenn es ihm nutzt, dann spielt er auch mal den Religiösen, aber er hat vor nichts Respekt. Ein typisches ›Gebet‹ von ihm lautet: ›Lieber Gott, wir danken dir – dass die Neger hungern und nicht wir.‹ Das sagt er, um mich zu ärgern. Er sagt, ich bin krank, ich bilde mir das alles ein. Einmal habe ich ihn in der Sauna in flagranti beim Ehebruch ertappt – wenn ich ihn darauf anspreche, dann wird er fürchterlich laut. Er erwartet, dass ich seine alte Mutter betreue, was ich seit vielen Jahren tue. Er fährt mit anderen Leuten in Urlaub und lässt mich zu Hause. Es gibt nichts, was er sich nicht traut. Er fühlt sich nur wohl, wenn er die Oberhand hat. Er ist fürchterlich habgierig, will immer mehr.

Er erträgt die Stille nicht und ist sexsüchtig, aber braucht Viagra. Ich lass es halt ein paarmal pro Woche über mich ergehen. Außerdem konsumiert er Pornografie im Internet – auch in meiner Anwesenheit. Ich fress das alles in mich hinein. Er glaubt, ich brauche ihn trotzdem und er kann mich nicht verlieren. Früher war er besonders nett, wenn er schuldbewusst war; heute ist er das nicht mehr. Er will Macht und Erfolg, hat einen irrsinnigen Geltungsdrang und macht mich gerne öffentlich lächerlich. Er hat keinen Respekt und keine Achtung vor mir. Er umgibt sich mit Volltrotteln, die mich aus Unterwürfigkeit gegenüber meinem Mann auslachen, wenn er über mich scherzt.

Mein Mann will die Trennung, aber keine Scheidung: Das käme ihm zu teuer. Es gibt nichts, wo er nicht recht hat. Er ist nicht dankbar, es ist alles selbstverständlich. Er ist nie schuld. Er ist ganz dominant. Er hat in seinem Leben immer gemacht, was er wollte. Vor der großen Gesellschaft spielen wir das heile Paar. Er braucht mich, wenn er in Gesellschaft weggeht – er erachtet es als meine Pflicht zu repräsentieren. Wenn ich Freunde einlade, geht er, er meidet meinen Freundeskreis. Auf Augenhöhe können wir nur auf der Jagd kommunizieren – da respektiert er mich, auch weil ich seine Jagdhütte in Ordnung halte.«

Der Psychiater fragt, ob eine Paartherapie in Betracht käme, da doch der Mann bei dieser Problematik mitbeteiligt sei. Sie sagt, sie werde ihn bis zur nächste Stunde fragen und, wenn er will und Zeit hat, gleich mitnehmen.

Nach einer Woche kommt Frau W. wieder. *»Herr Doktor, ich habe ihn gefragt, ob er zu Ihnen mitkommen will, und er hat den totalen Schock bekommen. Er will nicht mit, er sagt, dass er keine Zeit hat. Doch das stimmt nicht. Aber mir ist* *aufgefallen: Seit ich in Psychotherapie gehe, reißt er sich zusammen. Aber er bittet mich, nicht mehr lange zu Ihnen zu kommen. Er hat sich geändert, aber das ist nicht echt, das kommt nicht von Herzen. Er fragt ganz genau, was wir so reden. Er hat scheinbar Angst, dass ich ihn bei Ihnen verpetze ... Das macht mir Spaß!«*

Der Psychiater erklärt Frau W. die Prinzipien und Erkenntnisse der systemischen Psychotherapie: dass, wenn sich ein Teil eines Systems ändert, der zweite Teil sich automatisch mit ändert. Mann und Frau sind solch ein System. Eheliche Streits zum Beispiel laufen sehr häufig nach demselben Strickmuster ab. Wenn jetzt einer der Beteiligten plötzlich ganz anders agiert – die Psychotherapie nennt das »Musterunterbrechung« –, ist der andere verdattert und muss neu nachdenken. Wenn etwa beim Streit der Pingpongball von der einen Seite nicht zurückgepfeffert wird, ist das Tischtennisspiel zu Ende. Das könnte unter Umständen ein ruhiges »Na ja, vielleicht hast du recht« oder der Verzicht auf Selbstrechtfertigung sein.

Deswegen hat es auch einen Sinn, die Therapie weiterzumachen – sozusagen als Paartherapie allein. Die Unterstellung, seine Änderung sei zwar spürbar, aber nicht echt oder aus den falschen Motiven, ist kommunikationstechnisch ein Schuss ins Knie: Wenn er sich endlich ändert, ist es entweder nicht echt oder nicht weit genug.

In der Therapie analysieren Frau W. und der Psychiater in den nächsten Stunden viele typische Streits und konzentrieren sich danach auf die positiven Eigenschaften des Herrn W. und seine Art, die Dinge zu sehen. Auch versuchen sie, nicht alles prinzipiell als pathologischen Narzissmus abzutun. Nach einigem Nachdenken und mit therapeutischer

Hilfe fällt Frau W. letztendlich eine recht beachtliche Liste der positiven Eigenschaften ein.

Für Frau W. ist es erstaunlich zu sehen, wie eingerostet ihre Werkzeuge zur Achtung und Wertschätzung ihres Ehemanns sind – wegen jahrelangen Nichtgebrauchs. Dann sucht sie schonungslos nach ihren Fehlern im Umgang mit ihrem Mann, nach Respektlosigkeiten ihrerseits und nach berechtigten Anliegen, die ihr Mann haben könnte, die sie aber bis jetzt zumeist ignoriert hat. Langsam wird in den Gesprächen der Mann vom Monster wieder zum Menschen.

Unter anderem analysieren sie auch einen Brief, den er ihr vor Jahren geschrieben hatte und in dem er sehr offen seine Verletzungen und Bedürfnisse zu Papier bringt – und sich sogar ansatzweise entschuldigt hat. Dieses Schreiben hatte sie zwischenzeitlich völlig vergessen. Sie erinnert sich nur, dass sie den Brief damals in ihrer Verletzung nicht an sich herangelassen hatte. Frau W. sieht durch diesen neuen Fokus mit der Zeit immer mehr eigenen Handlungsbedarf und ändert einiges im ehelichen Umgang. Damit ist sie vom jammernden Opfer wieder in eine aktive Haltung übergegangen.

Nach zwei Monaten intensiver Arbeit kommt Frau W. und berichtet recht verwundert, fast irritiert: »*Mein Mann ist wie ausgewechselt! Ich kann es kaum glauben, aber wir haben einen neuen Frühling …*«

Natürlich wissen wir im Falle des Ehepaars W. nicht genau, wie tief der Narzissmus des Mannes tatsächlich verankert war. Ziemlich sicher handelte es sich um keine tiefgreifende Persönlichkeitsstörung. Aber immerhin wird schon genug Narzissmus da gewesen sein – gepaart mit gesunden Komponenten. Wie auch immer, auf jeden Fall hat Herr W. auf die erstaunlichen Veränderungen seiner Frau ausgesprochen erfreulich reagiert.

Die dritte Fessel abstreifen: Selbsttranszendenz als Hebel

Die Liebesbeziehung als Narzissmusmedizin ist wunderschön, und auch die eheliche Versöhnung nach vielen Jahren kann sehr berührend sein. Die Selbsttranszendenz als Hebel hingegen ist natürlich weniger romantisch, dafür aber umso erhabener. Das Schöne, das Wahre und das Gute als Richtschnur, um sich selbst zu relativieren und in das Ganze einzuordnen – das macht wirklich Sinn! Der brillante Kniechirurg Prof. Dr. G. ist ein beeindruckendes Beispiel dafür.

Fall 23: Der Rabbi hat immer recht

Ein äußerst erfolgreicher Arzt, nennen wir ihn G., kommt aus einem Nachbarland nach Wien zur Psychotherapie. *»Bei solchen Fragen ist es mir lieber, einen gewissen Abstand zu M. zu haben: Das ist ein Dorf, besonders im Bereich der Medizin. Außerdem bin ich oft beruflich in Wien. Meine Sorge sind meine beiden Kinder, ein 22-jähriger Sohn und die 24-jährige Tochter. Ich frage mich, ob ich sie mit meinem Perfektionismus kaputt mache. Ich bin der beste und bekannteste Kniechirurg in meinem Land, habe in M. eine eigene Privatklinik aufgemacht. Fünfzig Angestellte. Sie haben sicher schon vor mir gehört, Herr Kollege, ich bin kein Unbekannter, auch bei Ihnen in Österreich nicht. Und deswegen erwarte* *ich Höchstleistungen von meinen Kindern. Sie haben die besten Voraussetzungen – mit so einem Vater. Ich zahle dem Jungen ein Harvard-Studium, der Tochter das in Cambridge. Das kostet ein Vermögen. Aber die Ausbildung ist ganz wichtig.*

Beide studieren Medizin, um meine Klinik später zu übernehmen. Die Klinik ist eine Goldgrube. Das Problem: Die Kids tun nicht das, was man sich als Vater so vorstellt. Herr Kollege, Sie wären auch nicht happy, wenn Ihre Kinder Ihr Geld zum Fenster hinauswerfen würden. Sie haben Kinder, oder? Meine jedenfalls ›performen‹ nicht, und der Filius muss jetzt sogar die Harvard Medical School verlassen. Katastrophe. Ich bespreche alles mit unserem Rabbi, aber der weiß auch nicht mehr weiter. Ich habe jetzt einen neuen Plan für meinen Sohn: dass er zu seiner Schwester nach Cambridge geht und dort Medizin weiterstudiert. Dazu muss er sich aber vorbereiten. Ich habe schon den Lernplan bis zur Prüfung ausgearbeitet. Soll ich ihm das alles sagen? Er würde es sonst vielleicht verbummeln, und am Ende muss er gar in M. studieren ...«

Man sieht am Stil seiner Kommunikation die geordnete, zielgerichtete Art seines schnellen und präzisen Denkens. Professor G. will kein Geschwafel: Er will als Chirurg eine schnelle Operation seiner Psyche, auch wenn es wehtut. Gleichzeitig merkt man an seiner Aufmerksamkeit, dass er den Psychiater als Experten anerkennt und sich deswegen in die Patientenrolle begibt. Das ist erstaunlich, denn sein Selbstwertgefühl ist wohl eher im höheren Bereich. Aber er als Kniechirurg schätzt sicherlich keine Patienten, die seine Ratschläge kritisch hinterfragen – in diesem Sinn will er dem psychiatrischen Kollegen durch Kooperation seine Arbeit erleichtern. Und beschleunigen. Das ist eine sehr untypische

Art der Psychotherapie – aber der Kunde ist König, und der Auftrag bestimmt die therapeutische Arbeit!

Als Erstes hinterfragt der Psychiater seine Selbstdiagnose »Perfektionismus«. Da er beim Patienten nirgends auch nur die leiseste Spur von Angst sehe, müsse er die Hypothese verwerfen, was dem Patienten nichts auszumachen scheint. Dann befragt ihn der Psychiater zu seinen Motiven: ob er das für die Kinder oder für sich selbst tue. Es fällt der bedeutungsschwere Satz, überraschend offen und durchaus selbstkritisch: »*Ich will mir mit meiner Klinik ein Denkmal setzen. Sie muss ewig bestehen.*« Der Psychiater fragt, ob er seinen Glauben ernst nähme. Er antwortet, dass die Religion ihm die wichtigste Dimension seines Lebens sei und er das »Schma Jisrael« mehrfach pro Tag bete. Daraufhin fragt der Psychiater, ob er dann nicht eher seinem Gott ein Denkmal setzen sollte statt sich selbst. Jedenfalls empfehle er ihm, dem Sohn keine weiteren beruflichen Vorschiften zu machen, sondern ihn seinen eigenen Weg finden zu lassen. Herr G. nimmt das etwas skeptisch zur Kenntnis. Die Stunde ist zu Ende.

Drei Tage später ruft Herr G. an. Große Gelassenheit am Telefon: »*Der Rabbi hat gesagt: Der Doktor hat recht. Ich muss Gott ein Denkmal bauen, nicht mir selbst. Ich habe meinem Sohn also nichts gesagt, und er wird jetzt Wirtschaft studieren. In M. ... Gott wird schon wissen. Ich glaube, ich bin geheilt, Herr Doktor, danke schön, der Rabbi hat mir geholfen!*«

Professor G. ist extrem erfolgreich und erwartet das auch von seinen Kindern. Das ist nicht ganz ungewöhnlich. Ungewöhnlich ist hingegen, dass jemand so schnell seine innersten Motivationen erkennt. Herr G., Gründer einer Privatklinik, wollte ein Leben lang höher hinaus. Jetzt geht es darum, seinen Namen zu verewigen – sich ein Denkmal zu setzen. Die kritische Gegenfrage, die die Lebensrealität des gläubigen Juden mit einbezieht, nimmt er zuerst kritisch auf, überlegt, bespricht sich mit dem Rabbi und erkennt den Satz, dass er Gott ein Denkmal setzen müsse, unumschränkt als wahr an.

Der zeitgenössische Philosoph – übrigens auch gebürtiger Jude – Martin Rhonheimer schreibt: »Tun, was man als gut erkannt hat und weil man es als gut erkannt hat – also der erkannten Wahrheit gemäß handeln –, ist das eigentliche Wesen jener Haltung, die wir Demut nennen. Demut ist eine Art Unterordnung unter die erkannte Wahrheit.« Diese Demut bringt Professor G. augenblicklich auf, und sie löst sein Problem. Er kann vom Gas gehen und seinem Sohn die Freiheit lassen. Der Narzisst benötigt Prinzipien, Ideale und Normen, die er als für sich selbst gültig anerkennt; dann kann er aus dem engen Korsett des Narzissmus ausbrechen.

Wenn seine Religion zwar nicht ausgereicht hat, das innere Problem zu verhindern, so ist das zentrale jüdische Gebot doch die innere Vorbereitung dafür, dass der Starchirurg bei trockener Analyse seiner Motivationslage sofort die richtige Entscheidung treffen kann:

Höre, Israel! Jahwe, unser Gott, Jahwe ist einzig. Darum sollst du den Herrn, deinen Gott, lieben mit ganzem Herzen, mit ganzer Seele und mit ganzer Kraft. Diese Worte, auf die ich dich heute verpflichte, sollen auf deinem Herzen geschrieben stehen. Du sollst sie deinen Söhnen wiederholen. Du sollst von ihnen reden, wenn du zu Hause sitzt und wenn du auf der Straße gehst, wenn du dich schlafen legst und wenn du aufstehst. Du sollst sie als Zeichen um das Handgelenk binden.

Sie sollen zum Schmuck auf deiner Stirn werden. Du sollst sie auf die Türpfosten deines Hauses und in deine Stadttore schreiben.

Herr G. bindet sich als gläubiger Jude diesen Text mehrfach pro Tag während der Gebetszeiten um den rechten Arm und auf die Stirn.

Alfred G. kennen wir noch vom ersten Kapitel, als er vom Spiegel nicht losgekommen ist. Inzwischen sind viele Therapiestunden vergangen, in denen er schonungslos an sich gearbeitet hat. Die Stunde in Teil 1 – die Lovestory mit dem Spiegel – war der Startpunkt einer steilen Entwicklung.

Fall 1: Die Lovestory – Teil 2

Alfred G. hat in der Zwischenzeit eine viermonatige Therapie seines Narzissmus hinter sich. Sie bestand darin, dass er die neun DSM-Kriterien in sich entdeckte (Kopf), sich von Herzen dagegen entschied (»So will ich nicht sein«), in der Folge seine Handlungen antinarzisstisch veränderte und damit langsam seine Bauchgewohnheiten im Sinne einer inneren stabile Haltung normalisierte.

»Es war eine gute Entscheidung, nicht mehr in den Spiegel zu schauen. Es gibt viel Wichtigeres als mich selbst. Ich fühle mich freier, seit ich diese Besessenheit abgelegt habe. Es ist mir aufgefallen, dass ich plötzlich bereit bin, die anderen als Person anzusehen, nicht als Objekt. Mir fallen die Namen anderer Menschen immer häufiger ein – die waren mir früher total egal. Beim Tanzen mit Doro ist mir plötzlich

aufgefallen, dass da ein Mensch vor mir steht. Das war ein schönes Gefühl: ganz neu!

Jede Woche nehme ich mir ein anderes Kriterium vor, das ich mir näher anschaue, und schreibe meine Erkenntnisse auf. Vorige Woche war das Bedürfnis nach Bewunderung dran: ich sauge das voll an, bin richtig süchtig nach Bewunderung. Ich mache deswegen unnötige Dinge: so auf Whats-App Botschaften über mich verbreiten, um Bestätigung zu bekommen. Oft habe ich mich auf der Uni zu Wort gemeldet, um im Mittelpunkt zu stehen. Seit ich das weiß, mache ich es einfach nicht mehr. Wenn ich den Impuls bekomme, was Glorioses auf Facebook zu posten, mache ich es einfach nicht. Das tut am Anfang irrsinnig weh, aber wenn man es wirklich ganz fest will, geht irgendwann der Schmerz vorüber. Und danach ist die Freiheit. Ich genieße es jetzt manchmal schon richtig, nicht im Mittelpunkt zu stehen und nicht aufzufallen – und trotzdem zufrieden damit zu sein. Ich kann mich sogar manchmal für den freuen, der gerade abgefeiert wird.

Ich sehe jetzt auch stärker die Narzissten in meiner Umgebung. Zum Beispiel ein Professor auf der Uni. Ich merke erst jetzt, wie peinlich sein Gehabe ist – und wie peinlich erst meines gewesen sein muss, der ich ja nicht einmal Professor bin, sondern nur Student ... Masturbiert habe ich jetzt seit drei Monaten nicht: Das finde ich in der Zwischenzeit eigentlich pervers, so um sich zu kreisen. Das sollte den Leuten nicht aufgedrängt werden – weil es nicht guttut.

Ich merke, dass ich mich jetzt mehr den anderen öffnen kann. Wenn man sich nicht über andere erhebt, funktionieren die Beziehungen besser. Das spüren die anderen auch. Es fällt mir noch immer total schwer. Mir hilft der Grundsatz ›dienen

> *statt glänzen‹: Ich studiere jetzt Medizin, um später anderen*
> *zu dienen, nicht, um Lorbeeren zu ernten. Das macht einen*
> *großen Unterschied und nimmt viel Druck von mir.«*

Herr G. hat gelernt, seine enge Selbstimmanenz zu durchbrechen und sich einem Höheren zu beugen: Er will als Mediziner später anderen dienen und sich nicht mehr rücksichtslos selbst verwirklichen. Das Wort »Dienst« ist für den Narzissmus ein Horror – und bezeichnenderweise in unserer narzisstischen Gesellschaft auch ein eher verpönter Begriff. Aber genau in ihm liegt die Selbsttranszendenz verborgen, genau der Diener eines Herrn ist fähig, sich selbst zu relativieren und das Höhere anzuerkennen: etwa das Gute, Wahre und Schöne.

Die alltägliche Versuchung

Narzissmus wurde in der Vergangenheit von Autoren wie Heinz Kohut oder Alice Miller auch mitunter positiv gesehen – etwa um das Selbst als psychische Struktur zu stabilisieren oder um seine Interessen besser verfolgen zu können. Was die beiden eigentlich gemeint haben, ist eine gesunde Selbstannahme. Es gibt keinen positiven Narzissmus. Denn Narzissmus bedeutet, sich über andere zu stellen, die Mitmenschen abzuwerten und vor lauter Selbstgefälligkeit jegliche Transzendenz aus den Augen zu verlieren. Narzissmus bedeutet, die goldene Regel für sich außer Kraft zu setzen: mehr zu fordern, als man zu geben bereit ist. Jeder Narzissmus ist für das Zusammenleben ein Unglück, auch ein kleines bisschen ist schädlich.

Der »Narzisst«, wie er in diesem Buch gezeichnet wird, existiert in Reinform in freier Wildbahn fast nicht. Doch jeder Mann (natürlich auch die Frau, aber nicht in diesem Buch) trägt so manche narzisstische Tendenz in sich. Jeder hat zwei Seelen in seiner Brust, also zwei Richtungen in seinem Herzen. Einerseits die Eigenliebe – und andererseits die Sehnsucht, jemanden zu lieben und sich zu verschenken. Skrupellosigkeit auf der einen Seite und das Zurückschrecken vor dem Bösen auf der anderen Seite. Das ist an und für sich normal: Der Mann ist eben so gestrickt, dass ihm das Hemd näher ist als der Rock und er mehr »Selbstempathie« als »Fremdempathie« aufzubringen vermag.

Aber es fehlt zunehmend an Kompetenz, damit richtig umzugehen. Das ist heute unser Problem. Durch eine extrem inflationär lobende Erziehung und den Zeitgeist der »Generation Ego« weisen mittlerweile immer mehr Menschen in der westlichen Welt ein überhöhtes Selbstwertgefühl auf. Und die entsprechenden Umfragewerte auf den Narzissmus-Fragebögen steigen, insbesondere bei jüngeren Menschen.

Je mehr ein Kind durch eine ausgewogene Erziehung an das Adler'sche Gemeinschaftsgefühl gewöhnt ist, umso leichter tut es sich, dem Nächsten als gleichwertigem Mitbürger auf gleicher Augenhöhe zu begegnen. Je mehr dem Kind aber eingeredet wurde, dass es ganz, ganz toll ist und zuerst einmal auf sich und seine Bedürfnisse schauen müsse, umso mehr wird sein Narzissmus zur Selbstverständlichkeit. Aber durch die jedem Menschen eingeschriebene goldene Regel kann auch solch ein geschädigtes Kind von sich und seinen Bedürfnissen auf andere schließen – und seine narzisstischen Tendenzen als Versuchung entlarven.

Eine psychohygienisch wichtige Aufgabe, vor der jeder Mann steht, ist, im Rahmen seiner Persönlichkeitsbildung seine narzisstischen Anteile zu erkennen, nicht davor zu erschrecken und dieser Tendenz entgegenzuwirken. Der innere Narzissmus kann zurückgedrängt werden oder sogar befördert. Die französische Familientherapeutin Marie-France Hirigoyen schreibt in ihrem Bestseller *Die Masken der Niedertracht* sehr aufrichtig: »Jeder von uns spürt die Versuchung, narzisstische Mechanismen für den eigenen Vorteil zu missbrauchen. Es ist uns allen schon passiert, dass wir einen anderen manipuliert haben, um einen Vorteil zu erlangen, und wir haben alle flüchtig zerstörerischen Hass empfunden.« Da ist sie ganz freudianisch: Der primäre Narzissmus ist im Menschen drinnen. Seine Entscheidung ist es, ob er sich der Neigung unterwirft. Bemerkenswert ist hier das Wort »Versuchung«, das ja in der Psychologie schon länger aus dem religiösen Kontext geschält wurde.

Der bekannte Psychologe Heiko Ernst, jahrzehntelang Chefredakteur von *Psychologie Heute*, hat 2011 in seinem Buch *Wie uns der Teufel reitet. Von der Aktualität der sieben Todsünden* dieses Wort auch öfter verwendet. Der populäre Chefpsychologe Deutschlands konstatiert, dass nahezu alle problematischen Verhaltensweisen sich als Versagen oder Unterentwicklung der Selbstkontrollfähigkeit erklären lassen: »Todsünden lassen sich als Schwäche und Schwächung zugleich beschreiben: Wir werden schwach angesichts vielfältiger Versuchungen, und unsere Widerstandskräfte, unsere »moralischen Muskeln«, werden systematisch geschwächt.«

Was Ernst damit meint: Unsere Handlungen prägen unsere inneren Haltungen. Je öfter jemand in die Narzissmusfalle tappt, umso mehr verstrickt er sich in das narzisstische Denkmuster und verinnerlicht den narzisstischen Reflex. Je öfter der Mann narzisstisch handelt, umso mehr sickert das Handlungsmuster ins Bauchgefühl und wird zu einer Selbstverständlichkeit. Je öfter jemand seinen Narzissmus ausagiert, umso mehr wird das Gewissen und das empathische Gespür mundtot gemacht angesichts der unmenschlichen Rücksichtslosigkeit. Und umso schwerer kommt der Mensch dann auch wieder aus dem narzisstischen Dilemma heraus.

»Versuchung« in der Psychologie bedeutet, dass der Mann einen Drang verspürt, er aber erkennt, dass die Handlung seinen Idealen, Prinzipien und Werten widerspricht – und er diesem Drang prinzipiell widerstehen könnte. Bei der Versuchung wird die Freiheit (zu widersagen) zwar auf eine harte Probe gestellt, bleibt aber bestehen. Wie bereits oben erwähnt: Wenn man der Versuchung erliegt, wird die Selbstkontrolle – und damit die innere Freiheit – geschmälert, wenn man ihr widersteht, gestärkt. Bemerkenswert das Scherzwort des vom Narzissmus durchaus nicht ganz unberührten Oscar Wilde: »Allem kann ich widerstehen, nur der Versuchung nicht.« Das ist zwar lustig, aber falsch. Der Versuchung kann man per definitionem widerstehen, wenn man wirklich möchte – ansonsten ist sie keine Versuchung, sondern eine Notwendigkeit.

Die narzisstische Versuchung, der jeder Mann bis zu einem gewissen Grad unterliegt, besteht in Selbstidealisierung, Fremdabwertung und Selbstimmanenz. Alle drei fesseln ihn an sich selbst und schließen ihn nach außen hin ab. Die Fesseln des Narzissmus streift er dann ab, wenn er die Selbstkontrolle einübt und sich öffnet: einerseits für Beziehungen auf gleicher Augenhöhe, andererseits für das Schöne, Wahre und Gute.

Anhang

Die DSM-5-Kriterien der narzisstischen Persönlichkeitsstörung

In den gängigen Narzissmuskriterien der American Psychiatric Association nach dem *Diagnostic and Statistical Manual of Mental Disorders. Fifth Edition (DSM-5)* aus dem Jahr 2013 zeigt sich die narzisstische Persönlichkeitsstörung in folgenden neun verschiedenen Diagnosepunkten:

1. Hat ein grandioses Verständnis der eigenen Wichtigkeit (übertreibt etwa Leistungen und Talente, erwartet, ohne entsprechende Leistungen als überlegen anerkannt zu werden).
2. Ist stark eingenommen von Fantasien grenzenlosen Erfolgs, Macht, Brillanz, Schönheit oder idealer Liebe.
3. Glaubt von sich, »besonders« und einzigartig zu sein und nur von anderen besonderen oder hochgestellten Menschen (oder Institutionen) verstanden zu werden oder mit diesen verkehren zu müssen.
4. Benötigt exzessive Bewunderung.
5. Legt ein Anspruchsdenken an den Tag, das heißt, hat übertriebene Erwartungen auf eine besonders günstige Behandlung oder automatisches Eingehen auf die eigenen Erwartungen.
6. Ist in zwischenmenschlichen Beziehungen ausbeuterisch, das heißt, zieht Nutzen aus anderen, um eigene Ziele zu erreichen.
7. Zeigt einen Mangel an Empathie: ist nicht bereit, die Gefühle oder Bedürfnisse anderer zu erkennen/anzuerkennen oder sich mit ihnen zu identifizieren.
8. Ist häufig neidisch auf andere oder glaubt, andere seien neidisch auf ihn.
9. Zeigt arrogante, hochmütige Verhaltensweisen oder Ansichten.

Das Narcissistic Personality Inventory (NPI-15)

Bei der Erfassung der Persönlichkeitsdimension des Narzissmus ist das *Narcissistic Personality Inventory (NPI)* die international gängigste und am besten validierte Skala (hier zitiert nach Spangenberg et al. 2013). Dabei wird Narzissmus unter Aspekten der empirischen Persönlichkeitsforschung erhoben. Das NPI basiert zwar auf den Kriterien des DSM, fokussiert aber auf subklinische Ausprägungen des Narzissmus, sodass ein hoher erzielter NPI-Wert nicht notwendigerweise auf eine klinische Persönlichkeitsstörung hinweist.

Das verwendete Inventar basiert auf insgesamt fünfzehn Itempaaren, die der Proband im Forced-Choice-Verfahren beantwortet. Dabei hat er die Wahl zwischen einer narzisstische Ausprägungen widerspiegelnden Aussage und einer nichtnarzisstischen Alternative. Einige Items weisen eine umgekehrte Polung auf:

1a. Ich habe eine natürliche Begabung, auf Menschen Einfluss zu nehmen.

1b. Ich kann nicht besonders gut Einfluss auf jemanden ausüben.

2a. Wenn mir jemand ein Kompliment macht, werde ich manchmal verlegen.

2b. Ich weiß, dass ich jemand bin, weil mir das alle sagen.

3a. Ich will in der Menge nicht auffallen.

3b. Ich bin am liebsten im Mittelpunkt der Aufmerksamkeit.

4a. Ich bin weder besser noch schlechter als die meisten Menschen.

4b. Ich glaube, ich bin etwas Besonderes.

5a. Ich bin nicht sicher, ob ich eine Führungspersönlichkeit bin.

5b. Ich betrachte mich als gute Führungspersönlichkeit.

6a. Ich habe gerne Autorität über andere.

6b. Es macht mir nichts aus, Anordnungen zu befolgen.

7a. Mir fällt es leicht, Menschen zu manipulieren.

7b. Wenn ich merke, dass ich Menschen lenke, gefällt mir das nicht.

8a. Ich will einfach nur glücklich sein.

8b. Ich will etwas darstellen in den Augen der Welt.

9a. Macht ist mir sehr wichtig.

9b. Macht um der Macht willen interessiert mich nicht.

10a. Es macht mir echt Spaß, Mittelpunkt der Aufmerksamkeit zu sein.

10b. Ich fühle mich nicht wohl, wenn ich Mittelpunkt der Aufmerksamkeit bin.

11a. Die Führungsposition innezuhaben bedeutet mir nicht viel.

11b. Meine Führungsrolle scheint immer anerkannt zu werden.

12a. Ich möchte gern eine führende Stellung innehaben.

12b. Es macht mir eigentlich nichts aus, ob ich andere dominiere oder nicht.

13a. Ich werde einmal eine bedeutende Persönlichkeit.

13b. Ich hoffe, ich werde erfolgreich sein.

14a. Ich besitze von Natur aus die Fähigkeit, andere zu führen.

14b. Menschen zu führen ist eine Fähigkeit, die einer langen Entwicklungszeit bedarf.

15a. In vielerlei Hinsicht bin ich wie jeder andere Mensch.

15b. Ich bin eine außergewöhnliche Persönlichkeit.

Bibliografie

Adler, Alfred: *Gesammelte Werke in 7 Bänden*, Vandenhoeck & Ruprecht, Göttingen 2007

Akthar, Salman: »Deskriptive Merkmale und Differenzialdiagnose der narzisstischen Persönlichkeitsstörung«, in: Kernberg, Otto F., und Hartmann, Hans-Peter (Hg.): *Narzissmus. Grundlagen – Störungsbilder – Therapie*, Schattauer, Stuttgart 2006, S. 231–262

Allport, Gordon W., und Ross, J. M.: »Personal religious orientation and prejudice«, in: *Journal of Personality and Social Psychology* 5/1967, S. 432–443

American Psychiatric Association (Hg.): *Diagnostic and Statistical Manual of Mental Disorders. Fifth Edition* (DSM-5), Arlington, VA, 2013, siehe auch Falkai/Wittchen

Aristoteles: *Nikomachische Ethik*, Rowohlt, Reinbek 2006

Baron-Cohen, Simon, Knickmeyer, Rebecca C., und Belmonte, Matthew K.: »Sex Differences in the Brain: Implications for Explaining Autism«, in: *Science* 310 (5749), 2005, S. 819–823

Baron-Cohen, Simon: *The Science of Evil: On Empathy and the Origins of Cruelty*, Basic Books, New York 2012

–, *Vom ersten Tag an anders*, Patmos/Walter, Düsseldorf und Zürich, 2. Aufl. 2004

Becker, Julia, Interview in *Zeit Online*, 24.1.2014: www.zeit.de/gesellschaft/zeitgeschehen/2014-01/sexismus-bruederle-himmelreich-debatte-komplimente-interview, aufgerufen am 26.3.2016

Bonelli, Raphael M.: Perfektionismus. Wenn das Soll zum Muss wird, Pattloch, München 2014

Bonelli, Raphael M.: Selber schuld! Ein Wegweiser aus seelischen Sackgassen, Pattloch, München 2013

Brizendine, Louann: *Das männliche Gehirn. Warum Männer anders sind als Frauen*, Goldmann, München 2011

–, *Das weibliche Gehirn. Warum Frauen anders sind als Männer*, Goldmann, München 2008

Brown, Brené: *Verletzlichkeit macht stark. Wie wir unsere Schutzmechanismen aufgeben und innerlich reich werden*, Kailash, München 2013

Brummelman, E., Thomaes, S., Nelemans, S. A., Orobio de Castro, B., Bushman, B. J.: »My child is God's gift to humanity: development and validation of the Parental Overvaluation Scale (POS)«, *Journal of Personality and Social Psychology* 108 (4), April 2015, S. 665–679

Brummelman, E., Thomaes, S., Nelemans, S. A., Orobio de Castro, B, Overbeek, G., und Bushman, B. J.: »Origins of narcissism in children«, *Proceedings of the National Academy of Sciences* 112 (12), März 2015, S. 3659–3662

Brummelman, E., Thomaes, S., Orobio de Castro, B., Overbeek, G., und Bushman, B. J.: »›That's not just beautiful – that's incredibly beautiful!‹: the adverse impact of inflated praise on children with low self-esteem«, *Psychological Science* 25 (3), März 2014, S. 728–735

Brummelman, E., Thomaes, S., Overbeek, G., Orobio de Castro, B., van den Hout, M. A., und Bushman, B. J.: »On feeding those hungry for praise: person praise backfires in children with low self-esteem«, *Journal of Experimental Psychology: General* 143 (1), Februar 2014, S. 9–14

Brummelman, E., Thomaes, S., Slagt, M., Overbeek, G., Orobio de Castro, B., et al.: »My Child Redeems My Broken Dreams: On Parents Transferring Their Unfulfilled Ambitions onto Their Child«, PLoS ONE 8 (6), 2013, e65360

Brummelman, E., Thomaes, S., Walton, G. M., Poorthuis, A. M., Overbeek, G., Orobio de Castro, B., Bushman, B. J.: »Unconditional regard buffers children's negative self-feelings«, *Pediatrics* 134 (6), Dezember 2014, S. 1119–1126

Buber, Martin: *Ich und Du*, Reclam, Ditzingen 1995

Bucher, Anton: *Geiz, Trägheit, Neid & Co. in Therapie und Seelsorge. Psychologie der 7 Todsünden*, Springer, Berlin, Heidelberg, New York 2012

Bumke, Joachim: *Geschichte der deutschen Literatur im hohen Mittelalter*, dtv, München, 5. Aufl. 2004

Cameron, Deborah: *The Myth of Mars And Venus: Do Men and Women Really Speak Different Languages?*, Oxford University Press, New York 2007

Campbell, W. K., Bosson, J. K., Goheen, T. W., Lakey, C. E., und Kernis, M. H.: »Do narcissists dislike themselves ›deep down inside‹?«, *Psychological Science* 18 (3), März 2007, S. 227–229

Cicero: *Laelius über die Freundschaft*, Reclam, Ditzingen 2014

Cloninger, Robert: *Feeling Good. The Science of Well-Being*, Oxford University Press, New York 2004

–, »Spirituality and the science of feeling good«, *The Southern Medical Journal* 100 (7), Juli 2007, S. 740–743

–, »The science of well-being: an integrated approach to mental health and its disorders«, in: *World Psychiatry* 5 (2), Juni 2006, S. 71–76

–, »A new conceptual paradigm from genetics and psychobiology for the science of mental health«, *Australian and New Zealand Journal of Psychiatry* 33 (2), April 1999, S. 174–186

Cloninger, Robert, Svrakic, D. M., und Przybeck, T. R.: »A psychobiological model of temperament and character«, *Archives of General Psychiatry* 50 (12), 1993, S. 975–990

Connellan, Jennifer, Baron-Cohen, Simon, Wheelwright, Sally, Batki, Anna, und Ahluwalia, Jag: »Sex differences in human neonatal social perception«, *Infant Behavior & Development* 23 (2000), S. 113–118

Diagnostic and Statistical Manual of Mental Disorders, siehe American Psychiatric Association und Falkai/Wittchen

Dante Alighieri: Die göttliche Komödie, Jazzybee, Altenmünster 2015

Dostojewski, Fjodor Michailowitsch: Der Idiot, Anaconda, Köln 2007

–, Der Spieler, dtv, München, 2. Aufl. 2005

Eldredge, John: Wild at Heart. Discovering the Secret of a Man's Soul, Thomas Nelson, Nashville, Tennessee, 2010

Ernst, Heiko: Wie uns der Teufel reitet. Von der Aktualität der 7 Todsünden, Herder, Freiburg 2011

Falkai, Peter, und Wittchen, Hans-Ulrich: Diagnostische Kriterien DSM-5: Deutsche Ausgabe, Hogrefe, Göttingen 2015, siehe auch American Psychiatric Association

Frankl, Viktor E.: Der leidende Mensch. Anthropologische Grundlagen der Psychotherapie, Piper, München 1990

–, Ärztliche Seelsorge, dtv, München 2007

–, Das Leiden am sinnlosen Leben, Herder, Freiburg 2009

Freud, Sigmund: Gesammelte Werke in 19 Bänden, S. Fischer, London 1951

Fromm, Erich: Die Kunst des Liebens, Ullstein, Berlin, 69. Aufl. 2010

Gendün Rinpoche, Lama: »Warum machen wir Verbeugungen?«, Buddhismus Heute 28, 1999

Goethe, Johann Wolfgang: Die Leiden des jungen Werthers, dtv, München, 12. Aufl. 2014

–, Faust. Der Tragödie erster Teil, Reclam, Stuttgart 1971

Gray, John: Männer sind anders. Frauen auch. Männer sind vom Mars. Frauen von der Venus, Goldmann, München 1992

Grijalva, Emily, Newman, Daniel A., Tay, Louis, Donnellan, M. Brent, Harms, P. D., Robins, Richard W., und Yan, Taiyi: »Gender differences in narcissism: A meta-analytic review«, Psychological Bulletin 141 (2), März 2015, S. 261–310

Guardini, Romano: Die Annahme seiner selbst, Topos, Kevelaer 2008

Haller, Reinhard: Die Narzissmusfalle. Anleitung zur Menschen- und Selbsterkenntnis, Ecowin, Salzburg 2013

Heinzlmaier, Bernhard, und Ikrath, Philipp: Generation Ego. Die Werte der Jugend im 21. Jahrhundert, Promedia, Wien 2013

Hesse, Hermann: Der Lateinschüler, Suhrkamp, Frankfurt a. M. 1985

Hirigoyen, Marie-France: Die Masken der Niedertracht, dtv, München 2002

Horton, Robert S.: »Parenting as a Cause of Narcissism. Empirical Support for Psychodynamic and Social Learning Theories«, in: Campbell, W. Keith, und Miller, Joshua D. (Hg.): The Handbook of Narcissism and Narcissistic Personality Disorder. Theoretical Approaches, Empirical Findings, and Treatments, Wiley, Hoboken 2011

Jonason, Peter K., et al.: »The costs and benefits of the Dark Triad: Implications for mate poaching and mate retention tactics«, *Personality and Individual Differences* 48 (4), März 2010, S. 373–378

Jonason, Peter K., et al.: »Who is James Bond?: The Dark Triad as an Agentic Social Style«, *Individual Difference Research* 8 (2), 2010, S. 111–120

Jones, Ernest: »The God Complex«, in: Jones, Ernest (Hg.): *Essays in Applied Psychoanalysis*, Bd. 2, International Universities Press, New York 1964, S. 244–265

Juul, Jesper: *Miteinander. Wie Empathie Kinder stark macht*, Beltz, Weinheim und Basel 2012

Kant, Immanuel: *Anthropologie in pragmatischer Hinsicht*, Felix Meiner Verlag, Hamburg 2000

Kernberg, Otto F., und Hartmann, Hans-Peter (Hg.): *Narzissmus. Grundlagen – Störungsbilder – Therapie*, Schattauer, Stuttgart 2006

Kolnai, Aurel: *Ekel, Hochmut, Haß: Zur Phänomenologie feindlicher Gefühle*, Suhrkamp, Frankfurt 2007

Kutschers, Ulrich: *Das Gender-Paradoxon*, LIT, Berlin u. a. 2016

Künkel, Fritz: *Die Arbeit am Charakter*, Friedrich Bahn, Konstanz 1985

–, *Einführung in die Charakterkunde*, Hirzel, Stuttgart 2000

Lasch, Christopher: *Das Zeitalter des Narzissmus*, Steinhausen, München 1980

Lester, N., Garcia, D., Lundström, S., Brändström, S., Råstam, M., Kerekes, N., Nilsson, T., Cloninger, C. R., und Anckarsäter, H.: »The genetic and environmental structure of the character sub-scales of the temperament and character inventory in adolescence«, *Annals of General Psychiatry*, 15/2016, S. 10

Lewis, C. S.: *Was man Liebe nennt*, Brunnen, Basel 1986

Lippa, Richard: *Gender, Nature, and Nurture*, Routledge, New York 2005

–, »Sex differences in personality traits and gender-related occupational preferences across 53 nations: testing evolutionary and social-environmental theories«, *Archives of Sexual Behavior* 39 (3), Juni 2010, S. 619–636

Lippa, Richard, Collaer, M. L., und Peters, M.: »Sex differences in mental rotation and line angle judgments are positively associated with gender equality and economic development across 53 nations«, *Archives of Sexual Behavior* 39 (4), August 2010, S. 990–997

Lippa, Richard, Preston, K., und Penner, J.: »Women's representation in 60 occupations from 1972 to 2010: more women in high-status jobs, few women in things-oriented jobs«, PLoS One 9 (5), 2. Mai 2014, e95960

Löher, Raimund von: *Ritterliche Tugenden*, Klecks, Flörsbachtal 2013

Lorenz, Konrad: *Das sogenannte Böse. Zur Naturgeschichte der Aggression*, dtv, München 1998

Mahabharata – Die Große Erzählung von den Bharatas, in Auszügen aus dem Sanskrit übersetzt, zusammengefasst und kommentiert von Georg von Simson, Insel, Berlin 2011

Maaz, Hans-Joachim: Die narzisstische Gesellschaft. Ein Psychogramm, C. H. Beck, München 2012

Mann, Thomas: Lotte in Weimar, Fischer, Frankfurt a. M. 1990

Marcuse, Herbert: Triebstruktur und Gesellschaft, Suhrkamp, Frankfurt a. M. 1995

Meyer, Axel: Adams Apfel und Evas Erbe. Wie die Gene unser Leben bestimmen, C. Bertelsmann, München 2015

Mitscherlich, Alexander: Auf dem Weg zur vaterlosen Gesellschaft, Piper, München 1963

Morgenstern, Christian: Gedichte in einem Band, Insel, Frankfurt a. M., 5. Aufl. 2003

Nast, Michael: Generation Beziehungsunfähig, Edel Books, Hamburg 2016

Nietzsche, Friedrich: Jenseits von Gut und Böse, Anaconda, Köln 2006

Piaget, Jean: Das Weltbild des Kindes: Schlüsseltexte Band 1, hg. von Richard Kohler, Klett-Cotta, Stuttgart 2015

Pieper, Josef: Über die Tugenden, Kösel, München 2008

Rhonheimer Martin: Die Perspektive der Moral: Philosophische Grundlagen der Tugendethik, De Gruyter, Berlin 2001

Röpke, Stefan, und Vater, A.: »Narcissistic personality disorder: an integrative review of recent empirical data and current definitions«, Current Psychiatry Reports 16 (5), Mai 2014, S. 445

Ruigrok, Amber, Salimi-Khorshidi, G., Lai, M. C., Baron-Cohen, S., Lombardo, M. V., Tait, R. J., und Suckling, J.: »A meta-analysis of sex differences in human brain structure«, Neuroscience & Biobehavioral Reviews 39, Februar 2014, S. 34–50

Schimmel, Solomon. The Seven Deadly Sins. Jewish, Christian, and classical reflections on human psychology, Oxford University Press, New York/Oxford 1997

Schulz, Peter: Freundschaft und Selbstliebe bei Platon und Aristoteles. Semantische Studien zur Subjektivität und Intersubjektivität, Praktische Philosophie, Band 64, Verlag Karl Alber, Freiburg 2000

Schulze, Lars, Dziobek, Isabel, Vater, Aline, Heekeren, Hauke R., Bajbouj, Malek, Renneberg, Babette, Heuser, Isabella, und Roepke, Stefan: »Gray matter abnormalities in patients with narcissistic personality disorder«, Journal of Psychiatric Research 47 (10), Oktober 2013, S. 1363–1369

Seligman, Martin: Flourish. Wie Menschen aufblühen, Kösel, München 2011

–, Der Glücksfaktor. Warum Optimisten länger leben, Ehrenwirth, Bergisch Gladbach 2003

Spaemann, Robert: *Über Gott und die Welt. Eine Autobiographie in Gesprächen*, Klett-Cotta, Stuttgart 2012

Spangenberg, Lena, Romppel, Matthias, Bormann, Bianca, Hofmeister, Dirk, Brähler, Elmar, und Strauß, Bernhard: »Psychometrische Überprüfung einer Kurzform des Narcissistic Personality Inventory (NPI-15): Dimensionalität und psychometrische Eigenschaften des NPI-15 in einer repräsentativen Bevölkerungsstichprobe«, *Psychotherapie – Psychosomatik – Medizinische Psychologie* 63 (8), August 2013, S. 341–347

Stekel, Wilhelm: *Masken der Sexualität. Der innere Mensch*, Verlag Paul Knepler, Wien 1924

Stiehler, Matthias: *Väterlos: Eine Gesellschaft in der Krise*, Gütersloher Verlagshaus, Gütersloh 2012

Stirner, Max: *Der Einzige und sein Eigentum*, Reclam, Stuttgart 1972

Stroeken, Harry: *Psychotherapie und der Sinn des Lebens*, Vandenhoeck & Ruprecht, Göttingen 1998

Thomas von Aquin: *Summa theologica*, 3 Bände, Kröner, Stuttgart, 3. Aufl. 1985

Torgerson, Svenn: »Genetische Aspekte Narzisstischer Persönlichkeitsstörungen«, in: Kernberg, Otto, und Hans-Peter Hartmann (Hg.): *Narzissmus: Grundlagen, Störungsbilder, Therapie*, Schattauer, Stuttgart 2015

Twenge, Jean: *Generation Me – Revised and Updated: Why Today's Young Americans Are More Confident, Assertive, Entitled – and More Miserable Than Ever Before*, Atria Books, New York 2014

–, *Narcissm Epidemic. Living in the Age of Entitlement*, Atria Books, New York 2013

Twenge, J. M., Konrath, S., Foster, J. D., Campbell, W. K., und Bushman, B. J.: »Egos inflating over time: a cross-temporal meta-analysis of the Narcissistic Personality Inventory«, *Journal of Personality* 76 (4), Juli 2008, S. 875–902

Vater, Aline, Roepke, Stefan, Ritter, Kathrin, und Lammers, Claas-Hinrich: »Narzisstische Persönlichkeitsstörung: Forschung, Diagnose und Psychotherapie«, *Der Nervenarzt* 84/2013, S. 879–888

Vitz, Paul: *Der Kult ums eigene Ich. Psychologie als Religion*, Brunnen, Gießen 1995

Wardetzki, Bärbel: *Weiblicher Narzissmus. Der Hunger nach Anerkennung*, Kösel, München 2007

Watzlawick, Paul: *Anleitung zum Unglücklichsein*, Piper, München, Zürich, 27. Aufl. 2014

Willi, Jürg: *Was hält Paare zusammen?*, Rowohlt, Reinbek 1999

Winterhoff, Michael: *Persönlichkeiten statt Tyrannen: Oder: Wie junge Menschen in Leben und Beruf ankommen*, Gütersloher Verlagshaus, Gütersloh 2010

–, *Tyrannen müssen nicht sein: Warum Erziehung allein nicht reicht –
Auswege*, Gütersloher Verlagshaus, Gütersloh 2009
–, *Warum unsere Kinder Tyrannen werden: Oder: Die Abschaffung der
Kindheit*, Gütersloher Verlagshaus; Gütersloh 2008
Zimbardo, Philip: *Der Luzifer-Effekt: Die Macht der Umstände und die
Psychologie des Bösen*, Spektrum Akademischer Verlag, Heidelberg,
Berlin 2012
Zweig, Stefan: *Brennendes Geheimnis*, Fischer, Frankfurt a. M., 20. Aufl.
1988 (1911)